■ 重庆邮电大学教授、博士哲学社会科学基金支持项目

■ 重庆市人文社会科学重点研究基地——网络社会发展问题研究中心支持项目

重庆私募股权基金
发展战略与模式研究

王开良 著

中国社会科学出版社

图书在版编目（CIP）数据

重庆私募股权基金发展战略与模式研究／王开良著．—北京：
中国社会科学出版社，2015.9
ISBN 978 - 7 - 5161 - 6167 - 8

Ⅰ.①重⋯　Ⅱ.①王⋯　Ⅲ.①股权—投资基金—研究—重庆市
Ⅳ.①F832.51

中国版本图书馆 CIP 数据核字（2015）第 107337 号

出　版　人	赵剑英
责任编辑	孔继萍
责任校对	周　昊
责任印制	何　艳

出　　版	中国社会科学出版社
社　　址	北京鼓楼西大街甲 158 号
邮　　编	100720
网　　址	http://www.csspw.cn
发 行 部	010 - 84083685
门 市 部	010 - 84029450
经　　销	新华书店及其他书店

印刷装订	北京市兴怀印刷厂
版　　次	2015 年 9 月第 1 版
印　　次	2015 年 9 月第 1 次印刷

开　　本	710×1000　1/16
印　　张	15
插　　页	2
字　　数	258 千字
定　　价	52.00 元

凡购买中国社会科学出版社图书，如有质量问题请与本社营销中心联系调换
电话:010 - 84083683

前　　言

　　私募股权基金（private equity fund，简称 PE）是金融创新和产业创新的结果，具有高风险、高收益、多阶段投资的特性，是近年来全球金融市场的重要主体，其运作方式拓宽了企业的融资渠道，推动了被投资企业的价值发现和价值增值，同时提供了高收益的投资渠道，在金融体系中扮演着十分重要的角色，对国民经济和企业发展都具有举足轻重的影响。自 1946 年美国正式成立第一家私募股权投资公司——美国研究与发展公司（ARD）以来，私募股权基金的发展已经历了 60 余年，其投资内涵也由最初的为中小企业创业融资，延伸到为大型并购活动等提供种类繁多、规模巨大的股权融资。有人曾将 PE 的本质形容为，"富人过剩的资本和聪明人过剩的智力结合在一起的产物"。其在上一轮经济增长周期中发挥了重要作用，推动了以网络、信息化为代表的新经济崛起和发展。在当前经济危机的形势下，世界各国都在寻找新的技术创新、培育新的战略产业，以求构成新的经济基础。在这一过程中，人们对 PE 寄予了殷切厚望。

　　中国的私募股权投资业起步晚，发展落后，但随着我国经济的持续高速增长，经济结构调整日益深化，投资环境不断完善，加上政府的日益重视和大力推进，这些都为我国 PE 的发展铺垫了基础。大中华区著名创业投资与私募股权研究机构清科研究中心发布的 2012 年中国私募股权投资市场数据显示，2012 年共有 369 只可投资于中国大陆的私募股权投资基金完成募集，新募基金个数大幅超越上年，为历史最高水平；投资方面，2012 年中国私募股权市场投资活动较 2011 年略有减少，共计完成投资交易 680 起，披露金额的 606 起案例共计投资 197.85 亿美元，成长资本依旧为最主流的投资策略，房地产投资和 PIPE 投资亦表现抢眼。

　　重庆作为长江上游最重要的区域性经济、金融中心，私募股权投资业的发展无疑是重庆推动金融创新、完善金融市场结构的必要环节。本书根据 PE 的发展特点及发展规律，结合重庆市的实际，主要研究了重庆市引进与发展 PE 的环境、条件，重庆市 PE 发展战略，国内外 PE 运作模式，我国 PE 运作模式机制创新，民间资本与 PE 对接，PE 投资中的决策方法、风险企业培育、风险测度及其控制，PE 投资人才培养，引进与发展 PE，促进重庆市产业结构调整升级等问题。

本成果的突出特色：（1）实用性——本成果提出的重庆市 PE 发展战略和引进与发展 PE，促进重庆市产业结构调整升级的战略对策，可以为重庆市政府制定科学决策提供理论依据，具有重要的决策价值和实际应用价值。（2）创新性——本成果在 PE 投资中的风险企业培育研究中做了重要创新，尤其在国内外 PE 运作模式比较和我国 PE 运作模式与机制创新研究中做了重要开拓性工作。（3）可操作性——本成果设计的 PE 投资决策方法和风险评价指标体系，吸收了前人的优秀成果，进行了系统的改进、优化和提炼，使之更全面、科学、系统，更具有可操作性。

主要建树体现在三个方面：一是首次提出 PE "长、层、稳" 的新型发展模式。即我国 PE 不能走过去 "短、平、快" 的发展模式，必须走以长期性、层次化、稳健型为特征的新型 PE 发展模式。二是整体构建了我国 PE 新型运作模式——具体包括 PE 与其他金融机构的组合运作，多品种、多形式、多手段的 PE 融资模式，猎人型向农夫型转变的 PE 投资模式，多渠道、多方式的 PE 退出模式。三是系统设计了我国 PE 运作机制创新路径——分别从政策、组织、激励约束、市场和行业五个方向，系统设计了重庆 PE 运作的进入动力机制、投资动力机制、风险企业培育机制、退出动力机制和监管动力机制等。

本成果的学术价值和应用价值在于：目前，国内和重庆市对私募股权基金的定位、发展战略、发展模式、运作机制、风险企业培育、风险评价及其控制等问题并没有在理论上进行深入研究，实践中也存在许多困惑，政策和法律还存在许多不协调和不系统的问题，对构建重庆市私募股权基金投资体系构成了一定障碍。基于上述背景，形成了本成果的研究框架和议题，围绕该议题，课题组深入调研、详细求证、大胆创新，卓有成效地发表了 9 篇关于该议题的系列论文。

在国内外 PE 运作模式比较研究中，本成果从模式选择、目标市场、并购方式、管理文化、投资理念、开放程度等方面进行了深入的比较研究，找出各自的优势、劣势以及相互借鉴之处。在此基础上，首次提出我

国 PE "长、层、稳" 的新型发展模式；大力发展 FOF、PEFOF、"银行 +
PE"、"PE + 中小金融机构" 等新型组合运作方式；分别从政策、组织、
激励约束、市场和行业五个方向，系统设计了我国 PE 运作机制创新路
径。对于指导当前重庆市 PE 投资实践、深入开展 PE 投资模式创新研究
具有重要的学术价值和理论指导价值。

在 PE 投资中的风险企业培育、风险评价及其控制研究中，本成果系
统分析了风险企业的培育流程，结合国内和重庆实际，建立了 PE 投资风
险评价指标体系；采用定性与定量相结合的研究方法，运用层次分析法和
模糊综合评价法，对 PE 投资风险进行量化评价，并通过正反两方面的案
例进行实证，使 PE 投资风险评价更科学、风险控制策略更具有针对性、
实用性和可操作性。

在重庆市 PE 发展战略和引进与发展 PE、促进重庆市产业结构调整升
级研究中，该成果通过对重庆市引进和发展 PE 的环境、条件、困难等因
素的综合考察、论证和分析，系统提出重庆市 PE 发展的战略目标、战略
重点、战略步骤、战略保障，使其尽可能符合重庆的实际和经济发展规
律，帮助重庆市整体经济上水平、上台阶。并能促进重庆市产业结构调整
升级，优化经济结构和投融资环境，用虚拟经济促实体经济的发展，为重
庆市政府制定科学决策提供理论依据，具有重要的决策价值和实际应用
价值。

作　者

2014 年 5 月 21 日

目　　录

第 一 章

绪　　论

第一节　研究问题、背景、目的和意义

一　研究问题

本成果根据 PE 的发展特点及发展规律，结合重庆市的实际，主要研究了重庆市引进与发展 PE 的环境、条件，重庆市 PE 发展战略，国内外 PE 运作模式，重庆市 PE 投资模式创新，民间资本与 PE 对接，PE 投资中的决策方法、风险企业培育、风险测度及其控制，引进与发展 PE，促进重庆市产业结构调整升级等问题。主要体现在以下几个方面。

（一）重庆市 PE 发展战略研究。主要研究重庆市 PE 发展战略目标、战略重点、战略步骤和战略保障等。战略目标：就是为重庆市高新技术产业、民营特色产业中的中小企业解决融资难题，引进高效的经营管理理念，帮助企业迅速成长壮大、提升价值并促其成功上市，最终达到促进重庆市产业结构调整升级，并支持两江新区建设和金融中心建设，使重庆真正成为西部的经济金融中心、贯通南北西东的中心枢纽和西部地区新的经济增长极。以此为基点，具体设计了重庆市 PE 发展战略重点、战略步骤、战略保障等。该部分内容主要是为重庆市制定私募股权基金发展政策提供决策参考和依据。

（二）国内外 PE 运作模式比较研究。私募股权基金运作流程分为五个步骤：一是组建 PE 投资公司募集资金；二是通过项目筛选确定目标公司；三是进行投资方案设计购买公司股权；四是风险企业培育增值；五是选择合适的渠道实现股份退出获利。国内外 PE 在上述五个阶段都是相同的，但由于各国的政治、经济、人文环境、发展阶段不同，在具体的运作模式上存在着很大的差异。本成果从目标市场选择、操作、收购方式、管

理制度文化和投资理念五个方面进行了比较研究，分析国内外 PE 运作模式的差异和优劣，以便为重庆市 PE 发展提供模式选择和经验借鉴。

（三）重庆市 PE 运作模式创新研究。主要做三方面的创新：（1）发展模式创新——针对当前国内 PE 过于追求功利化"短、平、快"发展模式的缺陷，重庆市 PE 应从注重整体、顶层与长远设计的角度，系统构建"长、层、稳"（即长期性、层次化、稳健型）的新型 PE 发展模式。立足目前，着眼长远，循序渐进，可持续发展。（2）运作模式创新——大力发展 FOF①、PEFOF②、"银行 + PE"、"PE + 中小金融机构"等新运作模式。具体包括融资模式创新，促进融资品种、形式、手段多样化；投资模式创新，实现猎人型向农夫型转变；退出方式创新，构建多渠道、多方式退出路径。（3）运作机制创新——构建以五个导向为核心的五种新机制。即以政策导向为核心的进入动力机制，以组织导向为核心的投资动力机制，以激励约束导向为核心的风险企业培育机制，以市场导向为核心的退出动力机制和以行业导向为核心的监管动力机制。在进入、投资、企业培育、退出和监管动力机制上，依次释放金融资源、提高投资效率、注重制度创新和价值创造、有重点地建设多层次资本市场、由行政监管逐步过渡到行业自律等方面的金融创新。

（四）PE 投资中的风险企业培育研究。从上述私募股权基金运作流程的五个阶段来看，后两个环节最为重要，风险企业培育是价值创造过程，培育不当，价值难以创造；退出方式是利润的实现方式，选择不当，难以实现利润最大化。风险企业培育是指风险资本通过注入资金、技术、人才及其管理经验，使各要素通过优化组合达到最佳匹配而发挥最大效用，推动企业价值链的各环节不断增值，进而通过股权转售退出，实现资本增值的过程。俗话说：种瓜得瓜，种豆得豆。风险企业犹如土地，瓜豆就是风险资本，而风险资本家就是农夫，只有把各生产要素有机结合，经过辛勤的耕耘，才能结出丰硕的果实。通常情况下，风险企业的培育流程包括以下四个阶段，即 PE 注资——风险企业整合改制——价值链增

---

① FOF（Fund of Funds）是一种专门投资于其他证券投资基金的基金，它是结合基金产品创新和销售渠道创新的基金新产品。

② PEFOF，简称私募股权投资用基金。即通过对私募股权基金进行投资，从而对 PE 投资的项目公司进行间接投资的基金。

值——PE 退出（收割果实）。本成果通过对四个阶段的详细分析和科学论证，为重庆市 PE 进行风险企业培育提供理论指导，提高投资成功率和投资效益。

（五）PE 投资风险评价及其控制研究。本成果参考国内外 PE 投资风险评价的相关文献资料和研究成果，总结其不足与优点，并结合国内和重庆市实际，建立了本成果的风险评价指标体系，主要用于评价非系统风险。首先，在风险识别阶段，通过分析各阶段的运作流程，进而总结出面临的风险；其次，借鉴前人的研究成果，建立本书的指标体系；再次，采用定性与定量的研究方法，结合层次分析法和模糊综合评价法，对 PE 投资风险进行量化评价；最后，结合小天鹅引入美国红杉资本和海纳亚洲创投基金等案例，进行实证研究，其中包括成功案例和失败案例，总结正反两方面经验，给出重庆市 PE 投资风险评价方法和控制策略。

（六）重庆市 PE 人力资源开发和政府支撑体系研究。包括：（1）人力资源开发研究，主要研究基金管理团队的素质及其管理能力。PE 的战斗力主要来自其中肩负无限责任的基金管理操作者（GP）。因此，大力提高 GP 们的素质，是提升 PE 核心竞争力的根本，除此之外，GP 还应有嫁接应用好 LP（有限合伙人）机构的用户服务网络与行业经验的能力。（2）政府支撑体系研究。根据国内外研究的经验，PE 投资发展的初期阶段，都是采用政府作为主导力量、企业跟进的方式来发展；而到了发展的中后期，则主要是采用以企业市场为主导力量，政府作为搭台人和裁判的角色。政府职能的定位是直接影响到 PE 是否能正常快速发展的关键因素。

（七）引进与发展 PE，促进重庆市产业结构调整升级研究。产业结构调整是重庆市面临的重要课题之一，引进与发展 PE 对重庆市产业升级改造有较好的促进作用。一是 PE 为重庆市产业的升级改造提供资金和技术支持，二是 PE 为重庆市中小企业引进先进的管理运营理念。三是 PE 为重庆市国有企业改制和重组提供动力。该部分主要是研究 PE 与企业、实体经济与虚拟经济如何实现有效对接的问题，以便以实体经济为基础，用虚拟经济促实体经济的发展。

二 研究背景

（一）重庆市经济转型急需借力 PE。私募股权基金（PE）是金融创新和产业创新的结果，具有高风险、高收益、多阶段投资的特性，是近年来全球金融市场的重要主体，其运作方式拓宽了企业的融资渠道，推动了被投资企业的价值发现和价值增值，同时提供了高收益的投资渠道，在金融体系中扮演着十分重要的角色，对国民经济和企业发展都具有举足轻重的影响。有人曾将 PE 的本质形容为"富人过剩的资本和聪明人过剩的智力结合在一起的产物"。其在上一轮经济增长周期中发挥了重要作用，推动了以网络、信息化为代表的新经济崛起和发展。在当前经济缓慢复苏的形势下，世界各国都在寻找新的技术创新、培育新的战略产业，以求构成新的经济基础。在这一过程中，人们对 PE 寄予了厚望。我国和重庆市亦应全面谋划，借助 PE 推动我国和重庆市产业结构调整升级和经济转型，实现又好又快地发展。

（二）我国和重庆市 PE 发展运作模式亟待创新和重构。我国的私募股权投资业起步晚，重庆市更晚，发展相对落后。但随着我国经济的持续高速增长，经济结构调整日益深化，投资环境不断完善，加上政府的日益重视和大力推进，这些都为我国 PE 的发展铺垫了基础。所以，近年来我国 PE 发展速度快、数量多。但是，由于制度环境不尽完善，我国 PE 投资过于追求"短、平、快"的功利化发展模式和运作模式，加剧了市场竞争和波动，具有不可持续性，亟待创新和重构。

（三）我国和重庆市 PE 运作机制急需完善。我国 PE 在进入、投资和退出阶段均存在诸多问题，主要表现在动力不足、渠道单一、机制不灵等方面，急需完善。随着全球经济一体化的不断发展和知识经济时代的到来，以及受中国大力发展高科技产业政策的影响，中国的高科技企业将会越来越多，对 PE 投资的需求也会越来越大。PE 投资在孵化创新型中小企业、推动高新技术产业发展、拓宽就业市场、增加就业机会，以及优化资源配置、培育新的经济增长点等方面都发挥着巨大作用，并且会在我国国民经济发展中占有越来越重要的地位。在这种情况下，加强重庆市 PE 投资风险评价体系的研究，完善和规范重庆市 PE 投资的实际经营运作，增强人们对 PE 投资的认识，改善 PE 投资环境，将是重庆市风险投资业发展的必然要求。

三　研究目的

本课题在充分借鉴国外私募股权基金发展的经验，结合众多经济学专家对我国私募股权基金发展背景条件的深入研究和国内已有的实践经验，立足重庆市的现状，结合重庆市的两个指导性文件，研究重庆市引进与发展 PE 的条件、优势及存在问题，依次提出重庆市 PE 发展的若干战略要求、模式及其愿景，旨在解决重庆市中小企业融资难瓶颈和民间资本投资渠道狭窄等问题，促进重庆市实体经济和虚拟经济的共同发展，加快产业结构调整升级，进而促进整个重庆市国民经济的全面发展。

四 研究意义

私募股权投资是新经济形势的一项金融创新，对发展多层次资本市场、降低金融风险、促进高新技术产业的发展等，都有不可忽视的作用。美国、欧洲、日本等发达国家的经验已经证明了这一点。特别是对高新技术企业和中小型企业而言，私募股权投资不仅为企业带来丰厚的资金支持，而且引进了先进的管理理念。重庆很多中小企业对资本需求旺盛，但缺乏有效的股权融资渠道，这已经成为阻碍优势企业做强做大、产业升级的主要因素之一。因此，加强对本课题的研究具有以下作用和意义。

（一）激活重庆中小企业资本信用，化解融资难题

重庆市有注册法人代表的中小企业 13 多万家，其中绝大部分都面临资金短缺的问题，而且大都集中在主城区"1 小时经济圈"内，占总数的 75%。其中不少资金密集型企业因为缺乏股权融资的渠道，对于银行贷款等债务形成了相当高的依赖性。这样，一方面加大了银行的风险，另一方面这种融资结构使当前不少企业都背上巨额债务，运作稍不慎就有可能陷入资金周转困境；若这些企业能够获得股权投资基金的支持，可以大大削弱该企业对银行贷款资金的依赖性。

（二）推动科技创新和新兴产业崛起

PE 的重要功能就是为高科技中小企业提供市场、技术和管理经验方面的增值服务。私募股权基金为追求利润最大化，多投向有潜力的中小优势企业，不仅为其提供资金支持，更重要的是为高科技中小企业提供市场、技术和管理经验方面的增值服务，并帮助其上市获取资本回报。本课题通过探讨创新 PE 运作模式，促进 PE 与重庆市高科技中小企业有效对接，推动高科技中小企业迅速做大做强。

（三）提高投资效率，降低投资风险

PE 投资主要投向高新技术产业，其对象多是新项目或新创企业。由于技术和市场等各方面都存在不确定性，PE 投资是一种名副其实的高风

险性的投资行为，PE 投资的决策更是一个多目标、多层次、结构复杂、因素众多的系统。如果没有一套严谨有效的评价决策方法体系，就难以做出最恰当的评价决策。因此，是否采取科学的风险评价决策方法，直接关系着 PE 投资的成败。要想降低风险，一是需要在投资前较准确地预测效益大小和风险之所在，二是投资后对其加以有效的管理控制，这两方面都需要建立一套完善的风险评价指标体系。

然而，目前我国、重庆市对私募股权基金的定位、发展模式、风险控制等并没有在理论上进行深入研究，实践中也存在许多困惑，政策和法律还存在许多不协调和不系统的问题，对构建我国和重庆市私募股权投资体系构成了障碍。基于上述背景，课题组决定研究 PE 投资风险评价指标体系，识别出 PE 投资过程中面临的各种风险，对风险进行综合量化评价，以此提高投资效率，降低投资风险。

（四）促进重庆市金融市场体系完善和结构优化

私募股权基金可以完善重庆市多层次资本市场的形成和发展，引导民间、机构、政府等多种资本与 PE 对接，优化金融资源配置，完善金融市场体系，稳定金融秩序，促进重庆市作为长江上游金融中心地位的形成和发展。

（五）重庆市 PE 的发展可有效支持我国产业由沿海向内陆地区的转移，促进重庆市产业结构调整和升级，可把重庆打造成我国西部地区的重要经济增长极

总之，本课题通过研究 PE 发展的环境条件要求，分析了重庆市发展 PE 的优势和劣势，据此提出重庆市发展 PE 的战略目标、战略重点、战略步骤和战略保障，以及 PE 投资中的决策方法、风险企业培育、风险测度及其控制等，为相关政府部门科学制定 PE 发展政策，规范与指导 PE 投融资行为，实现民间资本、中小企业与 PE 的双有效对接，化解 PE 投资风险提供参考与依据，因此，本研究具有一定的理论指导意义和应用推广价值。

第二节　国内外研究现状述评

一　国外研究现状述评

由于最近几十年来 PE 投资在世界范围内的扩展，该领域的研究逐年

增多，并出现了新的研究热点。在宏观层面上，由于美国风险投资业的示范作用，发展中国家逐渐意识到自主创新对于国家经济增长和经济独立的战略意义，出现了引入美国 PE 投资经验的热潮。在学术界，主要对美国经验的适用性进行了探讨。在微观层面上，由于双重委托—代理关系的存在，以及创业企业未来绩效的高度不确定性，使这一领域的研究引人入胜。总体上来说，可以将有关 PE 投资研究的门类，按照管理学和经济学两个维度划分为八个研究领域。

（一）经济学维度的 PE 投资研究前沿

1. 系统环境对 PE 投资的影响

首先，法制环境的影响。资本市场相关法律和首发上市的程序对 PE 投资会产生巨大的影响，Kaplan、Martel 就 23 个国家的 PE 资本投资和美国的 PE 投资做了对比发现，无论法律体制如何，有经验的 PE 投资家大都使用美国风格的契约。① Daniela 和 Ribeiro 的研究证实了美国 PE 投资契约中的条款在巴西已经有所体现。②

其次，公共政策的影响。政府通过利得税来承担一定的风险，如果外部股权投资者可以和企业家签订强制排外契约，与次优解相比，通过利得税带来的风险减轻会导致有限合伙人（LP）过低的努力程度。

再次，经济制度的影响。Jaaskelainen、Maula 和 Murray 评价了政策制定者在利用收益补偿结构改善市场失效时的期望收益，从而吸引私人投资者和专业的经理来参与这些基金。仿真结果显示这种不对称的利益分享模式只能解决相对弱的市场失灵，除非这些项目也可以吸引那些可以在市场失灵部门中创造高于市场平均收益的高能力投资者。③ Zacharakis、Mc-Mullen 和 Shepherd 研究了经济制度对 PE 投资家决策政策的影响。作者对来自三个国家的 119 个 PE 投资家进行了政策捕获试验，这三个国家分别代表不同的经济制度：美国，成熟的市场经济；韩国，新兴经济；中国，转型经济。结果显示，在以法律为基础的市场经济国家（美国）的 PE 投

---

① Schwartz D, RAPHAEL B E., "Venture Investments in Israel-a Regional Perspective", *European Planning Studies*, 2007, 15 (5).

② Christensen J L., "The Development of Geographical Specialization of Venture Capital", *European Planning Studies*, 2007, 15 (6).

③ J Naqi S A and Hethhewa S., "Venture Capital or Private Equity? The Asian Experience", *Business Horizons*, 2007, 50 (4).

资家比新兴经济国家中的 PE 投资家更加依赖市场信息，而处于转型经济环境的中国，PE 投资家着重于人力资本因素。这表明，PE 投资决策中信息的重要性部分和 PE 投资家所在国家的经济制度相关。①

最后，公开市场的影响。Gompers 等研究了 PE 投资行业的高度波动性和公开市场活跃性的关系，发现当公开市场信号变得有利的时候，具有大多数行业经验的 PE 投资家增加的投资最多。② Andrea 使用面板数据技术，发现了 PE 投资强烈依赖国家知识资本的证据。③

2. PE 投资对经济的促进作用

PE 投资对经济的发展有着重要的促进作用，特别是在促进创新经济的发展方面，它改善了经济效率，促进了新的经济部门的出现和高科技产业的发展。Avnimelecha 和 Teubalb 研究揭示，如果合适的背景条件出现，PE 投资将成为高技术产业集群转换的中心力量；Muller 认为风险投资家作为具有特质的金融中介，在对创业企业提供风险资本的同时，提供特有的增值服务，Zhang 认为硅谷的初创企业得益于本地 PE 资本的充足。来自挪威、瑞典、澳大利亚以及泰国的研究也同样为 PE 投资对经济的促进作用提供了证据。④

Ho 和 Wong 使用来自世界银行的 "Doing Business" 数据库以及利用一个新的成分指数，比较了不同类型的融资来源的有效性以及这些来源对于创业倾向的影响。作者发现，在传统的债务融资、PE 资本融资和非正式投资三者中，只有非正式投资显著影响创业倾向。⑤ 同样，Liu 和 Chen 认为非正式私人 PE 投资，而不是风险投资，对于初创企业融资而言正变得越来越重要，因为 PE 投资具有进入障碍较小、简单而快速的决策、低

————————

　① Kuntara P. , Thomas W. , "Venture Capital in China: A Culture Shock for Western Investors", *Management Decision*, 2007, 45 (4).

　② Ahlstrom D. , Garry B. , Kuang Y. , "Venture Capital in China: Past, Present, and Future", *Asia Pacific Journal of Management*, 2007, 24 (3).

　③ Wright M. , "Venture Capital in China: A View from Europe", *Asia Pacific Journal of Management*, 2007, 24 (3).

　④ Sheu D F, Lin H S. , "Impact of Venture Capital on Board Composition an d Ownership Structure of Companies: An Empirical Study", *International Journal of Management*, 2007, 24 (3).

　⑤ Jain B A, Tabak F. , "Factors Influencing the Choice Between Founder Versus Non-founder CEOs for IPO Firm", *Journal of Business Venturing*, 2007, 23 (1).

的收益率要求、柔性的时间限制等特点。①

3. PE 投资的演化、国际比较和新兴国家的 PE 投资

在 PE 资本融资领域存在着显而易见的集群现象。Subhash 研究了 1997—2005 年世界 PE 投资活动的集群现象。作者计算了 1998—2004 年的 PE 资本发展指数（VCDI），在全球风险资本情景中，PE 投资发展指数揭示 PE 资本比较集中于技术进步的地区，支持了 PE 资本和技术革新密切相关的假设。② Bruce、Pietro 和 Gordon 采用复合图（Complex Graphs）的方法，证实布劳德尔关于区域集群的假设。此外作者还发现本地 PE 投资基金更加集中于大城市，它们较少参与到外围城市，尽管有些城市具有高新技术企业。③ Christensen 发展了理论二分法来揭示区域集中的 PE 资本。与能力基础的理论观点一致，该行业越来越地理区域专门化，作者证明地理区域专门化的过程是一个倒 U 形曲线，这可以由该市场中竞争的变化和 PE 投资家能力的发展来解释。近 20 年来亚洲 PE 资本显著增长，④ Naqi 和 Hettihewa 发现亚洲风险投资和私募股权投资差异很小，因此，警告政策制定者避免由于不充分理解带来幻觉和挫败感。⑤ Kuntara 和 Thomas、Ahlstrom、Garry 和 Kuang 以及 Wrightf 回顾了中国 PE 投资的发展及相关文献，比较了中国 PE 投资与欧美的差异。⑥

（二）管理学维度的 PE 投资研究前沿

管理学维度的 PE 投资前沿研究集中在以下五个方面。

1. PE 投资公司和创业企业相互作用及影响

PE 投资的一个重要作用在于其对创业公司的监管和价值增加活动。

---

① William B. , "When Should You Fire the Founder?", *Journal of Commercial Biotechnology*, 2007, 13 (3).

② Stubner S. , Wulf T. , Hungenberg H. , "Management Support and the Performance of Entrepreneurial Start-。 ups-。 an Empirical Analysis of Newly Founded Companies in Germany", *Schmalenbach Business Review*, 2007, 59 (4).

③ Chahine S. , Filatotchev I. , "The Effects of Venture Capitalist Afiliation to Underwriters on Short- and Long-term Performance in French IPOs", *Global Finance Journal*, 2008, 18 (3).

④ Klonowski D. , "The Venture Capital Investment Process in Emerging Markets; Evidence from Central and Eastern Europe", *International Journal of Emerging Markets*, 2007, 2 (4).

⑤ Stuart P. , Geoff W. , Janetye W. , "Towards a Model of the Business Angel Investment Process", *Venture Capital*, 2007, 9 (2).

⑥ Cleyn S. D. , Braet J. , "The Due Diligence Process-Guiding Principles for Early Stage Innovative Products an d Venture Capital Investments", *The Journal of Private Equity*, 2007, 10 (3).

Sheu 和 Lin 研究发现，PE 投资家的投资与我国台湾上市公司更加独立的治理结构、较高的信息透明度相关。① Peirone 使用创新经济工具和企业资源基础理论，构建了最优契约融资模型。②

William 通过对 77 个英国生物技术创业公司的研究发现，更换创业团队，相对于保持创业团队而言，将导致较差的绩效。因此，PE 投资家最好不要更换创业团队，而要采用合作的方式，例如将其放在更加有效率的位置继续发挥他们的作用。③ Stubner、Wulf 和 Hungenberg 再次证明 PE 投资公司提供的管理支持的质量对创业企业的绩效有显著影响。④ Chahine 和 Filatotchev 研究了 PE 资本背景以及隶属承销商的 PE 投资家的信号和监控作用对法国首发上市绩效的影响，发现无论与非隶属承销商的 PE 投资背景的首发上市案例相比，还是与非 PE 投资背景的首发上市案例相比，隶属承销商的 PE 投资家的首发上市案例都具有比较低的溢价，而且具有比较高的自首发上市之日起一年期的收益和更好的市场绩效。这说明了声誉卓著的承销商提高了所隶属的 PE 投资家的筛选、鉴别和监控作用的有效性。⑤

2. 风险投资过程研究

Klonowski 认为中东欧国家的 PE 投资存在一个九阶段的过程模型，包括：交易来源，最初的筛选，第一次尽职调查，投资委员会对第一次调查的反馈，正式批准立项前准备，正式立项和第二次尽职调查，交易完成，监控，退出。⑥ Cleyn 和 Braet 简要介绍了尽职调查过程的特点，讨论了尽职调查给企业带来的风险，并讨论了尽职调查的每一个阶段披露的内容、

① Ramon P. T., PI～REZ D. G., Howard V. A., "Venture Capital in Spain by Stage of Development", *Journal of Small Business Management*, 2007, 45 (1).

② Colombo M G, Grillil, Verga C., "High-tech Start-up Access to Public Funds and Venture Capital: Evidence from Italy", *International Review of Applied Economics*, 2007, 21 (3).

③ Kaplan S. N., Martel F., Stromberg P., "How Do Legal Differences and Experience Affect Financial Contracts?", *Journal of Financial Intermediation*, 2007, 16 (3).

④ J Aniela C, Ribeiro B., "Financial Contracting Choices in Brazil: Does the Brazilian Legal Environment Allow Private Equity Groups to Enter into Complex Contractual Arrangements with Brazilian Companies?", *J. Law and Business Review of the Americas*, 2007, 13 (2).

⑤ Hagen K. P., Sannarnes J. G., "Taxation of Uncertain Business Profits, Private Risk Markets and Optimal Allocation of Risk", *Journal of Public Economics*, 2007, 91 (7 – 8).

⑥ Jahskelaine M., Maula M., Murray G., "Profit Distribution and Compensation Structures in Publicly and Privately", Vol. 5, No. 2.

法律问题、融资和程序方面的问题等。[①]

Raman、Perez 和 Howard 研究发现西班牙 PE 投资公司的投资决策指标依发展阶段而不同。[②] Colombo、Grilli 和 Verga 研究了意大利新技术企业接近公共基金和 PE 资本的决定因素。[③] Dai 研究了 PIPE（私募资本投资上市公司股权）这种新现象，通过对比一个由 113 个 PE 投资 PIPE 的样本和一个由 397 个对冲基金投资 PIPE 的样本，分析了 PE 投资基金和对冲基金如何增加公司价值，发现 PE 投资作为 PIPE 的投资者时具有价值增加效果，说明了 PE 投资家的鉴别作用比监控作用重要。[④]

3. PE 投资战略与绩效

联合投资是 PE 投资家常常采用的一个战略。Casamatta 和 Haritchabalet 指出联合投资可以改善 PE 投资家的筛选过程，预防投资机会出现后的投资者之间的竞争，并进一步指出联合投资的成本包括投资决策和投资后的监控成本，它取决于 PE 投资家的经验。[⑤] Allen 和 Hevert 通过对 1990—2002 年美国信息技术公司 PE 投资项目的直接收益的研究发现，内部收益率（IRR）和净现金流方面的直接收益（损失）非常分散，并呈双峰分布。[⑥] Henley 证明了战略适配度是决定大公司投资初创企业的最重要的变量。Barbara Weber 和 Christiana Weber 提出关联度的概念，它包括社会资本关联和知识关联，然后实证分析了德国公司 PE 投资单元（CVC）和它们的创新项目公司（PC）之间的关联度对知识转移和知识创造的影响，

---

① J Zacharakis A. L., Mcmullen J. S., Shepherd D. A., "Venture Capitalists Decision Policies Across Three Countries: An Institutional Theory Perspective", *Journal of International Business Studies*, 2007, 38 (5).

② J Gompers P., Kovner A., Lerne J., et al., "Venture Capital Investment Cycles: The Impact of Public Markets", *Journal of Financial Economics*, 2008, 87 (1).

③ Andrea S., "Knowledge Capital and Venture Capital Investments: New Evidence from European Panel Data", *German Economic Review*, 2007, 8 (1).

④ Zhang J. F., "Access to Venture Capital and the Performance of Venture-Backed Start-Ups in Silicon Valley", *Economic Development Quarterly*, 2007, 21 (2).

⑤ Ove L., "Financing Innovation: The Role of Norwegian Venture Capitalists in Financing Knowledge-intensive Enterprises", *European Planning Studies*, 2007, 15 (9).

⑥ Svensson R., "Commercialization of Patents and External Financing During the R & D Phase", *Research Policy*, 2007, 36 (6).

证实了关联度有利于知识转移和创造，并增加组织绩效。[①]

4. PE 投资契约和风险管理

Tereza 认为 PE 投资市场具有多种激励问题和信息不对称的特征，企业家和 PE 投资家需要选择一个合适类型和合适结构的融资模式，来明确双方各自的权利和义务。[②] Peirone 使用创新经济文献提供的工具，尤其是地域技术知识观点和企业的资源基础理论，建立一个融资契约模型，不只关注金融指标或者金钱激励，而是深化 PE 投资家和融资企业之间的知识联系，将其作为理解企业资源的基准。[③] 关于最优契约，Cumming 证明了可转换优先股是 PE 资本融资的最优形式，但是当该融资工具的税收优惠缺位时，美国 PE 投资家一般不会选择可转换优先股。[④]

5. PE 投资家和企业家的行为特征及其相互关系

Terie、Roger 和 Tystein 基于被投资公司的观点，研究了项目公司的期望和投资后对价值增加活动的感知。结果显示，PE 投资家的期望和他们感知到的价值存在着显著的差距。实际上，PE 投资家连企业家适度的期望都没有做到。这种期望和感知到的结果之间的差异可能是由于 PE 投资家对于自己的能力吹嘘过度，或者是由于投资组合比较分散使他们分配给每一个被投资企业的时间有限所造成的。[⑤] Henrik、Tomas 和 Stiren 发展了一个企业学习模型来解释 PE 投资家怎样支持企业家的学习过程从而增加他们企业的价值。[⑥]

二　国内研究现状述评

国内对 PE 的研究主要集中在以下方面。

---

①　Cumming D.，"Government Policy Towards Entrepreneurial Finance: Innovation Investment Funds"，*Journal of Business Venturing*，2007，22（2）.

②　Wonglimpiyarat J.，"Venture Capital Financing in the Thai Economy Innovation"，Management，*Policy & Practice*，2007，9（1）.

③　HO Y P.，Wong P. K. Financing，"Regulatory Costs and Entrepreneurial Propensity"，*Small Business Economics*，2007，28（2/3）.

④　Liu T M.，Chen P B.，"Business Angel Investment in the China Market"，*Singapore Management Review*，2007，29（2）.

⑤　Morrissetye S G.，"A Profile of Angel Investors"，*Journal of Private Equity*，2007，10（3）.

⑥　Subhash K B.，"Geography of Venture Capital Financing: A Global Perspective"，*Journal of Wealth Management*，2007，9（4）.

（一）VC/PE 基本概念研究

成思危提出，风险投资就是把资金投向蕴藏较大失败危险的高新技术开发领域，以期成功后取得高资本收益的一种商业投资行为。[①] 刘曼红编著的《风险投资：创新与金融》是中国第一本系统讲授风险投资的著作，导入了国外实际运营下的风险投资的概念。盛立军认为，风险投资已演化成一个全新的金融行业即私有股权投资业（private equity investment）。[②] 厉以宁、曹凤岐提出了创业资本基金业的基本发展方向，并较早地提出了中国创业资本运作制度安排的观点。[③]

从以上研究可以看出，早期在对 VC/PE 研究上，着重于它的概念界定、功能作用及其引进与发展的必要性等问题，同时也产生了一些重要理论结果和论断。姚佐文等提出，风险投资中的控制权分配直接影响企业的价值以及风险投资企业与风险企业经营团队的个人利益。[④] 林强等在国内最先研究了创业理论体系，阐明了创业经济的概念。[⑤] 曹凤岐指出，必须运用创业投资才能够促进中国高科技企业和高科技产业的发展。[⑥] 王松奇认为用积极支持创业投资体系建设来培育有利于提高民族经济核心竞争力的新经济因素，[⑦] 并在 2004 年提出构建多层次资本市场的基本轮廓。[⑧] 李万寿提出了创业资本引导基金的概念。[⑨] 房四海认为，中国大陆的 VC 已经 PE 化。[⑩]

同时，国内学者对 PE 的理论研究已成为相对独立的研究领域。在 PE资本来源的研究上，范柏乃等提出，中国必须建立以机构投资者为主体的私募股权资本供给体系，从而消除中国私募股权资本市场资本不足、投资

① 成思危：《中国风险投资形成、发展的战略思考》，民主与建设出版社 2002 年版。

② 盛立军：《风险投资：操作、机制与策略》，上海远东出版社 1999 年版，第 5 页。

③ 厉以宁、曹凤岐：《跨世纪的中国投资基金业》，经济科学出版社 2002 年版。

④ 姚佐文、陈晓剑：《有限合伙制风险投资公司的形成原因与治理机制分析》，《中国软科学》2001 年第 10 期。

⑤ 林强、姜彦福：《创业理论及其架构分析》，《经济研究》2001 年第 9 期。

⑥ 曹凤岐：《创业投资基金的法律框架初现端倪》，《证券之星》2001 年 5 月 25 日。

⑦ 王松奇：《建立资本筹集和转让的制度化平台》，《中国证券报》2003 年 10 月 22 日。

⑧ 王松奇、徐义国：《多层次资本市场构想》，《税务与经济》2004 年第 4 期。

⑨ 李万寿：《创业资本引导基金：机理、制度与中国视野》，中国财经出版社 2006 年版。

⑩ 房四海：*Independent Venture Capital and Portfolios of Firms: Comparative Study from Cases in Mainland China*，美国创业金融学年会，2007 年。

规模较小的短缺状况。① 杨葵等认为基于私募股权投资的特点，投资私募股权投资领域有利于养老金的保值增值。② 王守仁强调需要放宽私募股权投资业的市场准入条件，应允许保险、社保等资本进入，要吸引社会民间资本和外资进入私募股权业。③ 熊国平设计了中国私募股权基金的资金来源框架，目标是建立一个包括政府、企业、社保基金和社会闲散资金的多元化的资金来源。④

（二）PE 发展的制度环境研究

厉以宁提出，中国发展创业投资基金应以私募基金为主，给予已粗具规模的私募基金以合法地位。⑤ 吴晓灵认为应从三个方面加强对私募股权投资基金管理：资格管理、私募股权投资基金备案、大额交易监管。⑥ 巴曙松强调需要加强私募证券投资基金和产业投资基金的立法，为私募基金提供一个良好的发展环境。⑦ 对于 PE 的组织形式，鲍志效认为，有限合伙制是制度上的一种创新，我国应采取渐进式的方式过渡到有限合伙制。⑧ 郭建鸾进一步研究发现，发展早期的 PE 宜采用有限合伙制，公司制更适合成熟阶段的 PE。⑨ 而谈毅认为，有限合伙制成功的关键在于其治理结构上的法律设计与制度创新，而不在于其他法律与税收因素。⑩ 刘健钧等提出，既要充分认识有限合伙制的作用，又不能迷信。⑪

（三）PE 的市场运作方式研究

范柏乃调查发现，我国风险投资最为现实的退出方式是企业并购，其

　　① 范柏乃、沈荣芳、马庆国：《中国风险投资供给机制与发展策略研究》，《上海交通大学学报》2001 年第 4 期。

　　② 杨葵：《风险投资的筹资研究》，上海财经大学出版社 2007 年版。

　　③ 王守仁：《论中国创业投资十大问题》，《中国风险投资》2004 年第 9 期。

　　④ 熊国平：《关于我国发展私募股权基金的思考》，《金融与经济》2010 年第 3 期。

　　⑤ 厉以宁：《中国发展创业投资基金应以私募基金为主》，《羊城晚报》2006 年 8 月 23 日。

　　⑥ 吴晓灵：《中国资本市场缺乏让水沸腾的 1℃》，中国私募股本国际讨论会，2006 年。

　　⑦ 巴曙松：《中国私募基金生存报告》，《大众理财》2007 年第 5 期。

　　⑧ 鲍志效：《风险投资制度创新及推广途径》，《投资与证券》2003 年第 3 期。

　　⑨ 郭建鸾：《基金双层委托代理机制研究》，《南开经济研究》2004 年第 1 期。

　　⑩ 谈毅：《我国风险投资制度安排的演进与创新》，《研究与发展管理》2004 年第 3 期。

　　⑪ 刘健钧、王力军、孔杰：《正确认识有限合伙的作用——关于私人股权与创业投资基金组织形式的思考》，《中国科技投资》2008 年第 8 期。

次是创业板交易、回购和买壳上市。[①] 王伟峰、占超提出了中国私募股权投资的两种存在形式，一种为私募股权投资基金；另一种则是以一种业务形式存在于证券公司或者是某些大型央企的独立财务公司。[②] 李婧发现海外 PE 选择投资目标时，基本为成长性高、发展迅速的传统行业。在投资开发高风险、高收益的行业，倾向于选择退出容易的行业，侧重于对行业的骨干企业、龙头企业投资。[③] 沈路等认为 IPO 虽为大部分私募股权投资者所首选，但鉴于国内上市门槛较高，实际上兼并与收购是大部分 PE 成功退出的路径。[④] 张东生等提出我国 PE 应坚持从公司型起步，待市场与法律条件成熟后，再逐步试行合伙制的运作模式；石育斌提出大力发展本土私募 FOF 是解决当前诸多难题的重要途径。

（四）PE 对企业的影响研究

对于一般公司，国内学者的研究主要集中在基本功能和增值服务等方面，而对于上市公司的研究是一个新的亮点。刘二丽、崔毅提出基于风险投资过程的复杂性及国情的不同，风险投资后管理与被投资企业绩效的关系仍需要更多的经验数据来检验，有必要在中国情境下进一步验证风险投资后管理与被投资企业绩效的关系。[⑤] 房四海对创业企业 IPO 估值及表现进行的研究表明，有 VC/PE 支持的企业的发行价格更高，但 IPO 的溢价度很高，认证作用未得到体现；由于企业的质量很高，监管作用得到证明。[⑥] 张丰研究了创业投资参与对我国中小企业板 IPO 的影响，结论支持了创业投资参与没能起到国外实证得出的认证作用，提出国内创业投资可能存在逐名动机。[⑦] 向群分析 PE 投资对公司价值的影响，发现 PE 投资有

① 范柏乃：《我国风险投资机制的实证研究》，《上海交通大学学报》（社会科学版）2002年第3期。

② 王伟峰、占超：《关于目前中国私募股权投资两种存在形式的思考》，《中国金融》2007年第23期。

③ 李婧：《海外私募股权在华投资的行业选择》，《东北财经大学学报》2007年第8期。

④ 沈路、莫非、吴文然：《浅论我国私募股权投资基金退出机制》，德勤律师事务所，2008年。

⑤ 刘二丽、崔毅：《风险投资后管理与被投资企业绩效关系研究综述》，《现代管理科学》2007年第8期。

⑥ 房四海：《风险投资与创业板》，机械工业出版社2010年版。

⑦ 张丰：《创业投资对中小企业板 IPO 影响的实证研究》，《经济与管理研究》2009年第5期。

助于中小板企业提升公司价值和公司绩效，PE 的股权投资行为为公司带来了融资结构的优化。[①] 巴曙松等在研究 VC/PE 对上市公司的影响效应中的研究发现，VC/PE 都更加偏好小的公司，更注重内在质量而不是绝对规模；无论是中小板还是创业板，VC/PE 支持的 IPO 溢价率更高；VC/PE 支持的 IPO 并不会显著地好于没有 VC/PE 支持的 IPO，VC/PE 在成熟资本市场中发挥的证明作用被弱化了；同时在审批制的发行制度下，VC/PE 的证明和筛选作用难以得到充分体现。[②]

从我国目前的研究现状来看，研究方向主要集中在 PE 的重要作用、发展环境、运作模式、运作机制研究等方面，而对我国 PE 运作模式存在的矛盾与问题缺乏系统全面的考察。对于如何引进与发展 PE，如何利用 PE 提高我国和本地区的技术创新和管理创新，推动产业结构调整和升级，进而提高 PE 的投资效益，促进整个国民经济的发展，缺少综合性、前瞻性的研究。

尤其是对如何设计和创新 PE 运作模式鲜有研究。事实上，优化我国系统环境和 PE 运作模式，使之达到最佳匹配，发挥最大效用，正是我国 PE 投资成功和健康可持续发展的根本保证。

第三节　主要观点、研究思路、方法和内容

一　主要观点

（一）PE 的发展要具备一定的制度环境和条件。目前，重庆市在经济环境、政治法律环境和人文环境上，与国内其他二三线城市相比，具有一般优势和特殊优势，符合 PE 发展的条件要求，并应注意发挥系统环境变革的导向作用，引导重庆市 PE 健康有序地发展。

（二）重庆市发展 PE 要有周密的战略计划，结合重庆产业的特点和实际，站在重庆经济全局性和长远利益上制定具有前瞻性的战略目标、战略重点、战略步骤和战略保障。

（三）重庆市 PE 的发展模式要注重借鉴国内外 PE 的发展模式和成功

---

① 向群：《私募股权投资对成长型公司的影响——基于中小板上市公司的实证研究》，《金融与经济》2010 年第 1 期。

② 曹和平主编：《中国私募股权市场发展报告（2010）》，社会科学文献出版社 2010 年版。

经验，并注重金融创新，使重庆市 PE 当地化，最大限度地发挥其实用性、实效性和可操作性。

（四）引进与发展 PE，促进重庆市产业结构调整升级，用虚拟经济促进重庆实体经济的发展。

二 研究思路

本书拟按以下步骤开展研究：首先，通过对国内外和重庆市 PE 发展的历史现状、存在问题及其发展环境条件进行详细调研、问卷调查和科学分析，找出重庆市 PE 发展的"瓶颈"，结合国内外 PE 投资的成功案例，设计出一套符合重庆市 PE 特点和实际的发展战略和发展模式。在此基础上，重点研究设计重庆市 PE 发展的战略目标、战略重点、战略步骤、战略保障和发展模式等，使重庆市 PE 发展战略高瞻远瞩，发展模式科学规范，发展路径简明清晰，保障措施切实可靠。其次，通过对国内外 PE 运作模式的比较研究，找出各自的优势、劣势、经验和不足以及相互借鉴之处。据此，设计 PE 投资中的风险企业培育问题，探讨其价值增值规律，提高重庆市 PE 投资成功效率。最后，重点研究设计重庆市 PE 发展模式、运作模式和运作机制的创新问题，PE 投资风险控制问题，PE 与民间资本和中小企业有效对接问题，并针对系统环境中不适应新模式、新机制需要的问题，提出相应的变革措施和政策建议。

三 研究方法

（一）文献研究法。综合参考国内外相关文献资料，在吸纳相关学科研究成果基础上，通过"理论综述—提出问题—理论分析—实证分析—政策提出"的研究思路，建立重庆市 PE 发展战略与模式研究理论体系。

（二）跨学科综合研究方法。本书研究不仅关注特定的金融形式，而且立足我国资本市场改革及经济发展结构调整的宏观背景。因此不仅需要金融学，而且需要综合制度经济学、企业管理学、风险管理学、法律等多类学科进行交叉综合研究。

（三）定量模型研究法。通过影响 PE 投资系统环境因素的分析，设计综合评价指标体系，用主成分分析法构建计量经济模型，然后用国内近十多年 PE 发展的具体数据进行实证检验，从而发现 PE 的发展规律，进而确定重庆市 PE 的发展阶段、发展水平及应采取的运作模式。并采用层次分析法与模糊综合评判法，对 PE 投资风险进行综合评价，据此给出风险控制对策。

（四）比较研究法。通过对国内外 PE 发展的历史轨迹及其运作模式的考察比较，总结经验和教训，认识并运用 PE 发展的一般规律，阐释重庆市 PE 运作模式应遵循的基本规范及国内外惯例。

（五）案例研究法。从中国和重庆实际出发，运用 PE 与民间资本和中小企业对接的案例研究，创新重庆市 PE 运作模式。

（六）政策研究法。本课题不仅努力对 PE 运作模式创新设计的基本理论加以阐述和思辨，更希望在理论分析基础上，探索可供重庆市 PE 发展方面借鉴与选择的战略对策，这对重庆市 PE 今后的发展具有重要的理论意义和实践指导意义。

四　研究内容

第一章，绪论。包括研究问题、背景、目的和意义、基本概念界定、国内外研究现状述评、主要观点、研究思路、方法和内容、研究成果的创新程度、突出特色和主要建树、成果的学术、应用价值和社会影响等内容。

第二章，私募股权投资基金概述。内容包括私募股权基金概念、种类及其与公募基金的区别，私募股权基金发展的历史沿革、基本特征、操作流程、投资、收益分配和管理费提取方式，私募股权基金的功能和作用等。

第三章，重庆市引进与发展 PE 的环境、条件研究。包括重庆市引进与发展 PE 的外部环境条件分析、内部环境条件分析，重庆市引进与发展 PE 遇到的问题及解决办法等。

第四章，重庆市 PE 发展现状及 SWOT 分析。主要分析重庆私募股权基金发展主体现状、客体现状和第三方机构发展现状以及重庆市私募股权基金发展存在的优势、劣势、机遇与挑战等。

第五章，重庆市 PE 发展战略研究。主要研究重庆市 PE 发展战略目标、战略重点、战略步骤和战略保障等。该部分内容主要是为重庆市制定私募股权基金发展政策提供决策参考和理论依据。

第六章，我国 PE 投融资模式研究。包括 PE 融资模式与其它融资模式的比较，国内 PE 投融资模式，我国 PE 与信托、保险、高利贷资本对接的三种投融资模式研究等。

第七章，我国 PE 运作模式、机制创新研究。主要包括我国 PE 运作的基本模式研究，运作机制研究，国内外 PE 运作模式机制特点比较研究，我国 PE 运作模式、机制创新研究等内容。

第八章，PE 投资中的决策方法模型研究。包括国内外相关理论研究综述，PE 投资决策因素及决策过程研究，PE 投资传统决策方法研究，基于实物期权的 PE 投资决策新方法研究，基于实物期权的科技型中小企业投资决策模型研究等。

第九章，PE 投资中的风险企业培育研究。包括风险企业培育概念界定及其流程，风险企业培育实证研究，国内外 PE 风险企业培育比较研究等。

第十章，PE 投资风险评价及其控制研究。主要研究 PE 投资风险的识别和分析，PE 投资风险评价指标体系设计，PE 投资风险评价——模糊综合评价模型构建，PE 投资风险评价实证研究等。

第十一章，研究结论与对策建议。包括研究结论、主要对策、本研究成果存在的不足或欠缺，尚需深入研究的问题等。

第 二 章

私募股权投资基金概述

　　私募股权投资在世界金融史上是个较新的事物，在全球的发展大概只有 30 多年的历史，但其对经济的影响确是巨大的。哈佛商学院研究表明：1962—1972 年的 10 年间，风险投资（VC）对美国行业创新贡献率超过 15％，1972—1980 年，78 家 VC 支持的企业上市，截至 2000 年，42％的 NASDAQ 上市企业接受过 VC 投资，1970—2000 年，VC 募集资金 2733 亿美元，VC 支持的企业提供了 5.9％的就业机会和 13.1％的 GDP。[①]

　　美国政府全力支持 PE/VC 的发展，1978 年，美国资本利得税从 49.5％降为 28％，1979 年，美国允许养老基金投资 VC，扩大了资金渠道。欧洲各国看到美国 PE 的发展和作用，在此期间，对养老基金和保险资金投资 PE 及相关税收也做出重大调整，鼓励 PE 行业发展，20 世纪 80 年代以后，大量资金从固定收益投资转向 PE。

　　中国私募股权投资基金历史可以追溯到 20 世纪 80 年代，1999 年国际金融公司（IFC）入股上海银行可认为初步具备了 PE 特点，不过业界大多认为，中国大陆第一起典型的 PE 案例，是 2004 年 6 月美国著名的新桥资本（New Bridge Capital），以 12.53 亿元人民币，从深圳市政府手中收购深圳发展银行 17.89％的控股股权，这也是国际并购基金在中国的第一起重大案例，同时，也借此产生了第一家被国际并购基金控制的中国商业银行。由此发端，很多相似的 PE 案例接踵而来，PE 投资市场渐趋活跃。经过近 20 年的发展，我国 PE 从无到有，由弱变强，由小变大。据不完全统计，截至 2012 年底，在我国以基金公司、基金管理公司、投资公司、投资管理公司、创新投资、创业投资、高科技投资公司、投资咨询

---

　　① 创投公司专题：《PE 私募基金运作模式报告》，2009 年 5 月，百度文库。

公司、投资服务中心、投资法律顾问等各种名义命名、从事股权投资业务的公司（机构）约有 6000 家，投资领域涉及国民经济方方面面，投资额达数千亿美元，为推动我国经济发展起到了积极作用。

第一节 私募股权基金概念、种类及基本特征

一 私募股权基金概念界定

所谓 PE（Private Equity Fund），即私募股权投资基金，是以私募形式筹集资金并选择非上市企业进行权益性投资，而后通过上市、并购、回购等退出方式出售其所持股权以获取初始资本的回报利润。广义的 PE 涵盖企业首次公开发行股票（IPO）前各阶段的权益投资，即对处于种子期、初创期、发展期、扩展期、成熟期和 Pre-IPO 各个时期企业所进行的投资。狭义的 PE 是指对已经形成一定规模并产生稳定现金流的成熟企业的投资，主要是指创业投资后期的投资。[①] 现今社会普遍所指的 PE 为狭义概念上的 PE。私募股权投资采取的基本运作方式是，先低价买入企业的控股权，经过几年的运营和重组使其升值，再通过将企业出售或上市来获利。PE 投资之所以不同于一般意义上的投资，主要在于投资的目标企业在可能获取高额收益的同时，也蕴含着巨大的风险。PE 投资的发源地及投资最为发达的美国风险统计概率是：投资公司投资 10 家企业，经过 5 年的发展会有 3 家垮掉、3 家处于徘徊或被收购、3 家业绩稍微不错，只可能有 1 家成长迅速。

二 私募股权基金的种类

通常市场按投资方式和操作风格，普遍认为私募股权投资包括风险投资基金、产业投资基金、并购投资基金、夹层投资基金、过桥投资基金和 PIPE 投资基金等。

（一）风险投资基金

风险投资基金又叫创业基金，在我国《2006—2020 年国家中长期科学和技术发展规划纲要》及其配套政策中，把 "Venture Capital"

---

① 余希：《我国私募股权投资发展对策研究》，《特区经济》2012 年第 12 期。

的中文译名定为"创业风险投资",是当今世界上广泛流行的一种新型投资机构。它以一定的方式吸收机构和个人的资金累积资本,投向那些不具备上市资格的中小企业和新兴企业,尤其是高新技术企业。风险投资基金无须目标企业用资产进行抵押担保,也不要求企业具有良好的信用,手续相对简单。它的经营策略是在高风险中追求高收益。风险投资基金多以股份的形式参与投资,其目的就是帮助所投资的企业尽快发展成熟,取得上市资格,从而实现资本增值。一旦该目标公司股票上市后,风险投资基金就可以通过证券市场转让股权而收回资金,继续投向其他风险企业。风险投资基金获取资金的方式有两种:一种是私募的公司风险投资基金;另一种是向社会投资人公开募集并上市流通的风险投资基金,目的是吸引社会公众关注和支持高科技产业的风险投资,既满足他们对高风险投资的渴望,又给予了高收益的回报。这类基金相当于产业投资基金,是封闭型的,上市时可以自由转让。

（二）产业投资基金

国外通常称为风险投资基金和私募股权投资基金,一般是指向具有高增长潜力的未上市企业进行股权或准股权投资,并参与被投资企业的经营管理,以期所投资企业发育成熟后通过股权转让实现资本增值。根据目标企业所处阶段不同,可以将产业基金分为种子期或早期基金、成长期基金、重组基金等。特别是成长期基金更受投资者青睐,因为成长期投资针对的是已经过了初创期发展至成长期的企业,其经营项目已从研发阶段过渡到市场推广阶段并产生一定的收益。成长期企业的商业模式已经得到证实而且仍然具有良好的成长潜力,通常是用2—3年的投资期寻求4—6倍的回报,一般投资已经有一定规模的营收和正现金流,通常投资规模为500万—2000万美元,具有可控的风险和可观的回报。成长资本也是中国私募股权投资中比例最大的部分,从2008年的数据看,成长资本占到了60%以上。

（三）并购投资基金

并购投资基金是指通过收购一家公司的全部或大部分股权,从而达到控制这家公司并进而利用这种控制促使公司价值提升的投资行为。并购投资可以根据实际控制人分为风险投资并购（Venture Capital Buyout,也包括私募股权基金参与的并购投资）和管理层并购（Management Buyout）

两大类。并购投资基金专注于对目标企业进行并购的基金，其投资手法是，通过收购目标企业股权，获得对目标企业的控制权，然后对其进行一定的重组改造，持有一定时期后再出售。并购基金与其他类型投资的不同表现在，风险投资主要投资于创业型企业，并购基金选择的对象是成熟企业；这类投资包括帮助新股东融资以收购某企业、帮助企业融资以扩大规模或者是帮助企业进行资本重组以改善其营运的灵活性。并购资本涉及的资金规模较大，常达 10 亿美元左右，甚至更多。其他私募股权投资对企业控制权无兴趣，而并购基金意在获得目标企业的控制权，并购基金经常出现在管理层收购——MBO 形式中。

（四）夹层投资基金

夹层投资的目标主要是已经完成初步股权融资的企业。它是一种兼有债权投资和股权投资双重性质的投资方式，其实质是一种附有权益认购权的无担保长期债权。这种债权总是伴随相应的认股权证，投资人可依据事先约定的期限或触发条件，以事先约定的价格购买被投资公司的股权，或者将债权转换成股权。夹层投资的风险和收益低于股权投资，高于优先债权。在公司的财务报表上，夹层投资也处于底层的股权资本和上层的优先债（高级债）之间，因而称之为"夹层"。与风险投资不同的是，夹层投资很少寻求控股，一般也不愿长期持有股权，更倾向于迅速地退出。当企业在两轮融资之间，或者在希望上市之前的最后冲刺阶段，资金处于青黄不接的时刻，夹层投资者往往就会从天而降，带给企业最需要的现金，然后在企业进入新的发展期后全身而退。这也是它被称为"夹层"投资的另一个原因。夹层投资的操作模式风险相对较小，因此寻求的回报率也低一些，一般为 18%—28%。

（五）过桥投资基金

过桥投资基金主要投资于企业上市前阶段，或者预期企业近期上市的企业规模与盈利已达到可上市水平的企业，其退出方式一般为上市后从公开资本市场上出售股票。一般而言，Pre-IPO 投资者主要有投行型投资基金和战略型投资基金两类。（1）投行型的投资基金如高盛、摩根斯坦利等投资基金，它们具有双重身份——既是私募股权投资者，又是投资银行家。作为投资银行家，他们能够为企业的 IPO 提供直接的帮助；而作为私募股权投资者的身份则为企业的股票进行了价值"背书"，有助于提升公开市场上投资者对企业股票的信心，因此，投行型投资基金的引人往往有助于企业股票的成功发行。（2）战略型投资基金，致力于为企业提供管理、客户、技术等资源，协助企业在上市之前建立起规范的法人治理结构，或者为企业提供专业的财务咨询。Pre-IPO投资具有风险小、回收快的优点，并且在企业股票受到投资者追捧的情况下，可以获得较高的投资回报。

（六）PIPE投资基金

PIPE是Private Investment in Public Equity的缩写，它是指投资于已上市公司股份的私募股权投资，以市场价格的一定折价率购买上市公司股份以扩大公司资本的一种投资方式。PIPE投资分为传统型和结构型两种形式，传统型PIPE由发行人以设定价格向PIPE投资人发行优先股或普通股，结构型PIPE则是发行可转换为普通股或者优先股的可转债。相对于二次发行等传统的融资手段，PIPE融资成本和融资效率相对较高，监管机构的审查较少，而且不需要昂贵的路演成本，这使获得资本的成本和时间都大大降低。PIPE比较适合一些不希望应付传统股权融资复杂程序的快速成长为中型企业的上市公司。

（七）中国产业投资基金

中国的私募股权投资有特殊的定义，中国私募股权投资基金又叫中国产业投资基金，是指在中国境内由非银行金融机构、非金融机构以及中外控股的境外机构作为发起人，单独或与境外机构共同发起设立，在中国境外注册、募集资金，主要投资于中国境内产业项目的投资基金。产业投资基金是一个与证券投资基金相对的概念，指直接投资于产业，即主要对未上市企业提供资本支持的投资集合。发展产业投资基金可以为企业直接提供资本支持和上市前的培育、辅导，促进产业升级和产业结构的合理化，并以市场机制有效地解决"逆向选择问题"和"激励问题"，增加企业财务的透明度，规范企业的行为，能在一定程度上解决目前企业普遍缺乏有效的外部监督与约束的问题。而且能克服资本体制外循环的无序性和低效率，为社会储蓄向投资转化和实现产、融结合提供一条有效的途径。

尽管私募股权基金种类繁多，叫法各异，但基本可以归结为以下四种基本类型，如表2-1所示。

表 2 - 1   私募股权投资基金的种类

基金类别	基金类型	投资方向	投资风格	风险收益特性	主要代表
创投基金（VC）	种子期基金、初创期基金、成长期基金、Pre-IPO 基金	主要投资中小型、未上市的成长型企业	分散投资，参股为主	高风险、高收益	高盛、摩根斯坦利、IDG、软银、红杉
并购重组基金（buy-out）	MBO 基金、LBO 基金、重组基金	以收购成熟企业为主，单体投资规模通常很大	控股或参股	风险、收益中等	高盛、美林、凯雷、KKR、黑石、华平
资产类基金	基础设施基金、房地产基金、融资租赁基金	主要投资基础设施、房地产等	具有稳定现金流的资产	低风险、稳定收益	麦格理、高盛、EOP、领汇、越秀、REIT
其他 PE 基金	PIPE 夹层基金、问题债务基金	PIPE、上市公司非公开上市的股权、夹层基金、优先股和次级债券、问题债务、不良债权			高盛、黑石

三 私募股权投资基金的基本特征

（一）资金来源具有私募性与高效性

私募股权投资资金主要通过非公开方式面向少数机构投资者或个人募集，其销售、赎回都是通过私下与投资者协商进行的。虽然募集对象范围与公募基金相比要窄，但是其募集对象都是资金实力雄厚、资本构成质量较高的机构或个人，所以，其资本募集的高效性远远大于公募基金，往往少数几个投资者所募集的资金在质量和数量上不一定亚于公募基金，同时资金来源比较广泛，一般包括富有的个人、银行、证券公司、信托公司、风险基金、杠杆并购基金、战略投资者、养老基金和保险公司等。它具有如下优点：

1. 在税收方面，由于 PE 投资机构多采取有限合伙制，这种企业组织形式有很好的投资管理效率，避免了双重征税的弊端。

2. 在发行方式上，它是非公开发行的，不同于公募基金的公开销售，它的出售是私下进行的，只有少数投资者参加。如在美国，法律规定私募基金不得利用任何传媒做广告宣传。这样私募基金的参加者主要通过获得的所谓"投资可靠消息"，或者直接认识基金管理者的形式加入。

3. 在发行对象上，它不是面向所有投资者的，它的发行对象仅限于满足相关条件的投资者。这些条件通常比较高，这就把投资者限定在一定范围的人群中，人数是有限的。但是这并不妨碍私募股权投资基金的资金来源广泛，如富有的个人、风险基金、杠杆收购基金、战略投资者、养老基金、保险公司等。

4. 在信息披露方面，它比公募基金低得多，相关的信息公开披露较少，一般只需半年或一年私下对投资者公布投资组合及收益。

5. 私募股权投资基金还有一个显著的特点，就是基金发起人、管理人必须以自有资金投入基金管理公司，基金运作成功与否，与其自身利益紧密相关。基金管理者一般要持有基金 2%—5% 的股份，一旦发生亏损，管理者拥有的股份将优先被用来支付参与者，故私募基金的发起人、管理人与基金是一个唇齿相依、荣辱与共的利益共同体。

6. 大额投资性。私募基金受基金运作所需资金数量和投资者人数有限的制约，通常对每一个投资者的最低投资数额有较高的限制，如美国的对冲基金要求最低投资数额限定为 300 万美元。

（二）投资对象是有发展潜力的非上市企业——期限长

私募股权投资一般投资于私有公司即非上市企业，并且其项目选择的唯一标准是能否带来高额投资回报，而不限于该投资项目中的公司是否研发、采用高科技和新技术。换言之，关键在于一种技术或相应产品是否具有好的市场前景而不仅仅在于技术的先进水平。需要说明的是，私募股权投资本身从全球范围寻找可投资项目，并不区分国际国内。

科技企业要将一项科研成果转化为商品，需要经历研究开发阶段、产品试验阶段、正式生产阶段、扩大生产至规模效应阶段，总体上可分为研究开发阶段和商品化阶段。风险资本退出通常要在新产品商品化之后，或以 IPO 方式退出，或以管理层回购股权方式退出，从投资开始直到获取收益少则需要 3—5 年，多则需要 7—10 年。根据国外风险投资经验，资本回收期通常为 3—7 年。

（三）对目标企业提供权益性的资金和企业管理支持

私募股权基金多采用权益投资方式，绝少涉及债权投资。同时私募股权投资者通常会参与企业的管理，主要形式包括参与到企业的董事会中，策划追加投资和 IPO 上市，帮助制定公司发展战略以及营销策略，监控财务状况和经营业绩，协助处理企业危机事件等。通常私募股权投资基金有着丰富的行业经验与资源，可以为企业提供有效的策略、融资、上市和人才各方面的咨询和支持，但私募股权投资者仅仅以参与企业管理，而不以控制企业为目的。[①]

（四）投资流动性差，同时风险大

高风险是 PE 投资区别于传统投资的最大特点，高风险特征主要表现在：（1）投资对象。风险投资主要投资高新技术项目，高新技术项目由于其技术处于发展前沿，具有不可预测性。（2）风险投资主要投资处于早期发展阶段的创业项目，选择在种子期、导入期、成长期，时间越靠前风险越大。（3）风险投资是一项长期投资。风险资本回收期较长，资本风险随着时间的增长而增大，时间越长，风险越大。风险投资与常规投资的主要区别在于投资收益的实现方式不同。常规投资一般靠获取股票股息、红利或债券利息来获取收益，而风险投资主要通过转让被投资企业的股权来获取收益，即风险投资收益分享了被投资企业的资本增值，获得了超额利润。

（五）分阶段投资

根据企业成长特征，创业企业成长过程一般可分为四个阶段：种子期、成长期、扩张期和成熟期。由于信息不对称可能导致道德风险，风险资本通常分阶段对企业注资，进行分阶段投资有利于削弱创业企业对项目的控制能力，降低了投资风险。因此，风险投资家一般只提供确保到下一发展阶段的资金，然后根据创业企业的发展成果是否达到协议要求再决定是否投资、以何种方式投资。分阶段投资既是风险投资家的一种投资方式，同时又是有效控制风险、监控企业发展的措施之一。2012 年风险资本分阶段投资情况如表 2 - 2 所示。

---

① 王凤荣、邓向荣：《国际投融资理论与实务》，首都经济贸易大学出版社 2010 年版。

表 2 - 2　　　　　　　2012 年风险资本分阶段投资情况

阶段	种子期	成长期	扩张期	成熟期	Pre-IPO	PIPE	合计
数量（个）	100	497	176	48	14	47	882
比例（%）	11.30	56.16	19.89	5.42	1.92	5.31	100
金额（亿元）	26.85	19.6	34.74	100.87	6.75	236.86	425.67
比例（%）	2.94	21.54	37.77	11.05	0.74	25.95	100

资料来源：中国风险投资研究院：《2013 中国风险投资年鉴》，2014 年，第 292 页。

　　根据表 2—2 计算可知，投资种子期、成长期、扩张期企业的数量占到了被投资企业总数的 87.35%，投资额度占到投资总额的 62.25%。其中，处于成长期的企业最受风险投资机构关注，投资成长期企业的数量占总案例数量的 56.16%，投资金额占 19.6%；投资处于扩张期企业的数量占总案例数量的 19.89%，投资金额占比为 37.77%。比较可发现，风险基金偏好于投资处于成长期的企业，但是出资较少，这主要是出于战略投资考虑，以小博大，为后期投资争取机会；相对而言，投资处于扩张期企业的数量虽然较少，投资额度却占比最大，因为企业发展到扩张期时，产品比较成熟、应用前景比较明朗、投资的不确定性因素减少，投资风险降低。

　　（六）投资退出渠道多样化

　　相对于其他资金投资的单一退出方式，一般来说私募股权基金具有多种退出渠道，包括首次公开发行上市（IPO）、售出（TRADESALE）、兼并收购（M&A）、标的公司管理层回购以及破产清算。其中通过 IPO 上市退出是私募股权投资收益最高的退出方式，而当被投资企业不具备投资发展潜力时，私募投资机构会尽早收回资金用于下一轮的投资，以期最大限度地减少损失，使机会成本最小化，通过破产清算程序收回部分资金，所以清算退出是私募投资机构最不愿意选择的退出方式。[①]

第二节　私募股权基金的操作流程

　　私募股权投资的运作是指私募股权投资机构对基金的成立、管理、项

---

① 于越：《对中美私募股权投资基金的对比与思考》，《考试周刊》2011 年第 16 期。

目选择、投资合作和项目退出的整体运作过程，主要分为五个步骤：一是组建 PE 投资公司募集资金；二是通过项目筛选确定目标公司；三是进行投资方案设计购买公司股权；四是风险企业培育增值；五是选择合适的渠道实现股份退出获利。其中，后两个环节最为重要，风险企业培育是价值创造过程，培育不当，价值难以创造；退出方式是利润的实现方式，选择不当，难以实现利润最大化。私募股权基金的组织架构及运作流程如表 2－3 所示。

表 2－3　　　　　　私募股权基金组织架构及运作流程

基金存续期			
基金阶段	一般合伙人（GP）角色	有限合伙人（LLP）代表角色	其他有限合伙人（LP）角色
基金发起	通常负责非上市基金	有时 LLP 发起基金	很少涉及
基金架构设立/文件制作	通常与一位专职有限合伙人共同负责	通常专职 LP 参与工作，LLP 通常参与投资决策，比如多样化组合和投资限制	可能会涉及一些关键的条款
融资	通常是负责	一些专职 LP 也会参与基金营销工作	很少参与本阶段工作，多数 LP 首次看到基金推介材料
投资	负责	有时专职 LP 参与	有时参加投资委员会，有时跟随基金投资
公司治理	负责基金治理结构	专职 LP 常参与基金的顾问委员会或其他部门，有否决权并有 GP 预算的审议权	有时参与基金顾问委员会或其他部门，有否决权并有 GP 预算的审议权
监控	GP 向 LP 提供资讯	除了上述角色，所有 LP 有权监督并确保 GP 履行相关协议	除了上述角色，所有 LP 有权监督并确保 GP 履行相关协议
强制实施	GP 公布一些比如 LP 违约的事情	LP 必须公布有关问题，比如 GP 违约和不作为	常常追随 LLP 的意志

续表

基金存续期		
基金阶段	一般合伙人（GP）角色	有限合伙人（LLP）代表角色	其他有限合伙人（LP）角色
修改口头协议	假如有意愿，GP 常常发起	专职 LP 常常有权否决或同意前述 GP 的提案	常常追随 LLP 的意志
退出	收回投资收益	分享投资收益	分享投资收益
解约	收回本金、管理费及投资收益	收回本金及收益	收回本金及收益

资料来源：创投公司专题：《PE 私募基金运作模式报告》，2009 年。

一　融资、组建投资公司

私募股权基金要成功融资、组建公司，需要一支优秀的管理团队和投资人，融资渠道可通过政府、企业、银行、个人等。其中重要的要素之一是对投资人的优先保护条款，其中合同制约是控制投资风险的有效方法。在融资过程中，投资协议是具有法律约束力的合同，其中重要的条款包括陈述和保证、承诺、违约补救等，这些条款与投资人在董事会所拥有的权力、利益关系密切，必须双方并肩协作，才能实现共赢。当前，主要的组织形式有三种：公司制、信托制和有限合伙制，它们分别以公司形式、信托合同形式或有限合伙企业的形式来组建 PE。[①] 每个投资机构都有其独特的运作模式和特点，其运作通常低调而且神秘，从某种程度上看，私募股权投资的不同运作模式直接影响了投资的回报水平，是属于不能外泄的独占机密。虽然我们可能无法知道各个投资机构在具体的投资运作中的许多细节，但通常私募股权投资具有一些共同的基本流程和基本方法，股权投资成功的重要基础是如何获得好的项目，这也是对基金管理人能力的最直接的考验，每个经理人均有其专业研究的行业，而对行业企业更为细致的调查是发现好项目的一种方式。

---

① 王宝琼：《私募股权基金的组织形式及收益分配机制》，《第五届西部律师发展论坛论文集》，2012 年。

二　项目收集和筛选

项目筛选，是指 PE 投资家在大量的风险企业或投资机会中，筛选出部分有发展前景的项目进行尽职调查（Due Diligence）与评估。一般情况下，公司项目筛选标准的内容大多包括公司所熟悉的产业，即行业投资取向、投资组合以及对投资阶段的选择、区域标准以及包括技术、市场、管理者队伍及财务等因素在内，尽可能筛选出优秀的投资项目，获得较高收益。

项目的来源主要有项目方、中介机构和政府部门等[①]，收集的项目越多，项目源越丰富，可供选择的余地越大，投资成功的概率也相对越大。私募股权投资成功的重要基础是如何获得好的项目，这也是对基金管理人能力的最直接的考验，每个私募股权基金在选择项目上都有自己的一套标准和自己的投资策略，每个经理人均有其专业研究的行业，而对行业企业更为细致的调查是发现好项目的一种方式。美国私募股权基金在目标客户的选择方面，一般都会选择那些处在成长期和成熟期的企业，选择那些市场占有率高、行业竞争能力强、发展潜力大、装备水平和管理者素质高的企业，选择那些息税折旧摊销前盈余为 500 万—1500 万美元的企业。[②] 中国私募基金更倾向于选择拥有资金为 100 万—2000 万元的客户。通过私募基金的推出，基金管理人能更好地拓展这个层次的客户。

三　初步评估和尽职调查

通过项目筛选过程以后，PE 投资家就得对该项目进行更详细、更全面的评价，项目评价对于整个公司的投资成败起着决定性作用。备选企业为引进股权融资，往往会隐藏一些不利于 PE 投资企业的信息，造成项目评价判断的不准确。因此，PE 投资家要通过尽职调查了解备选企业的相关信息，对投资的风险和预期收益做出评估，进一步挖掘备选企业的投资价值。一般的评价标准主要涉及影响风险企业投资价值的相关因素，重点了解以下方面：注册资本及大股权结构（种子期未成立公司可忽略）、所处行业发展情况、主要产品竞争力或盈利模式特点、前一年度大致经营情

---

① 李晓峰：《中国私募股权投资案例教程》，清华大学出版社 2010 年版。

② 程凤祥：《美国私募股权基金运作方式及启示》，《天津经济》2007 年第 6 期。

况、初步融资意向和其他有助于项目经理判断项目投资价值的企业情况，以便对投资项目做出初步判断，这是进一步开展与目标公司管理层商谈以及尽职调查的基础。

尽职调查的目的主要有三个：发现问题，发现价值，核实融资企业提供的信息。主要包括经营机构、市场营销、产品和技术、财务计划和投资报酬、法律问题等方面。

四 设计投资方案，构建契约

尽职调查后，如果发现该项目符合基本投资标准：如投资对象是正在营运的企业，市场占有率高、行业竞争力强、发展潜力大、装备水平和管理者素质高的公司，投资者尤其偏好并购和兼并。作为可以量化的财务指标是息税折旧摊销前盈余，即 EBITDA（Earning Before Interest, Taxes, Depreciation and Amortization）一般要求为 500 万—1500 万美元，最低为300 万美元。同时考虑内部收益率（IRR）和折现现金流（DCF）。年投资回报率在 20% 以上，5 年内实现退出，退出渠道可以是商业销售、上市（IPO）、分销（write-offs）、股权或贷款回购（repayment of preference shares-loans）、销售给其他风险资本公司、销售给金融机构等。项目经理应形成调研报告及投资方案建议书，提供财务意见及审计报告。投资方案包括估值定价、董事会席位、否决权和其他公司治理问题、退出策略、确定合同条款清单等内容。双方达成共识后，即可进入构建契约阶段。PE 投资家与风险企业家就股权结构、组织结构和管理权等方面进行协商，签署相关的法律文件，约束投资双方，使风险企业引进新的资金后，获得更好更快的发展。

五 风险企业培育与监管

投资双方签订契约之后，PE 投资公司还要直接参与风险企业的经营管理，帮助其发展壮大。绝大多数风险企业创业者，在经营管理知识和管理经验方面存在不足。在创业初期，企业人数少，单凭创业者个人的能力，企业尚可顺利运作。随着企业规模的日益扩大，职能管理的重要性日益突出，就有可能出现企业内部管理混乱的状况。而 PE 投资公司在这方面有自己的优势。通常 PE 投资公司内部拥有市场研究、生产规划、经营战略、财务、法律等各方面的管理专家，并且在社会上有广泛的信息与关系网络，不仅可以为风险企业提供各种咨询和服务，帮助企业建立规范的管理体系，还可以替企业物色所需的专业管理人才。

PE 投资公司一般不会一次性注入所有投资，而是采取分期投资方式，每次投资以企业达到事先设定的目标为前提，这就构成了对企业的一种协议方式的监管。这是降低风险的必要手段，但也增加了投资者的成本。PE 投资公司对风险企业的监督辅导主要通过以下几种方式实现：提供各方面的咨询服务；参加风险企业的董事会，直接参与风险企业的重大决策；吸引其他的投资者或者专家加入以加强管理力量；定期审查风险财务报告及定期对风险企业进行调查研究并做出评估。[①] 另外，投资者还会利用其网络渠道帮助企业进入新市场、寻找战略伙伴以发挥协同效应和降低成本等方式来提高收益。

这一阶段是价值提升阶段，也是最为关键的一段。基金管理人依托自身的资本聚合优势和资源整合优势对项目公司进行战略管理，使市场和财务进行全面的提升，从而使企业的基本面得到改善和优化，企业的内在价值得到有效提升。

六 项目退出

退出阶段是一个完整 PE 投资循环周期的完成阶段。从风险企业抽回投入的资本加上增值的效益，是 PE 投资公司循环运转的关键环节。在中国，PE 投资公司投资于风险企业不是为了取得该企业的长期控制权，经过若干年后，无论此次投资是成功还是失败，PE 投资公司都会从风险企业中退出。只有退出，风险资本才能实现循环，投资收益才能实现。根据被投资企业经营状况和外部金融环境的不同，退出方式有以下几种：首次公开发售（Initial Public Offering，IPO）、企业并购（股份转让）、股份回购、破产清算等。

私募股权投资基金的退出作为私募股权投资循环链条的最后一个环节，对整个私募股权投资循环过程中的其他环节有着至关重要的影响，退出渠道是否畅通，退出机制是否完善，直接关系到私募股权投资基金运行的成败，也会影响到下一个投资项目的决策和运作。

---

① 李钰：《风险投资全过程评价体系研究》，博士学位论文，武汉理工大学，2006 年。

第三节　我国私募股权基金投资、收益
分配和管理费提取方式

一　私募股权基金投资阶段

私募股权投资基金通常根据被投资企业的发展与成熟程度，将其分为种子期、启动期、成长期、扩张期和成熟期五个不同阶段。如表 2 - 4 所示。

表 2 - 4　　　　　　　　　　企业成长阶段定义

种子期	创业者建立了自己的核心创业团队，创业团队拥有技术、产品和概念，尚未成立企业或者刚刚建立企业，主要致力于技术的商业化研究开发，没有进入正式的销售阶段，融资额度较小，主要用于市场开发调查和技术产品的研究开发
启动期	创立新企业，将研究开发成果应用与商业化，生产新产品，并将企业的产品或服务推向市场，测试市场反应。这一阶段，企业急需融资，主要用于新产品的推介和销售，抢占市场份额
成长期	成长期企业的产品已经较为完善，销售呈现快速增长的势态，几乎没有盈利收入。这一阶段，企业融资数额较种子期大，主要用于产品的进一步完善，意在建立产品和服务的市场渠道
扩张期	扩张期企业的产品基本定型，主要任务是把产品和服务推向市场，市场快速增长，抢占市场份额是扩张企业的首要目标。这一阶段，未必产生盈利收入，企业融资数额较大，主要用于市场开拓和加强营销能力
成熟期	成熟期企业的产品和服务已经完全被消费者接受，市场增长放缓，市场份额区域稳定，有较稳定的盈利收入。该阶段企业融资主要用于维护市场份额和巩固竞争优势

私募股权投资基金通常会根据被投资企业所处发展阶段的不同而采取相应的投资策略，并通过分阶段组合投资方式来控制投资风险。如表2 - 5 所示。

表 2-5 私募股权基金各阶段投资及风险控制分类

阶段	种子期	启动期	成长期	扩张期	成熟期
风险企业状态	概念、计划	生产、运行	销售扩大	盈利增长	增速放缓
风险大小	极大	很高	高	一般	低
风险资金用途	开发、试产	市场营销	扩产促销	增长利润	上市并购
投资年限	7—10年	5—10年	3—7年	1—3年	1—3年
投资工具	自筹资金	优先股	优先股、债权	普通股、债权	过渡期
预期收益	60%以上	40%—60%	30%—50%	25%—40%	25%左右
回报倍数	10—15倍	6—12倍	4—8倍	3—6倍	2—4倍

私募股权投资基金是投资于非上市公司的股权投资，需要股权投资基金管理人参与到其投资项目的实际管理中，以期在未来通过公司上市抛售其股份来获得高利润，从而实现基金增值。而从经济学的角度来讲，收益和风险总是成正比的，高收益必然暗藏着高风险。基金类型不同，项目所处阶段不同，其收益和风险也高低不一，所以私募股权投资基金必然要选择多项不同收益和风险的项目进行组合投资，以期获得一个可预估的平均收益。通常来说，这一平均收益也是远大于市场资金收益或者称之为市场利率水平。且不同类型的股权投资基金总是有自己的风险偏好，比如创投基金偏向高风险、高收益，而资产类基金偏向低风险、稳定收益。所以一个股权投资基金创立之初，其类型、基调确定是至关重要的。

二 我国私募基金的主要收益分配和管理费提取方式

我国私募基金基本的收益分配方式有以下三种。

（一）保底式。这主要是一些机构或个人通过各种关系筹集资金，以自己的名义开户，期望从股票投资中牟取暴利所采取的方式。资金管理人往往许诺远高于同期银行存款利率的"底"，超过"底部"的投资收益归资金管理人所有，从本质上说是一种"高息揽储"的民间借贷行为，而不能简单地归结为私募基金的范畴，一旦投资失败，将会存在极大的信用风险。例如，德隆为了融资长期开出10%—15%的年息甚至更高的回报率，而在有些地方融资的成本甚至年息为20%—30%。[①] 由于这种分配方

---

① 李安方：《美国私募基金的运行机制》，《中国金融在线》2001年第6期。

式在一定条件下可以转变为"保底分成式",所以也放在本书的研究范围内。

（二）分成式。这种利益分配方式是指双方约定一个分配比例（如20%），如果分配日投资组合亏损，管理人不为投资者承担损失；若投资组合盈利，则管理人分走利润的20%，其余的归投资者所有。也有的同时约定收益分配线（如基金净值的15%）及分成比例（如20%），如果分配日投资组合的盈利超过基金净值的15%，双方按照利润扣除基金净值的15%后进行二八开分配；若投资组合的盈利低于15%，管理人不分配利润，也不必为投资者承担损失，即管理人的收益情况为 max［0，20% ×（投资组合利润 − 基金净值×15%）］，而投资者的收益情况为：a. 组合利润（当投资组合利润 = 基金净值×15% 时）；b. 基金净值×15% +（组合利润 − 基金净值×15%）×80%（当投资组合利润 > 基金净值×15% 时）。

（三）保底分成。这是目前私募基金业存在的一种比较普遍的和容易被客户接受、介于前两种分配形式之间的分配方式。具体的做法是基金管理人许诺一个投资收益的"底"（如基金净值的8%），当组合收益低于8%时，投资者也能（不存在违约风险的情况下）得到基金净值8%的分配。当组合的收益率超过8%时，8%的收益归投资者，余下的部分由双方按约定比例（如五五开）分配。在这种情况下，基金管理人的收益情况为：a.［组合利润 − 基金净值×8%］（当组合利润 > 基金净值×8%时）；b.［组合利润 − 基金净值×8%］×50%（当组合利润 > 基金净值×8%时），而投资者的收益情况为 max［基金净值×8% +（组合利润 − 基金净值×8%）×50%］。对于一般的私募基金来说，是要收取相应的管理费的。有些管理人只提取一定比例的管理费，但更普遍的是提取管理费的同时也约定相应的利润分配方式，比如分成。对于投资于不同类型的资产，基金管理者往往会进行细分以提取不同比例的管理费，如上市资产按1.75%的比例提取，非上市资产按2.5%的比例提取。在实际运作过程中，究竟采取什么样的收益分配和管理费提取方式则由基金管理人和投资者相互协商决定，往往受委托资金量的大小、期限的长短及行情的好坏和基金公司在同行业中的竞争地位等因素的影响。[1]

---

[1]   王晓芬：《我国私募基金运作机制研究》，硕士学位论文，北京交通大学，2007 年。

第四节　私募股权基金的功能作用

一　私募股权基金的功能

总结发达国家 PE 的发展历程，联系我国经济发展现实，PE 主要具有以下功能。

（一）降低投资者的交易费用，提高投资效率

私募股权基金在经济发展中具有积极作用。现代经济学契约理论认为，作为经济活动的基本单位，交易是有费用或成本的。所谓交易费用，"就是经济系统运作所需要付出的代价或费用"。具体到投资活动来说，其往往伴随的巨大风险和不确定性，使投资者需要支付搜寻、评估、核实与监督等成本。私募股权投资基金作为一种集合投资方式，能够将交易成本在众多投资者之间分担，并且能够使投资者分享规模经济和范围经济。相对于直接投资，投资者利用私募股权投资方式能够获得交易成本分担机制带来的收益，提高投资效率，这是私募股权投资存在的根本原因。

（二）发挥风险管理优势，提供价值增值

PE 投资同时具有"三重"降险效应：一是基金投资的降险效应，主要是基金投资对象的分散化；二是基金投资者的降险功能，主要指不同的基金持有者共同投资于同一种基金而形成的降险功能；三是被投资企业的降险功能，主要是指基金与被投资企业之间的契约属于股权类契约，可以降低企业财务风险。

现代金融经济学认为，投资组合能够减少经济活动的非系统性风险，从而成为风险管理的重要手段。但对于单个投资者来说，分散化投资会给投资者带来额外的成本。例如，投资者可能不得不减少在某个企业中的投资比例，从而使投资者对该企业的控制减弱，或者投资者将不得不花费更多的精力和成本对不同的投资项目进行监督和管理。而私募股权投资基金采取的是集合投资方式，它可以通过对不同阶段的项目、不同产业的项目投资来分散风险，因此投资者通过私募股权投资基金这一投资中介进行投资，除了能够享受成本分担的收益，还能够分享分散投资风险的好处，进而获得价值增值。

（三）加快基金业发展，促进多层次资本市场的形成

一方面，随着私募基金被给予合法化的身份，私募基金成为基金族中

的一员，将打破基金市场的垄断。引进竞争机制，减少交易成本，促进金融创新，提高投资效率，为我国基金市场的发展创造一个公开、公平、公正的市场竞争环境。另一方面由于私募基金和公募基金具有较强的互补性，私募基金的推出不仅增加了证券市场上的基金品种，也拓展了基金管理公司的业务范围。同时，私募股权投资基金的投资标的公司多属于未上市的私有公司，这些有着良好发展潜力的公司通过私募股权投资基金的资金支持和专业管理培育，往往能取得重大的发展突破甚至可以 IPO 上市，所以私募股权投资的发展可以为二级市场挑选和培育更多优良的企业，推动我国中小板和创业板市场的发展，对于我国的资本市场的多层次发展有着积极作用。

二　私募股权基金的作用

私募股权投资是新经济形势下的一项金融创新，在中国经济改革正从"增量性改革"逐步转向"存量性改革"的关键时候，对于下一步中国和重庆市经济发展和产业整体升级具有重要的突破性意义。

（一）加速产业结构调整

当前，随着我国工业化进程的加快，传统金融服务业支持产业创新的能力有所弱化：一是偏重于支持传统产业，对于具有一定投资风险的高新技术产业、现代服务业支持较少；二是偏重于支持大中型国有企业，对于具备较强市场适应能力、具有较强创新活力的中小民营企业支持较少。这些现象的存在，使市场上本已十分稀缺的金融资源，进一步向传统产业特别是大中型国有企业集中，造成了市场机制作用在金融资产配置领域的弱化。发达国家实践证明，PE 在促进现代经济发展特别是现代服务业、高新技术产业等方面，具有先天优势。PE 是金融资源市场化运作的产物，PE 管理者完全以企业成长潜力和效率作为投资选择原则，有利于金融资源向市场潜力大、投资回报高、运营效率好的企业倾斜，实现金融资源优化配置。同时，通过金融杠杆作用，有利于带动产业结构按照市场化方向调整，在合理配置资源的同时，实现产业结构优化升级。[①]

（二）改变社会融资结构

私募股权投资基金的发展可以改变社会融资结构，促进直接融资的发

---

① 李琪：《我国私募股权投资发展问题分析》，《中国经贸导刊》2012 年第 12 期。

展。据统计，私募股权市场是全球增长最快速的市场之一，在金融市场中，从数量指标上看，其增长速度超过了公开发行股票和债券的相加数。私募股权市场产生的背景就是美国当时也存在着中小企业融资困难的问题。受《格拉斯—斯蒂格尔法》的约束，美国的私人银行发展受到限制，相反，投资银行和资本市场却非常发达。而日本则是以银行为代表的间接融资更为发达。但是从现代经济的总体发展趋势来说，信息的日益发散性要求风险的配置更为分散。中国的股市尽管已经进入了百姓的生活，但直接融资也只占总融资量的20%左右，与美国超过70%的比例相比，远远落后。因此，在中国发展私募股权不仅前景广阔，对于融资结构的均衡，意义也非常重大。

（三）有效解决中小企业融资难问题

我国传统金融体制的制约和中小企业自身发展的运行特点决定了无论是直接融资还是间接融资，中小企业都被拦在门外。根据银监会的公开资料显示，银行贷款分布的"二八定律"越来越严重，央企等大企业占据了大多数的贷款资金，中小企业想要在银行获取融资十分困难，而通过直接融资的"高门槛"更是让中小企业望而却步。而私募股权投资诞生的初衷就是为了解决这一难题，它不仅为中小企业提供了新的融资渠道，而且还能为中小企提供更多深层的增值服务，有效帮助企业度过各类风险期。

（四）促进高科技中小企业迅速成长

研究表明，在高新技术竞争中，技术、人才和资金三者一样都不能少。对于规模尚小，但是市场前景巨大的高新技术企业而言，由于自身底价不高，信用担保缺乏，加上申请周期长，银行贷款拿不到，政府支援申请周期长，常常是"远水救不了近火"。资金的缺乏，无疑已经成为影响高新技术企业发展的瓶颈。据科技部和国家统计局2013年的相关资料显示，我国每年仅专利技术就有7万多项，但专利技术的实施率只有10%左右，科技成果转化为商品并取得规模效益的比例为10%—15%，而发达国家这一比例一般为60%—80%。

高新技术企业欢迎PE投资基金。高新技术企业通过投资基金融资较少涉及债务问题，因为PE投资基金经营者主要是以收取企业（公司）一定数量的股权作为交易，不像银行贷款那样不管企业是否盈利都要求按时还本付息；PE投资基金可为企业（公司）提供多种服务，如管理方面的服务、理财方面的服务以及其他知识获得、人才引进等；PE 投资基金的投资还可以协助未来企业（公司）上市。

（五）重要的市场约束力量

私募股权基金作为主要投资者可以派财务总监、董事，作为大股东可直接选派总经理到企业去。在这种情况下，私募股权基金作为一种市场监控力量，对公司治理结构的完善有重要的推动作用。为以后的企业上市在内部治理结构和内控机制方面创造了良好的条件。私募股权基金作为一种重要的市场约束力量，完全可以补充政府对中小企业监管之不足，有效促进市场公平、公正、高效发展。

（六）加快落后地区经济开发

我国金融机构贷款地区分布差异非常大，东部地区占 67.77%，中部地区占 17.44%，西部地区仅占 14.79%。上市公司地区分布也是类似情况，东部地区占 59.02%，中部地区占 23.73%，西部地区占 17.25%。私募股权投资基金的发展可以集合社会资金力量，不仅能为中西部地区企业带来发展资金，同时能为落后地区企业带去先进的发展、管理理念，从而加快对落后的中西部地区的经济开发。

可以说私募股权投资基金的本质是实现资源有效配置的机制创新，是提升企业品质和再造企业价值的一系列制度组合。私募股权投资基金是在管制与创新的激烈碰撞中，由市场自发形成并受适度规范的金融投融资工具和机制，其兴起和发展从来都是经济发展的现实选择和内在要求。私募股权投资基金的制度设计都处在不断的自我更新中，其发展过程中爆发的能量非常巨大。但是对其性质、定义、功能、任务和历史定位，以及存在的各种问题和相关监督和引导，尽管经济金融界、法律界、相关产业界人士均给予了大量的研究和探讨，但由于实践在不断发生变化，许多问题在理论上也无法定论，其中既有涉及学术层面的观点碰撞，也包含政策操作的具体争论。

第 三 章

重庆市引进与发展 PE 的环境、条件研究

为了更好地实施引进与发展 PE 的战略，必须研究重庆的环境与条件问题，特别在当前国际经济缓慢复苏、我国经济减速下行的大环境下，国家和地方出台多种政策支持中小型企业发展，扩大内需，促进产业结构调整，此时，重庆引进与发展 PE 可以说正赶上大好机遇，同时也将面临国际国内大环境的挑战。发展 PE 的条件包括：要具有相当完备的制度环境、成熟的资本市场、诸多能够参与和推动私募股权投资业发展的主体、鼓励创新创业的社会氛围、有大量的满足风险投资需要的人才等。而重庆又具备了哪些引进与发展 PE 的条件呢？下面着重对重庆市 PE 发展面临的内外部环境条件及存在的主要问题逐次进行分析。

第一节　重庆私募股权基金发展背景分析

一　中国经济发展趋势分析

改革开放 30 多年来，中国经济取得了长足的进步，GDP 从 1978 年改革开放伊始的 3645.2 亿美元增长到 2013 年的 56884.5 亿美元，可以说中国经济年平均增长速度接近 10%，经济总量急剧上升至全球第 2 位，中国的人均 GDP 进入中高速国家行列。

2013 年，在国际经济缓慢复苏，国内宏观调控坚持稳中求进、稳中有为、稳中提质的背景下，全年中国 GDP 增长 7.7%，增速与上年持平，居民消费价格指数同比上涨 2.6%，经济运行总体平稳，继续保持增长稳健、结构优化的发展态势。全国经济现状呈现出四个基本特点：一是总量很大。我国是全球第二大经济体，占全球经济的比重超过 10%。二是人均收入水平很低。从人均国民总收入看，我国在世界 200 多个国家中排到

第 100 位之后。三是增长快。过去 30 多年，我们保持了接近 10% 的高增长，2012 年以来受欧债危机的影响，中国经济增长出现明显滑坡的趋势，但是仍保持略高于 7.5% 的增速，不仅明显高于发达国家的经济增长速度，也明显高于其他新兴经济体，如俄罗斯、印度、巴西这些国家，当然也远远高于全球平均增长水平。四是发展极不平衡。比如，2011 年贵州的人均 GDP 只有 2000 美元多一点，仅相当于天津的 20%。

而且不断有研究显示，2011—2030 年中国的潜在增长率将会呈现不断下降的趋势。经过 30 多年的发展，中国第二产业已趋饱和，人口和资源开始向以服务业为主的第三产业转移，然而中国服务业的劳动生产率远远低于制造业，基于这样的差异，当越来越多的人口和资源转移到服务业中时，中国经济整体的劳动生产率必将下降，由之决定的经济增长速度也必然下滑。①

为了稳定经济增长，保障国民生活水平不断提高，中国将继续加快传统产业转型升级，大力发展战略性新兴产业和先进制造业，推动企业向产业链和利润高端调整。大力发展服务业特别是现代服务业，促进制造业与服务业、现代农业与服务业融合发展，提高服务业在国民经济中的比重。完善以企业为主体、市场为导向，产学研相结合的技术创新体系，推进科技与产业、科技与金融紧密结合，加大科技投入，着力突破关键核心技术，加快科技成果产业化，加强知识产权保护，推动经济增长更多地依靠创新驱动。而这些机制的安排，正好大可利用 PE 的东风，借助其灵活的投资机制和管理技术，推动中国经济又好又快地发展。

二　重庆经济发展概况分析

重庆作为中国西部地区重要经济增长极之一，在直辖十余年间得到了迅速发展。GDP 从直辖前远低于全国平均水平的 1315 亿元，增加到 2013 年远超全国平均水平的 12657 亿元，经济综合实力在西部领先，零售商品交易额仅次于上海，与广州并驾齐驱，是国内零售业最发达的城市之一。而且重庆通过大量引进市内外金融机构，推动银行、证券、保险业等业务发展，发展非银行金融机构，建立多种市场化资产交易平台等多种方式打造中国的内陆结算型金融中心。可以说当今的重庆正处于经济中心建设的

---

① 国家统计局：《2013 年 GDP（国内生产总值）初步核算情况》，2014 年 1 月。

阶段，需要风险投资推动。政府通过政策鼓励技术创新，投入资金扶持创新企业，但市场选择的效率往往会高于行政扶持的效率。政府的支持只是一个引导作用，更多的应该是市场对企业的选择，优胜劣汰才可以使企业更好地成长、使技术得以更好地推广。创新型重庆需要更多私募股权投资企业参与市场，发展创新型企业。同时，经济中心的建设需要更多的、可持续的资金投入，而强有力的融资手段是私募股权投资企业的优势，因此，重庆经济建设需要私募股权投资企业利用其有效的筹资手段带来雄厚的内外资资金，组合生产要素，推动重庆市经济建设。此外，金融中心的建设需要更多的金融工具。随着重庆金融中心建设的推进，纷繁多样的金融创新工具是金融中心发展程度和金融发展水平的需要，而私募股权投资基金的大量集聚就是金融发展到一定高度的体现，也是有效整合现有市场各种要素的新型金融工具。因此，重庆金融中心建设需要更多的私募股权投资企业。

第二节 重庆引进与发展 PE 的外部环境分析

一 经济环境分析

自从中国"十一五"规划把自主创新战略放在首要位置，技术创新活动越来越活跃。同时，中国政局越来越稳定，政策环境越来越完善。这为国内外的 PE 投资行业带来信心。2013 年中国创投市场和私募股权投资市场，新募基金数和金额均创历史新高。2013 年中国私募股权投资市场新募集完成 349 只可投资于中国大陆地区的私募股权投资基金，募资金额共计 345.06 亿美元，在数量上较上年略有下降，但是募集金额同比增长 36.3%；从新募基金类型分析，房地产基金为 2013 年表现最为抢眼的基金类型，数量与金额占比均超过总量的三成；从新募基金的币种来看，人民币基金数量仍然占据绝对优势，但外币基金募集情况有所回温，尤其是美元基金再次出现募集热潮。与募资情况类似，2013 年中国私募股权投资市场投资交易数量与上年相比有小幅缩水，投资金额同比增长 23.7%，共发生私募股权投资案例 660 起，其中披露金额的 602 起案例共计投资 244.83 亿美元，房地产成为投资最活跃行业；2013 年全年共发生退出案例 228 笔，其中 IPO 退出均发生在境外市场，共计发生 41 笔，并购退出以 62 笔成为机构最主要的退出方式，共占全部退出数量的 27.2%。①

在过去八年中，中国私募股权投资行业的发展可谓跌宕起伏，由于 2008 年金融危机以及后续的欧债危机的外部环境影响，致使中国私募股权投资在募资和投资两个方面都出现了两重天的情况。在 2008 年，中国私募股权基金全年总共募集 611.53 亿美元，创下了到目前为止中国私募股权投资基金的募集资金最高点，但同时，在当年投资金额仅有 96.05 亿美元，延续了自 2006 年以来的下降趋势，并于 2009 年达到历史低点。不可忽视的是在过去五年的发展过程中，中国私募股权基金开始出现回暖，无论是募集资金方面还是投资方面，都迎来了高速发展阶段，尤其是在投资方面，自 2009 年之后一路走高，一度在 2011 年达到了年度 275.97 亿美元的投资高点。高涨的中国房地产行业也催生出了高涨的房地产私募股权投资基金，在过去的几年中，房地产私募股权基金的募集资金数量一路上涨，到 2013 年达到 106.67 亿美元关口，同时作为私募股权基金中龙头老大的成长基金份额却在不断缩小，从之前占募资百分比的 87% 严重下滑至 2013 年的 54.5%。而且从投资行业方面分析，房地产行业也是后来居上，投资金额和投资发生案例数都在急速上升，从 2010 年的 20 起投资案例总计 6.41 亿美元开始逐年上浮，到 2013 年已经成为投资主要方向，总投资案例达到全年 105 起，总计金额 63.16 亿美元，实现了 3 年 10 倍的急速增长。而在退出方面，则是呈现出了退出方式多样化的趋势，从原来的上市作为主要退出手段，到目前的以并购为核心、IPO 为辅助的多元化退出机制，同时由于近几年国内证券市场的不稳定发展以及 IPO 禁令带来的影响，在 IPO 上市退出机制中，境外上市已经成为主流趋势，而且香港主板已经成为 IPO 的主战场。

2012 年后，我国 IPO 重新开闸，在一定程度上缓解了企业，尤其是中小企业融资难问题，特别是高新技术企业。重庆市历来十分重视高新技术产业的发展，并计划推进高新技术产业的升级，促进其产业群的健康发展。这些高新技术企业但凡上板，只要进入券商辅导期，就会成为政府、银行、PE 追逐关注的对象。只要排队上板的企业有项目投资需求，以较低市盈率来展开一轮私募，就会吸引大批 PE 进入，银行贷款也会更为容

---

① 郑知行：《2012 年中国私募股权投资年度研究报告》，《清科研究中心》2013 年 1 月 6 日。

易，各地政府也会支持。

同时，我们从 2013 年第四季度私募股权市场也可以看到，私募股权基金 2014 年继续延续之前的高速增长，仅 2013 年 12 月中国私募股权投资市场就发生投资案例 94 起，投资总金额达 40.35 亿美元，平均投资金额为 5309.62 万美元，无论是从投资金额还是投资发生案例上看，增长趋势依旧延续。特别是案例数方面，刷新了 2011 年 7 月以来最高纪录。12 月投资案例数较上月环比上升 20.5%，同比增长 213.3%。而且投资行业都主要集中在互联网和移动互联网行业，投资地区也逐步从北上广开始外移，可以说，中国私募股权投资市场面对更加多元化的发展是未来的前进方向。

但全球金融危机对 PE 还是产生了不小的影响。国际经济环境更趋严峻对我国形成较大的周期性调整压力，我国企业还面临生产要素价格上升、市场需求结构变化和节能减排等政策性导向所形成的结构性调整压力，虽然自 2009 年以后，国内外经济环境中不利因素和不确定因素增多，但我国仍然处于工业化、城市化双加速的发展战略机遇期，国内储蓄率较高，外汇储备充裕，基础设施投资空间充分，国内消费市场潜力较大，我国经济仍具有应对各种困难和挑战的活力和潜力。

重庆自古就是西部地区著名的水陆码头，具备汇聚周边省市的商贸并辐射西部特别是西南部的优越条件。改革开放以来，尤其是成为直辖市之后，3000 万重庆人民团结奋进，锐意进取，在经济发展和城市建设方面取得了令世人瞩目的成就。如今重庆已成为我国西部生机勃勃的重要工业基地、科研基地和商贸中心，其综合经济实力在西部有举足轻重的作用。2012 年 4 月美国《财富》全球论坛曾把重庆评为中国最具竞争潜力的城市之一。重庆的快速发展已积蕴了深厚的经济实力，这本身就为其发展成为西部区域性金融中心奠定了坚实的根基。

近些年，重庆在金融基础设施、交易规模、机构数量、金融产品创新和金融人才建设等方面均取得了长足的进步。目前重庆的银行、证券、保险、信托、基金、私募、担保、小贷、村镇银行、农村互助资金社等各类金融机构较为齐全，遍布全市，其金融机构数量在西部名列第一，金融服务对象覆盖各行各业。重庆的经济繁荣带动了金融业的迅速发展，重庆的金融存贷款总量已跃居西部各大城市之首。截至 2013 年 12 月末，全市金融机构本外币存款余额为 22789.2 亿元，同比增长 17.3%，较全国水平高 3.8 个百分点；非金融企业存款增速高于全国水平，人民币非金融企业存款余额为 8638.6 亿元，同比增长 13.6%，较全国水平高 3.5 个百分点。金融机构本外币贷款余额为 18005.7 亿元，同比增长 15.5%，较全国水平高 1.6 个百分点，处于合理增长区间，符合稳健货币政策的要求。

金融危机爆发后，不少 PE 投资机构开始选择投资避险的行业与企业，总体上调整了投资策略，变得更谨慎、更稳健。其中，新能源和医疗仍是 PE 重点关注的两大方向。重庆市医药行业上市公司内部整合比较顺利，已经形成了以太极集团为核心的强势医药产业群体；汽车、摩托车产业是重庆市的传统行业，长安汽车替代原有的中国嘉陵成为领头羊，长安汽车的异军突起进一步强化了重庆汽车在国内的地位。另外按照风投行业"熊市进、牛市退"的规则，现在应是挑选投资项目的好时节。重庆应抓住机遇、迎难而上，争当时代的弄潮儿。

二　政策法律环境分析

为支持 PE 的快速发展，2006 年 2 月 17 日，国家发展改革委等十部委联合发布了《创业投资企业管理暂行办法》、《产业投资基金试点总体方案》等，为私募股权基金的发展提供了法律保障。同年 8 月 27 日，全国人大常委会专门修订了《合伙企业法》，其中特别增加了有限合伙章节，顺利地解决了双重收税的问题。2007 年 6 月，《合伙企业法》生效，给中国 PE 带来一缕新鲜空气，本土的 PE 组织形式又多了一种国际惯例——有限合伙制。与此同时，我国资本市场逐渐完善和规范，越来越多的企业选择在国内上市，因此，本土的私募股权基金机构在我国发展得很快。

2008 年 9 月，深交所修改了《股票上市规则》，对比旧规，创投企业在上市前 12 个月内通过增资扩股方式投资的，锁定期由原来 36 个月变更为 12 个月。同年 11 月，国务院常务会议宣布的总额达 4 万亿元的经济刺激计划，在当前背景下，发展股权投资基金是深化投资体制和金融改革比较好的结合点和选择。2009 年中国银监会下发的《关于支持信托公司创新发展有关问题的通知（征求意见稿）》要求，部分优质信托公司信托资金贷款比例年底之前将放宽至 50%；以固有资产从事 PE 业务，其投资总额不得超过净资产的 20%。2009 年 3 月，商务部发出通知，下放资本总额 1 亿美元以下的（含 1 亿美元）外商投资创业投资企业、外商投资创业投资管理企业设立及变更的审核和管理权限。2009 年 3 月 31 日，中国证监会发布了《首次公开发行股票并在创业板上市管理暂行办法》，自 5 月 1 日起实施。这标志着经过十年筹备的创业板终于起航。2010 年全国社保基金向弘毅、鼎晖两家股权投资机构分别投资 10 亿元的事宜，则为保险业、商业银行投资股权基金树立了一个样板。2013 年 6 月，中编办发布《关于私募股权基金管理职责分工的通知》，明确规定私募股权基金监管划归证监会后，私募基金行业的监管之争就告一段落。同时在之后的 2014 年 2 月 7 日，《私募投资基金管理人登记和基金备案办法》正式对外公布实施，私募行业正式纳入监管范畴。根据登记备案办法，经基金业协会公示的私募机构可以直接作为基金管理人发行私募基金，而无须借助其他金融机构的通道发行私募基金产品，且私募基金产品的发行采取备案的方式，在完成募集后通过私募基金登记备案系统进行备案，使私募股权投资朝着监管规范化、常规化方向又迈进了一步，这同时也是《证券投资基金法》修订后，私募基金行业从地下走到阳光下的开端。如图 3 - 1 所示。

但就目前来看，创投发展中仍有许多市场尚未被完全开发，在图 3—1 中，除了虚线圈出的部分为创投企业内部运作流程之外，其他部分都较多地受到外部政策及投资环境的影响。政府政策的逐步完善，为我国创投业发展提供了良好的机遇。①

从重庆来看，当地政府鼓励股权投资发展的决心非常坚定。市委、市政府提出要将重庆打造成股权投资机构的集聚高地，并将这一目标作为建设长江上游金融中心战略的一个重要组成部分。拟设立基金规模较大的机构，则由当地政府投融资平台与其合作，如重庆渝富资产经营公司与中国华融资产管理公司共同设立华融渝富股权投资基金管理公司，重庆两江开投集团与美国德太集团共同设立德太中国西部成长基金。在政策层面，重庆市政府于 2008 年发布了《关于鼓励股权投资类企业发展的意见》，提出鼓励设立股权类企业，加大对股权投资类企业的财政、税收政策支持力度——尤其是在财政税收政策方面，提出了办公用房补助、营业税减免返还、个人所得税返还等，为私募股权基金提供了更优惠宽松的发展环境。

---

① 金融界网站：《PE 投资模式比较》，《信托、银行理财模式研究》2009 年 5 月 18 日，第 14 卷，第 57 页。

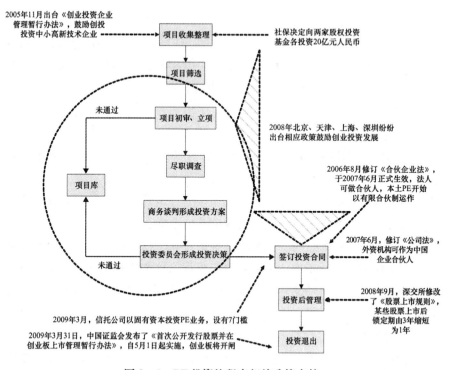

图 3-1　PE 投资流程点相关政策支持

资料来源：金融界网站：《PE 投资模式比较》，《信托、银行理财模式研究》2009 年 5 月 18 日。

2010 年 6 月 18 日，在重庆直辖 13 周年之际，重庆"两江新区"正式挂牌成立。这是继上海浦东、天津滨海之后第三个国家级新区，更是地处内陆的唯一国家级新区。新区被定义为长江上游地区金融中心和创新中心，股权投资业的成长在重庆有了更加肥沃的土壤。根据规划，两江新区作为统筹城乡综合配套改革试验的先行区，将享受国家给予浦东新区和滨海新区的政策，包括对于土地、金融、财税、投资等领域赋予先行先试权，允许和支持试验一些重大的、更具突破性的改革措施。正是由于重庆具有天时、地利、人和等各方面的机遇和优势，才吸引了众多投资机构在此布局。

重庆早在 2011 年就已作为全国三个开展外资私募股权基金结汇投资便利化试点城市之一，这让重庆在私募股权投资方面走在全国前列，更容易吸引外资，因为在这之前如果有外资私募基金看上了重庆某个项目，虽然双方已签订了投资意向书，但外资私募基金还需向国家外汇管理局提前报批备案排队等候，经过一系列严格的审查，才能允许结汇投资，往往需要一个月左右。但是在重庆试点结汇投资便利化之后，审批时间可大大缩短到一个星期左右。

三 社会文化环境分析

PE 的发展离不开政策的支持，重庆市政府特别重视利用好、利用足国家扶持 PE 发展的相关政策，真正引导基金的平稳发展。在人文环境上，重庆市全力营造宽松和谐的人文环境，牢固树立关心私募股权基金，人人都来亲商、安商的良好氛围，使 PE 机构企业在重庆能够留得住、做得大。北京、上海、天津，各地政府都很重视引进 PE 的发展，但重庆市大力发展 PE 的决心与魄力是有目共睹的。

2009 年 5 月 11 日，渝富资产管理公司与亿泰证券就合资组建重庆亿泰股权投资基金管理公司举行了签字仪式。亿泰股权投资基金是重庆乃至整个西部地区第一家私募股权投资基金，管理金额达 50 亿元人民币。同年 5 月 14 日，重庆私募融资项目推介暨对接会在重庆国际会展中心召开，贝恩资本、高盛（亚洲）、美国亿泰、中信资本等一大批国内外知名 PE 机构齐聚山城，畅谈发展，并与重庆部分国有及民营企业展开了深入交流。时任重庆市委常委、常务副市长黄奇帆表示，要借助私募股权投资基金的力量，推动重庆成为金融中心。

2012 年 6 月，重庆市政府出台了《关于进一步做好微型企业融资服务工作的通知》（以下简称《通知》）进一步优化微型企业融资环境，加大金融扶持力度，促进微型企业健康发展。《通知》要求，银行扶持创业微型企业从贷款经办银行范围扩大至全市银行机构，拓展微型企业开户、融资渠道，着力解决微型企业金融扶持机构资源紧缺的问题，并且规定将微型企业金融扶持贷款累计授信额度上限提高到 15 万元，利率保持基准利率。创业者可按规定申请小额担保贷款，以个人名义申请小额担保贷款，最高可贷 15 万元，以企业名义申请小额担保贷款，最高可贷 200 万元，并享受财政贴息政策。

2012 年 11 月 17 日，重庆市出台了《进一步促进股权投资类企业发展实施办法》，加快吸引私募股权投资基金等股权类投资机构落户重庆。同年 11 月 17 日，重庆市股权投资基金协会成立。协会致力于股权投资类企业的发展和服务，将对会员进行统一的行业自律管理，也更利于帮助PE机构找项目。截至 2012 年 11 月底，重庆市已备案的私募股权投资类企业达 170 家，资本金额达到 379 亿元，累计投资总额达 131 亿元。[①]

重庆市江北嘴金融核心区是金融机构和企业总部聚集城。2012 年 12 月 6 日，昊云（重庆）股权投资基金管理公司在江北嘴金融中心正式成立开业，是重庆第一例地产开发商转行私募的案例。该基金所关注的范围主要是上市或欲上市的基础设施和房地产的企业。

四　"西三角"区域地位分析

目前，西部三个中心城市西安、成都和重庆都在争做西部 PE 中心，各地都在出奇招来引进和发展 PE，并且各具特色。

2008 年，重庆市财政出资 10 亿元组建了科技风险创业投资引导基金，并分别与软银中国、深创投等组建了 3 只各 10 亿元规模的风险投资基金。审批了德同、富坤 2 只基金，PE 规模已达 37 亿元。2008 年 10 月，市政府出台了《关于鼓励股权类投资机构发展的意见》，引起了国内外投资机构的积极反响，百仕通、中创投、麦格里、亿泰证券、平安信托、澳大利亚 CPG 等业内翘楚纷纷来渝洽谈合作。2009 年 6 月，美国亿泰证券与重庆市国资委旗下渝富资产管理公司签署协议，双方组建了西部第一家合资私募股权基金管理公司——重庆亿泰股权投资基金管理公司。该基金管理公司首次募集一只 50 亿元的基金，其中渝富公司负责牵头募集 10 亿元，亿泰证券在中国沿海地区募集 20 亿元，同时负责在海外募集等值于 20 亿元人民币的美元。

2008 年 10 月，中国进出口银行、成都市、成都高新区以 50：20： 30 的出资比例，共同发起设立总规模为 15 亿元的银科创业引导基金。该基金将作为母基金与其他市场化运作的资金共同设立子基金，计划撬动 50 亿元左右的社会资本。同时该基金宣布和韩国产业银行、韩国 KTB 公司、美国维梧（Vivo）创业投资管理公司、德同资本签署合作协议。对于成都市而言，通过引导基金设立更多的子基金，一方面意味着吸引社会资本对当地的投资，以德同资本的合作基金为例，双方约定，基金 60% 的资金必须投资于当地企业；另一方面，也有助于当地产业集群的发展，例如美

---

① 中国风险投资研究院：《2013 中国风险投资年鉴》，2014 年 1 月。

国维梧（Vivo）创业投资管理公司的专注领域是生物制药，而这一产业也是成都高新区的支柱产业。2009 年 4 月，成都市政府在出台的政策中提出，将大力发展和引进各类投资基金，加快设立城乡统筹产业投资基金、西部旅游产业投资基金和房地产信托投资基金。就西部旅游产业基金而言，成都市下属的金融控股平台——成都投资控股集团有限公司和四川发展（控股）有限责任公司共同成立筹备组，基金规模为 50 亿元。成都的一些特色行业如旅游、餐饮等都是吸引 PE 投资落户的潜在诱惑。2007 年 7 月嘉华资本成立了一只 5 亿元人民币的投资基金，专门投资四川的传统特色产业。此外，四川的消费、连锁以及经营四川特产方面的公司，非常受风投的青睐。

　　2008 年 12 月 15 日，陕西省政府批准设立陕西省创业投资引导基金，随后发布了《陕西省创业投资引导基金管理暂行办法》。引导基金有三个特点：第一，这个基金是根据国家关于规范设立和运作创业投资引导基金指导意见的规定设立的，这一点确定了政府应该做什么、企业应该做什么；第二，政府引导与市场化方式运作相结合；第三，不以营利为目的，不追求利润最大化。2009 年 8 月 11 日，陕西旅游集团与平安信托投资公司签署战略合作协议，平安信托增资入股陕西旅游公司，双方联合发起设立"西部旅游产业（股权）投资基金"，规模将达 100 亿元，并将共同出资组建"西部旅游产业投资基金管理公司"。同时，西安高新区还设立了 5 亿元创投引导基金，并已经开展了与中科招商、德丰杰龙脉和顶华三家机构的合作。

　　重庆成为 PE 青睐的中心地区，一个重要原因是工业基础好，高科技产业发展已经形成规模。在投资方向上，重庆基金主要投资于重庆市内的信息技术、生物医药、新材料、装备制造、新能源、环境保护等领域的科技成果转化、高新技术产业化项目和创新型科技企业。其中，重庆高新技术产业开发区创新服务中心于 1999 年 10 月经国家科技部火炬中心批准成立。已累计孵化企业 400 多家，在孵企业 240 多家，主要集中在电子信息、生物医药、新材料、节能环保、光机电一体化领域。具体政策中，所得税率低也是重庆比较大的优势；从地区产业基础来讲，重庆与天津、上海等地比较，经济规模和质量都暂时处于劣势，但重庆经济也有特点：工业基础好、受国际金融危机影响比沿海地区小。从私募基金的角度来看，重庆国有企业改制和重组就是一个可以深度挖掘的好题材。而上海等地的

国企重组工作已经比较深入，投资介入的机会不是太多，介入的成本也会
较高。

第三节　重庆市引进与发展 PE 的内部条件研究

一　重庆企业资本需求分析

重庆市有注册法人代表的中小企业已达 13 万家，其中绝大部分都面
临资金短缺的问题，而且大都集中在主城区"1 小时经济圈"内，占总数
的 75%。目前，全市上市企业只有 30 多家，其他不少资金密集型企业由
于缺乏股权融资的渠道，对于银行贷款等债务形成了相当高的依赖性。这
样，一方面加大了银行的风险，另一方面这种融资结构使当前不少企业都
背上巨额债务，稍微运作不善就有可能陷入资金周转困境。若这些企业能
够获得 PE 投资基金的支持，可以大大削弱其对银行贷款资金的依赖性。
不管是国有企业还是民营企业，资本饥渴是一种普遍现象，资本不足、管
理不优成为企业要素组合中十分明显的短板。重庆的制造业中有大量具有
发展潜质的企业亟待资本投入和管理优化。因此，作为一种崭新的资本运
营方式，兼具资本和管理优势的 PE 在重庆经济社会中的用武之地也就非
常广阔了。[1]

重庆市作为长江上游最重要的区域性经济、金融中心，是中国西南地
区最为重要的现代化城市之一，在新的发展阶段，目前正处于经济社会发
展的关键时期，私募股权投资业的发展无疑是重庆推动金融创新、完善金
融市场结构的必要环节。

重庆市私募股权投资业自 2008 年开始起步，此后逐渐发展成长壮大，
在重庆本土进行私募股权投资的投资机构越来越多。截至 2011 年 8 月，
在重庆市注册并完成备案的私募股权投资基金及管理企业达 90 家，较
2010 年的 23 家增长近 4 倍。基金目标募集规模为内资 349.3 亿元人民币，
较 2010 年的 200 亿元人民币新增 149.23 亿元，增长 1.7 倍；外资 66 亿
美元。注册资本超过 100 亿元，达到内资 111.9 亿元人民币，外资 15.3
亿美元。[2] 从数量上就可以看出私募股权投资在重庆发展的火热。台湾最

---

[1]　邓志雄：《PE 浪潮席卷全球》，《中国证券报》2008 年 8 月 4 日。
[2]　李琪：《我国私募股权投资发展问题分析》，《中国经贸导刊》2012 年第 12 期。

大的风险投资机构——华威国际 2011 年 8 月 22 日宣布，在渝设立一家规模为 4 亿美元的私募股权投资基金。这是重庆市首只纯大陆以外资金私募股权基金。但是由于重庆市私募股权投资业起步较晚，重庆的基金组建还比较缓慢，在重庆当地募资也比较困难，总体进展速度偏慢，一是因为重庆为主要投资区域的基金在融资上存在一定难度，二是因为早期的几只基金在募资过程中受到金融危机的不利影响；三是有些机构缺乏对当地情况熟悉的团队成员，发现项目的能力较弱。但是就 P/E（盈利率）倍数来讲，重庆与沿海的差距并不是很大，随着重庆开放程度的提高，外部投资者对重庆有了进一步的认识，进而信心增强，会让重庆的潜力不容小觑，从未来来看，这就是价值。总而言之，重庆市私募股权投资业还有很大的发展空间。

二　重庆具有 PE/VC 青睐的产权交易市场，PE 退出渠道宽广

在国外，"高科技 + PE + 纳斯达克"已经发展成为中小企业成长的基本模式。而在中国，证券市场和产权市场得到了平行发展。我国的证券市场已经成为全球 IPO 筹资额最大的市场，中国 PE 的退出拥有平行资本市场的产权市场双通道而优越于其他国家和地区。重庆市的产权交易市场已经覆盖了整个西部地区，PE 的退出渠道宽广，其发展将更具优势。

在过去几年的中小企业上市中，一般企业都是首先考虑在纳斯达克或是香港的创业板块上市筹资，但是据清科集团发布的《2007 年中国企业上市年度研究报告》和《2007 年中国创业投资年度研究报告》显示，PE 支持的中国企业境内上市逐年激增，A 股 IPO 退出渐成主流。2007 年，94 家具有 PE 支持的境内外上市企业，为其背后的 179 家投资机构带来了满意的回报。清科研究中心数据表明，境内 IPO 的企业以平均 8.92 倍的投资回报优势压倒海外 IPO 企业平均 6.75 倍的回报，使 2007 年 PE 支持的企业退出本土化由趋势转变为现实，并且呈现越来越白热化的势头。

2010 年中国私募股权投资市场募资、投资、退出案例数量均创下历史新高，当年共有 82 只可投资于中国大陆地区的私募股权投资基金完成募集，募集金额为 276.21 亿美元（见表 3 - 1）。

表 3 – 1   2010 年 3 月中国企业境内外 IPO 市场统计

上市地点	上市数量	比例（%）	筹资额（US $ M）	比例（%）	平均融资额（US $ M）
深圳中小企业板	21	55.3	2065.32	45.0	98.35
深圳创业板	7	18.5	668.73	14.6	95.53
香港主板	4	10.5	513.88	11.2	128.47
上海证券交易所	2	5.3	991.47	21.6	495.74
法兰克福证券交易所主板	1	2.6	122.09	2.6	122.09
纳斯达克证券交易所	1	2.6	110.25	2.4	110.25
科斯达克市场	1	2.6	76.66	1.7	76.66
新加坡主板	1	2.6	40.79	0.9	40.79
合计	38	100	4589.19	100	120.77

资料来源：清科数据库，2010 年 4 月。

2010 年，投资热情同样狂热，全年共发生投资案例 363 起，交易总额为 103.81 亿美元；退出活动方面，2010 年共发生退出案例 167 笔，其中 IPO 方式退出 160 笔，股权转让退出 5 笔，并购退出 2 笔，一举打破 2007 年创下的 95 笔退出案例的最高纪录。[①] 2011 年，退出案例数量同比下滑，IPO 退出尤为显著。2011 年，中国私募股权投资市场中共发生退出案例 150 笔，同比下滑 10.2%。其中，IPO 退出共有 135 笔，同比减少 15.6%。2012 年共有 177 笔退出案例，涉及企业 126 家。其中 IPO 方式退出进一步下滑至 124 笔，涉及企业 73 家，股权转让退出 30 笔，并购退出 9 笔，管理层收购退出 8 笔，股东回购退出 6 笔。

2012 年，从 IPO 退出的市场分布来看，深圳创业板以 48 笔退出、平均退出回报 4.31 倍位居榜首，深圳中小企业板以 34 笔退出、3.53 倍的

① 《投资界》，《2010 年中国私募股权投资年度研究报告》，清科研究中心，2011 年 1 月 2 日，第 11 卷。

平均退出回报位居第二。境外退出情况依旧不乐观，虽然 YY 语音成功赴美上市打破数月来寒冰，但其退出基金的平均回报仅为 0.54 倍。而境外退出市场 IPO 最多的香港主板的平均回报也仅为 1.13 倍，徘徊在保本水平。[1] 随着 IPO 退出市场受阻，产权市场退出则成为私募股权基金退出的必然选择。

2005 年，全国产权市场在国务院国资委海南会议提出的产权交易"应进必进、能进则进"的市场建设指导原则下，利用市场公信力，积极推动交易创新，为非经营性国有资产、物权、债权、金融资产、矿权、排污权、民营产权、混合经济产权等非标准权益类交易事项提供了积极的融资服务。如果将产权市场每年实现的各种产权交易量，与证券股票市场的 IPO 同一口径比对，2004 年至今，不包括全国技术产权市场平均每年实现的 2000 亿元交易量，仅全国产权市场连续 7 年成交量，各年度均超过了证券股票市场的 IPO 融资量。特别是 2007—2010 年，由美国"两房"引发的全球金融风暴中，我国证券股票市场连续严重滑坡，仅实现融资量 4000 亿元左右。而产权市场却呈现了交易量连续增长，年均交易量达到了 5000 亿元以上。[2] 这有力地填补了我国证券股票市场交易滑坡对国家建设的影响，有效地支持了实体经济稳定发展。产权市场对稳定国家经济秩序、支持实体经济发展做出了巨大贡献，并将继续发挥通过交易创新为经济社会各种非标准权益性资源配置提供服务的作用。

重庆的经济大发展及产权市场的跨越式发展则为 PE 的进入创造了历史性机遇。2004 年重庆联合产权交易所紧紧围绕"大产权、大市场"的理念，继续坚持对国有资产、交易各方、会员单位、股东单位、内部员工"五个负责"的宗旨，坚持"公开、公平、公正"、"规范、高效、创新"的服务理念，遵循"内强素质、外树形象、服务发展、打造精品"的运作思路，朝着预定的奋斗目标迈进，将重交所真正打造成与直辖市地位、长江上游经济中心相匹配的，立足重庆、辐射西部、面向全国的产权交易大市场。

---

[1]　清科数据库：《2012 年中国私募股权投资年度研究报告简版》，清科研究中心，2013 年 2 月 25 日。

[2]　北京大学中国产权市场课题研究组：《2008—2010 年中国产权市场发展研究报告》，2009 年 9 月。

在此指导思想下，制定了区域性产权市场建设目标，建立了高度统一的产权交易大市场，31 个行政区分别建立了产权市场，接受重庆联交所和地方财政、国资的业务指导，按照建设"区域性、开放型"产权市场定位，产生了各种资源"应进必进、能进则进"的积极效应，使物权交易走在了全国前列，并协助法院运用产权交易机制，在全国首创了涉讼资产进场交易的市场化处置制度，策划设计多起经典交易案例。

案例一：2004 年 4 月，重庆化工机械总厂破产资产拍卖，有效地排除了黑恶势力的干扰，使该笔资产成功拍卖，增值 1270 万元，荣获"全国产权交易最佳策划奖"。

案例二：2005 年 11 月，重庆锅炉总厂破产资产处置，以 1.725 亿元成功转让，溢价 2250 万元，增幅 15%，市领导对此做了充分肯定："这是一次有益的经验，是对市场经济机制的进一步认知。"①

案例三：2009 年 9 月 16 日，重庆中华置业有限公司 100% 股权项目在重庆联交所以 99680.36 万元成交，比挂牌价 76750.36 万元净增 22930万元，增幅高达 30%，再创重交所网络竞价标的金额和竞价增值绝对额新高。转让标的公司重庆中华置业有限公司，是由重庆国信投资控股有限公司和重庆国际信托有限公司投资设立的房地产开发企业，此次转让的主要资产实为其标的公司所拥有的渝北冉家坝黄金地段近 800 亩土地。重庆联交所人士透露，与标的公司最初协议价（非挂牌价）比，该地块增值达 2.4 亿元，也是该所目前增值最大的一笔交易。

2013 年，重庆联合产权交易所交易规模快速增长，以 900 亿元稳居重庆七个交易所之首，2014 年有望跃升上千亿级产权交易俱乐部。重庆联交所董事长张西建称，经过 10 年的创新发展，重庆联交所从无到有、由小到大，交易规模从建所时的 10 亿元，发展到 2013 年的 900亿元。业务范围从重庆走向全国，从单一的国企产权发展到涵盖诉讼资产、央企资产、公共资源、民营个人资产交易等 20 多个门类，市外业务超过 50%。交易方式实现了"三级跳"：从最初的拍卖师手工敲槌拍卖，到互通网、局域网交易再到现在的网上竞价交易，重庆联交所交易实现华丽转身。

---

① 杨晓舫：《我国产权市场及其主要问题和发展趋势》，重庆联合产权交易所，http：//www.sina.net，2012 年 2 月 20 日。

目前，重庆联交所已与 20 个区县公共资源交易平台建立业务合作关系，并在土地出让、政府特许经营权方面实现了突破。2013 年，区县创新业务实现交易额 378 亿元，是传统业务的 10 多倍，推动了区县产权市场的跨越发展。央企交易业务创历史最好成绩。2013 年，重庆联交所央企交易额达到 140 亿元，市外项目超过 80%，业务项目扩至海外。诉讼资产交易业务推向全国。重庆联交所"诉讼资产网"升格为最高法院直管，成为供全国法院系统、产交所、拍卖机构和投资者使用的综合服务平台，2012 年交易金额达 120 亿元，项目平均增值 10% 以上。[①] 据介绍，2014 年重庆联交所将在碳交易、矿权交易等方面进行探索。同时将探索包括集体林权在内的农产品交易途径，促进农村生产要素资源流转，激活农村生产要素，推动农村产业化发展。重庆联交所业务的迅猛发展，为重庆市 PE 进行项目选择和退出，提供了全方位的通道。

三 重庆的产业结构迎合了目前国内 PE 的投资趋势

高新技术产业、IT 和互联网行业向来是风险投资者的至爱，更多的中国人是因为互联网的风靡和一些一夜成名的新富豪而知道 PE 投资的。但近年来，在经历了通信电信和互联网等高科技的疯狂之后，PE 资本正在越来越多地转向传统行业，能源、化工、机械、汽车零配件、卫生、餐饮以及加工等，有巨大市场发展空间和独特优势的行业开始成为投资者的目标。传统行业另一个更大的优势是有完整的产业链结构，可以通过产业链衍生出相关产业群，产生巨大的产业聚合效应，PE 投资还可以据此向衍生产业投资，通过这种投资组合降低所投资企业的风险，又可以通过产业链投资延展新的利润空间。

2013 年上半年，中国私募股权市场投资共发生投资案例 180 起，同比下降 51.1%，环比下降 42.3%。其中披露金额的 147 起案例共投资 80.37 亿美元，同比及环比分别下降 11.0% 和 25.2%。从投资交易地域分布上看，因大宗交易集中发生在北京，北京地区以 40 起交易共获投资 49.82 亿美元的绝对优势排在榜首，上海以 29 起案例 6.05 亿美元投资位居第二，重庆以 6 起案例 2.94 亿美元投资位居第三，四川、陕西、新疆、湖南、内蒙古、云南、甘肃、广西、湖北等中西部省区在整体投资活动减

---

① 重庆市政府网，www.cq.gov.cn，2014 年 1 月 24 日。

弱的宏观背景下仍旧有所斩获，^① 重庆正逐步成为 VC/PE 投资的热点之一。如图 3 - 2、图 3 - 3 所示。

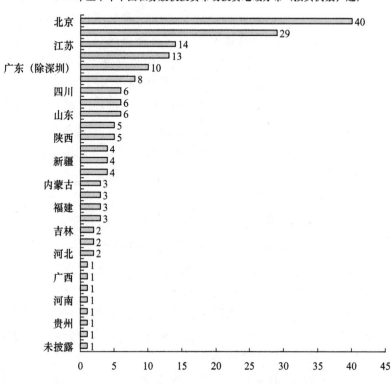

2013年上半年中国私募股权投资市场投资地域分布（按实例数，起）

图 3 - 2　2013 年 1—6 月中国 VC/PE 投资案例统计

资料来源：私募通，2013 年 7 月，www. pedata. cn.

重庆是全国著名的老工业基地，是西部地区、长江上游地区最大的工业重镇和经济中心。作为全国三大工业基地的重庆，经过多年的发展，已经形成了以汽车、摩托车、冶金、化工为支柱产业，以建筑材料、仪器仪表、日用陶瓷、旅游、食品为主导产业，轻重并举，门类齐全，加工和制造能力较强的工业体系。重庆拥有亚洲最大的铝加工厂，有汽车、摩托车

---

　　① 清科数据库：《2012 年中国私募股权投资半年度研究报告》（电子版），2013 年 7 月 25 日。

企业 382 家，摩托车产量占全国的 1/3，出口超过 1/2，同时重庆已成为全国十大机电产品出口基地之一。

截至目前，"重庆造"产品已销往世界 180 多个国家和地区，产品中既有汽车、摩托车、船舶及其零部件、大型装备、化工、医药、原料等工业产品，又有柑橘、藠头等农副产品，还有诸如海扶刀、系统集成软件等高新技术产品。

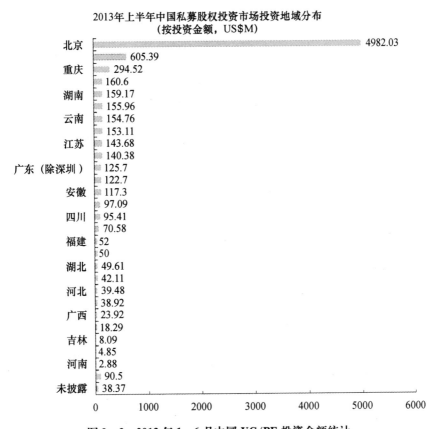

2013 年上半年中国私募股权投资市场投资地域分布（按投资金额，US$M）

北京	4982.03
	605.39
重庆	294.52
	160.6
湖南	159.17
	155.96
云南	154.76
	153.11
江苏	143.68
	140.38
广东（除深圳）	125.7
	122.7
安徽	117.3
	97.09
四川	95.41
	70.58
福建	52
	50
湖北	49.61
	42.11
河北	39.48
	38.92
广西	23.92
	18.29
吉林	8.09
	4.85
河南	2.88
	90.5
未披露	38.37

图 3-3 2013 年 1—6 月中国 VC/PE 投资金额统计

资料来源：私募通，2013 年 7 月，www.pedata.cn.

从技术上来看，重庆企业一直在致力于提高产品的技术含量，使之具备自己的技术优势。重工业方面做得比较好的有重庆银钢集团、力帆集团等几家摩托车企业，将汽车技术引入摩托车生产领域，开创了摩托车企业新的技术优势，逐步从依靠价格优势取胜转向依靠具有自主知识产权的技术优势取胜。在电子信息方面，重庆同样具备一定的技术优势，我国电信业目前最受关注的 3G——"TD-SCDMA 第三代移动通信技术标准"主研单位即为重庆邮电大学，国家每年为其投入科研经费 7000 多万元。世界第一部 TD-SCDMA3G 手机样机及世界上第一颗采用 0.13 微米工艺的 TD-SCDMA 手机核心芯片，即诞生于重庆邮电大学。

而重庆也不乏 PE 关注及投资重点的创新行业——高新技术产业，重庆一直对高新技术产业倍加重视，极力打造西南地区的高新产业群区。因此，重庆的产业结构迎合了国内 PE 投资市场的趋势，对引进及发展 PE 更有优势。

第四节　重庆市发展 PE 的不利条件分析

一个地区、一个城市要成为 PE 投资的中心，在业内专家看来，最为重要的是必须拥有与国际接轨的法制环境、开放完善的金融市场体系、健全的金融基础设施、对国际金融人才具有较强的吸引力等要素。而对于处于起步阶段的国内 PE 行业而言，要完成与这些要素的国际接轨尚需时日。

一　法律监管方式不规范

现有外部法律环境难以有效支持有限合伙等新型私募股权基金自身的发展。私募股权基金作为一种融资工具，与债券和股票具有一定的相似性，但是又有别于这些证券产品，其资金来源和投资对象主要是非公开市场，既简化了投资者和融资者的交易，又分散了投资者的证券组合投资风险，因此受到业界的青睐。随着国际 PE 机构在国内市场的扩张，越来越多的人开始逐步关注 PE，了解 PE。近年来，随着本土 PE 规模的扩张，有关 PE 监管的问题开始凸显。

从国内目前对 PE 监管的讨论来看，热点主要集中在两方面：一是要不要监管，二是如何监管。

与美国的"法无禁止即许可"的立法精神不同，我国对金融市场尤其是资本市场立法的基本精神是"法无允许则禁止"，因此国内的金融创新往往由具有立法权的监管机构来推动，而非从事金融活动的经营实体来推动。金融创新产品往往由相关机构完成研发，然后筛选出一块"试验田"，看看效果如何，实证检验可行后再逐步推广。目前中国的 PE 产业没有专门的监管机构，自然也没有专门的机构推动金融创新，导致 PE 机构对"法无允许"的金融活动"欲为而不敢为"，限制了 PE 的发展。因此，除了防范融资活动中的道德风险和杠杆风险以外，PE 行业需要一个监管机构通过立法告诉 PE 机构什么能做，什么不能做。在我国 PE 行业培育阶段，政府对 PE 行业的监管无疑是必要的。从 2008 年的金融危机中，美国以自律为主的监管模式成为人们诟病的对象便可说明这一点。

因此，政府的监管是必要的，应设立专门机构，完善相关法律规定，以规范 PE 的行为准则。

二 PE 对新项目的选择更为严格

由于全球金融危机，私募股权基金受到的影响相当大，目前私募股权基金大都手中不宽裕，因此对新项目的选择比以前更严格，而且时间加长，投资周期从过去的 3 个月延长到半年甚至 9 个月。此外，私募基金将融资定价压得更低，以前多是七折的股权融资，现在一般都在五折以下考虑。美国亿泰证券执行董事徐放女士表示，现在私募股权基金流通性不好，退出的渠道不畅，原来预设的投资回报难以达到，需要大量的现金来补足，因此新投资放缓，私募股权基金多希望在二级市场套现。目前重庆市正大力发展城市基础设施建设，由于资金不宽裕，重庆"八大投"希望能得到 PE 基金的融资。事实上，城市基础设施要符合以上条件是相当困难的。因此，在原有融资方式受阻的前提下，重庆"八大投"的融资渠道能否顺利变更和调整，还是未知数。PE 的操作流程一般包括：募资阶段、投资阶段、退出阶段，而投资阶段又包括项目选择、分段投资和全程监控。项目的选择对资金需求的企业而言是 PE 操作运行的重要步骤，如果这一步设置的门槛过高，对于重庆众多资金缺乏的中小企业而言，实在是棘手的问题。

三 PE 人才的吸收是发展瓶颈

重庆在出台相关吸引 PE 人才优惠政策的基础上，应吸取京、津、沪引进 PE 人才的经验与教训。为吸引包括 PE 在内的各类私募基金赴沪安家，上海在较早之前就出台了相关优惠政策，包括给各类股权投资企业赴沪提供注册绿色通道、税收优惠以及给予从事股权投资高管人员及其家属在就医、就学方面的各种便利条件，显示了上海请进"门口的野蛮人"的决心与诚意。但一些中外著名 PE 管理人却不约而同地认为，京、津、沪在吸引 PE 方面的政策，大都处于技术层面的"小恩小惠"，具有浓厚的传统招商引资的路子。而在 PE 的投融资文化建设、法律环境与国际接轨这些关键的软环境方面，各地的建设性意见和突破性政策明显不够，而这些软环境也恰好是构筑 PE 人才发挥空间的基石。

许多 PE 投资公司把 PE 人才作为是否投资的第一因素，私募股权投资基金的发展需要各方面的人才，不仅要具有一定的专业理论基础，而且要有丰富的私募股权投资方面的经验，需要的大多是复合型人才，从我国目前的 PE 投资业的现状看，人才缺乏是十分突出的问题。其原因主要是我国高等教育专业分工过细，同时缺乏有利于创新、创业的用人机制所造成的。

从我国大陆 PE 投资人才的现状看，人才素质与职业要求还有很大差距。我们现在从事 PE 投资的人员状况主要有三类：一是从高校科研院所出来的技术人员，这些人才具有本专业的技术专长和较高的理论水平，但没有企业工作经验，基本不懂经营管理；二是从政府部门出来的管理人员，他们在国内具有很强的关系网和宏观管理经验，但缺乏专业知识和企业微观、中观管理技能，也不善于进行国际化的资本运作；三是来自企业的人员，他们了解企业的实际情况，具有丰富的企业运作经验，但缺乏相应的金融知识和对资本市场的一般了解。而中国的新经济发展所需要的 PE 投资高级管理人才类型是：既懂技术理论，又懂管理创新；既懂产业运作，又懂资本经营；既能深谙风险投资的职能奥妙，又能通晓国际风险资本运作规则的复合型高级 PE 投资管理人才。这恰恰是我们目前最需要也是最缺乏的人才。

为此，重庆市政府应该制定柔性的人才流动政策，营造宽松的人才流动环境，吸引发展私募股权投资基金所需的境内外人才，不拘一格任用人才，以此吸引 PE 投资落户重庆。

四　资金来源单一，结构也有待优化

按理说，资金拥有数额较大、具有一定抗风险能力的个人或法人都可以成为有限合伙人（LP）。从目前私募股权的运行方式看，LP 是主要资金来源。中国已经是亚洲私募股权投资领域非常活跃的市场，目前中国私募股权投资机构主要有两种类型：一种是外资进来的，属于外资的体系，找了一个中国的伙伴，中国伙伴一般是学有所成或者在某些领域有着自己优势的人士，如红杉资本等；另外一种是我们本土的私募股权公司，公司领导人可能是以前在国外从事私募股权投资，过去五年中回到家乡，从事这个行业，如鼎晖等，都属于这个类型。而泰达荷宝可持续发展私募股权基金则是两个国际上都知名的机构的结合，与上述两种类型是比较不一样的。

目前，我国私募股权投资还处于发展的初级阶段，政府投入是风险资金来源的主体，随着政府资金的逐步退出，适时拓宽其融资来源对于发展我国私募股权投资具有重要意义。当前，我国的养老基金、企业年金基金正在尝试社会化运营，投资的范围正逐渐拓宽，但是还不能进行私募股权投资。在欧美风险投资市场上风光无限的企业年金基金，在我国正迅速积累，目前已经积累了 1000 多亿元的资金。专家预计企业年金制度全面启动后，企业年金的年增幅应超过 500 亿—800 亿元。依此推算，到 2030 年，中国企业年金市场将达到 1.85 万亿美元，折合人民币近 15 万亿元，成为世界第三大企业年金市场。随着我国人口的快速老龄化，积累的巨额养老基金、企业年金基金将面临巨大的保值增值压力。不久之后，如何有效利用养老基金、企业年金基金将关系到国家的经济安全和社会稳定，若有效利用，则可以确保退休人口生活质量，甚至成为经济健康成长的助推器，这些在美国等西方国家都已成为现实。可以说，我国的企业年金基金具有参与私募股权投资的巨大潜力。

由此看来，在我国，目前本土创投基金的投资人主要是政府、企业和社会闲散资金，资金来源单一，结构也有待优化，社保基金、银行、保险公司这类有着巨大资金存量和投资能力的机构资金尚未对 PE 市场开放，或者尚未成为其主体，缺乏主流机构。对于 PE 市场发展不成熟的重庆而言，这也是 PE 发展的瓶颈问题。

第 四 章

重庆市 PE 发展现状及 SWOT 分析

重庆市私募股权基金的发展以 2009 年 5 月第一家外资私募基金——美国亿泰的成立为起点，随后，本土私募股权基金也迅速跟进，经过几年的发展已初具雏形。

第一节　重庆私募股权基金发展现状分析

一　重庆私募股权基金主体发展现状

重庆私募股权基金的主体包括外资私募股权基金和本土私募股权基金两部分。

（一）外资私募股权基金发展状况

重庆以建设长江上游金融中心为目标，近年来大力支持资本市场的发展，除推动银行、保险、证券、融资租赁、私募基金、担保等市场发展外，更是把建设私募基金聚集高地作为重庆打造长江上游金融中心的措施之一。2009 年 5 月，西部第一家私募基金——美国亿泰落户重庆，随后，德柏金、鑫根资本、圆基环保等 7 家私募股权投资基金相继跟进。随着外资私募股权基金的发展，2011 年 1 月，在重庆市"两会"上，首次将"开展外资私募股权基金结汇投资便利化试点"写进市政府工作报告中，标志着重庆市在引进外资私募股权基金上迈出了具有里程碑意义的一步。2011 年 5 月，英飞尼迪资本管理公司等 7 家私募股权外资机构与市金融办签订合作协议，在重庆发起设立外资私募股权基金，标志着重庆市在引进外资私募股权基金上得到了政府部门的认可，为以后的蓬勃发展奠定了坚实的基础。随后外资私募股权基金投资重庆的步伐大大加快，2011 年 6 月，瀚曦股权投资基金启动 1 亿美元的投资基金与重庆市旅游局进行战略合作，为重庆丰富旅游资源的开发拓宽了融资渠道。2011 年 8 月，华威开创基金中心设立，作为重庆首只纯外资的 IT 私募基金，规模达 4 亿美元。其后，重庆市金融办为鼓励外资私募基金的发展，在全国率先制定了跨境人民币设立外资基金管理办法的操作流程，引进了全国首家跨境人民币私募基金，大美、华威等 5 家国内外知名基金落户重庆，认缴规模达 6 亿美元。此外，重庆两江新区设立，提供了大量的基础设施建设、房产投资、服务贸易以及企业重组投资机会，这些都为私募股权基金进入重庆发展提供了机会。其中美国德太私募基金募集资金 50 亿元，与两江新区开发投资集团强强联手，也为外资基金进入重庆的国企提供了捷径，助推更多的国有企业上市融资，预计德太中国西部成长基金在 5 年后可以达到 500 亿元的规模。在重庆市出台大量金融业优惠政策，大力支持外资私募股权基金发展的背景下，重庆市外资私募股权基金增长迅速，成为继北京、上海、深圳等发达城市之后外资私募股权基金参与试点最多的城市。到 2012 年 1 月，外资私募股权基金规模已达 500 亿元。截至 2014 年 4 月，在重庆市注册并完成备案的私募股权投资基金及管理企业达 317 家，较 2010 年的 23 家增长近 14 倍。基金目标募集规模为内资 349.3 亿元人民币，较 2010 年的 200 亿人民币新增 149.23 亿元，增长 1.7 倍；外资 66 亿美元。注册资本超过 100 亿，达到内资 111.9 亿元人民币，外资 15.3 亿美元。从数量上就可以看出私募股权投资在重庆发展的火热。但从股权投资备案来看，2013 年重庆地区仅发生 9 起私募股权投资案例，与前两年投资案例数基本持平。而从投资发生金额方面看，过去三年中，投资额度呈现几何倍数增长，实现了一年翻一番的优良表现。在 2013 年，仅备案投资案例中，重庆地区投资发生金额就达 476.49 百万美元，同时不断地有数据和研究表明，在重庆地区活动着不下 20 家地下私募股权投资机构。

（二）重庆市本土私募股权基金发展现状

本土私募股权基金的发展相比外资私募基金来说，更能调动民间资本，推动产业结构的升级，并且不需要担心一些关系国民经济命脉的重点产业被外资所控制，尤其引起重视的是本土私募股权基金的发展能够更便利地解决小企业融资难的困境，因此相比外资私募基金，本土私募股权基金因其特性具有更加广阔的发展空间。改革开放 30 多年来，民间财富迅速集聚，出现了很多富有阶层。随着中国创业板的设立，私募基金开始被越来越多的投资人了解并接受，同时加上目前内地产业的紧缩调控，股市的持续疲软以及流动性过剩，大量资金开始涌向私募基金领域，私募基金的数量开始呈现急剧膨胀之势。

从政策来看，2008 年 10 月《重庆市关于鼓励股权投资类企业发展的意见》以及 2011 年 7 月国家发展和改革委员会以《关于重庆市开展股权投资企业备案管理试点工作有关问题的函》，明确将重庆纳入股权投资企业备案管理试点地区，鼓励私募基金的发展，重庆市成为继北京市、天津市、上海市、江苏省、浙江省、湖北省之后的第 7 个，同时也是西部第一个可以开展股权投资企业备案管理的试点地区。2009 年，重庆渝富资产经营管理公司与亿泰资本集团共同设立重庆亿泰渝富股权投资基金管理有限公司，成为中国西部首家中外合资私募股权投资基金；其后，重庆渝富资产经营管理公司与中国华融资产管理公司合作，共同设立华融渝富股权投资基金管理有限公司，该基金是中国四大金融资产管理公司与地方投融资平台联合成立的首家私募股权基金。另外，新华基金管理公司、益民基金管理有限公司、易立达基金管理有限公司以及银华基金管理有限公司等都参与了私募股权投资，重庆基金管理公司数量位居西部第一。截至 2010 年 6 月 30 日，新华信托成立的集合资金信托计划产品共有 2 项，发行规模为 8000 万元；重庆国际信托目前存续的有 10 项，发行规模为 35813 万元。总体而言，重庆市本土私募股权基金投资业自 2009 年起开始逐渐发展成长，据资料显示，截至 2013 年 12 月，除外资私募股权基金外，在重庆注册并完成备案的私募股权投资基金及管理企业达 78 家，较上年增长近 3 倍，基金目标募集规模为 380 亿元人民币，较 2010 年的 200 亿元新增长 180 亿元，增长 1.9 倍。注册资本超过 2012 年的 100 亿元。

然而，由于重庆市私募股权投资业起步较晚，相对于国内其他该行业发达省市，重庆市私募股权投资业还有很大的发展空间。据重庆市政府相关统计数据，2010 年，重庆市私募股权投资业地区投资总额不足 50 亿元人民币，远低于私募股权投资市场地区投资金额位于国内前十名的省市。但是不容忽视的是，由于中国各地对私募股权基金基本上采取的是宽松监管政策，加上重庆市近年大力鼓励私募股权基金发展政策的推动，本土私募基金的数量急剧膨胀。但由于条件的限制及私募基金的快速发展，给准确统计重庆市私募股权基金的数量带来困难，其资金投资总量更加难以计算。

　　2013 年，私募股权投资市场虽然持续回暖，募集资金和募集基金数都持续上扬，但 LP 市场表现却并不活跃，在市场形势尚不完全明朗的情况下，以富有家族及个人 LP 为代表的散户投资者们放慢了其在 VC/PE 市场布局的节奏，这也是我国散户投资者典型的投资特点，而政府系 LP 一时则如雨后春笋般出现，其中不仅有政府引导基金，更有政府机构的参与。从 2013 年第三季度的数据中可以清楚地看出，在市场新增的 LP 中，政府机构及政府引导基金的占比达到 40.0% 以上，而鲜有富有家族及个人 LP 的身影。尽管在上一年 LP 市场一直不够活跃，但我们可以看出近两年本土 LP 一直强势于外资 LP 在华的发展，本土 LP 成为市场资金的主要来源。而当下正值国内经济结构转型之际，各地政府以促进产业发展为前提，以支持创业企业发展为目的，其资金更具有追求长期目标的倾向，因而成为众多机构追逐的募资对象。

　　同时对于私募股权投资基金的专业管理人 GP（General Partner），市场表现也差强人意，在我国，股权投资基金尚属于新生事物，真正了解基金、懂得基金的人还很有限，能够熟练运作基金的专业人才就更显得短缺。在这种环境下产生的基金经理人的业务素质和管理水平很难保证，大部分追求"在职消费最大化"，导致代理成本上升，很难为投资者谋取最大化利益。仅在 2013 年 LP 调查中就显示出了 LP 对于当前的 PE 基金整体表现和回报率情况满意程度整体走低，在 2012 年品尝到失望的 LP 进一步感受到了 PE 的寒冬，调查显示，目前仅有 15% 的 LP 明确表示对 GP 机构满意，对其做出了"工作踏实"、"专业"等肯定评价，LP 普遍对 GP 在管理和运作时的以下几个方面表示了不满：基金退出进程不如预期；收益不如预期或难以评判；LP 和 GP 机构对已投资基金信息不对称，GP 没有做出足够努力使 LP 能够更好地了解或参与基金的管理、决策过程；等等。

二　重庆私募股权基金投资客体现状

　　重庆作为西部经济增长极，全市在 2013 年注册登记企业已超过 33 万家，在全国所有城市企业总数排名中位列第九，其中中小企业数量更是已达 31.9 万户，全市中小企业在 2013 年实现增加值 2555.9 亿元。在如此多的企业中，重庆上市公司却仅仅只有几十家，但根据调查显示，现在重庆企业已有不少具备上市潜力并且也想通过上市完成企业转型发展，但由于种种限制，可以说重庆现有企业基本被拦在上市之路外，这急需外部力量的推动才能解决问题。

不同的投资机构会根据自身定位的不同，选择不同的视角，从而在同一区域发现相似或不同的投资机会。重庆的优势产业，一是装备制造业；二是汽车产业及相关运输业；三是医疗领域，包括中药、医疗器械等。其中有三个重要领域潜力巨大：一是广义 IT。在重庆可能就包括 IT 的生产制造、零组件、芯片设计、无线互联网、数位媒体等。二是清洁技术、清洁能源。重庆目前非常重视绿色环保相关产业的发展，包括新能源相关的生产制造，现有能源的保护及合理利用，以及与环保相关的防污治污等。重庆几十年来在重工业、石化、机械制造业有这么大的一个布局，一定在防治污染方面总结出了自己的一些经验。三是消费类，在重庆有非常多的具有高成长性的消费类企业。

（一）传统制造业升级换代

曾经八年的陪都经历，为重庆的工业化奠定了基础，20 世纪六七十年代的"三线"建设，也为重庆注入了很多工业资源。到目前为止，重庆仍被大家公认为传统制造业的一个重要基地，包括装备制造，以及汽车、摩托车的整车、零部件相关产业等。这些企业和行业目前正面临升级、转型、改造的要求，在一定程度上需要借力于外部资本。而且在这些领域，存在大量国企改制、并购重组的机会，因此，理应成为股权投资机构在重庆有所作为的首选目标。

（二）医药、医疗器械

重庆的医疗类企业是目前在投资行业非常炙热的投资标的。重庆政府对相关产业的扶持，使当地成长了一批较优秀的医药和医疗器械类企业。如分别于 2009 年 9 月、2010 年 9 月在创业板上市的莱美药业、智飞生物等。整个产业在重庆地区的发展非常快，近两年，医药、生物制药产业在重庆的增长率接近 30%。往后，医药类企业在重庆的集群效应可能会体现得越发明显。对于重庆的医疗相关企业，有投资人认为：在血液透析、骨科手术等细分领域都有一些不错的企业，但总体来讲，其优势并非技术的高端性，只是在某一个细分的市场，或者相对中低端的市场上有一定的占有率。对这个行业的投资，目前竞争也非常激烈。

（三）电子信息产业

2010 年 12 月 1 日，全球第二大笔记本电脑生产商宏基与重庆市政府签约：在渝建立其全球笔记本电脑生产基地及其中国第二营运总部。这也是宏基全球战略布局的唯一一个复合型基地。宏基原有的市场部分，主要偏重海岸线及在东部地区城市的发展，未来更大的重点，可能是以重庆这个总部去发展针对内需市场、西部方面的业务。此前，2009年 8 月，惠普、富士康分别与重庆市政府签署落户协议，在渝设立生产基地，其中惠普更是将其在新加坡的亚太结算中心迁到了重庆。紧随其后，英业达、广达等笔记本代工厂商纷纷落户重庆。几家龙头代工企业不可能独立生存，必须有生产配套产品的企业为其服务，于是，更多的配套商掘地重庆。如此众多的电子信息类企业落户重庆，一是源于长三角、珠三角地区 IT 行业的整体成本上升；二是重庆在西部大开发政策的辐射范围内，税收优惠等政策优势不亚于沿海特区；三是内需市场占相关企业市场份额的比重越来越大；四是重庆具备水路运输的条件；此外，新亚欧大陆桥的开通，给相关产品出口欧洲提供了更为便捷的通道；上下游企业同时在这一地区启动、发展，协同效应和优势凸显。如今以笔记本电脑为主的电子信息产业已成为重庆的一个支柱产业。重庆传统行业都是重工业，慢慢会轻型化，这是产业结构调整的方向，因此，在这个行业中，未来一定会充满机会。

（四）服务业

重庆的服务业尤以餐饮最为突出，在重庆的大街小巷，餐馆林立。重庆人爱吃，是一种生活习惯，更是一种人生态度。重庆的餐饮业既有高超的厨艺，也有稳定的市场基础，但在以前却鲜有企业能够真正地做大做强。主要由于经营者的商业素质普遍不高，在企业经营管理层面经验不足。此外，服务业很多时候是现金收费，对于税收的规避是比较大的，如果真做成一个公众公司，规范化的过程对于企业家来说也有不小的压力，他未必要选择这条路。因此，股权投资机构等外部股东要想介入并非易事。伴随着乡村基等企业的上市，会在市场中产生一定的示范效应，通过资本市场扩张财富、寻求发展将被越来越多的当地经营者所认识和接受。目前，一些川菜和火锅企业均开始有资本进入。投资机构的介入，会在一定程度上提升企业的管理和经营水平，对企业发展有利。

（五）航运业

重庆是西南地区的物流中心和交通枢纽，有比较好的物流基础，并且传统工业及电子信息等新兴产业的发展将与物流业的发展形成相互促进的态势。三峡工程的建成，尤其是蓄水 175 米以后，重庆的航运能力大大提高，未来在这个领域，应该会有非常好的投资机会。

三　重庆私募股权基金第三方机构发展现状

总结过去外国私募股权投资发展历程，我们不难发现私募股权投资基金需要各类中介服务机构的助推才能更快更好地实现发展和成熟。而当前市场中存在的第三方服务机构主要包括：（1）专业顾问。专业顾问公司为私募股权投资基金的投资者寻找私募股权投资机会，该公司在企业运作、技术、环境、管理、战略以及商业方面卓越的洞察力为他们赢得了客户的信赖。（2）融资代理商。融资代理商管理整个筹资过程，虽然许多投资银行也提供同样的服务，但大多数代理商是独立运作的。（3）市场营销、公共关系、数据以及调查机构。在市场营销和公共事务方面，有一些团体或专家为私募股权投资基金管理公司提供支持，而市场营销和社交战略的日渐复杂构成了私募股权投资基金管理公司对于数据和调研的庞大需求。（4）人力资源顾问。随着私募股权投资产业的发展，其对于人力资源方面的服务需求越来越多，这些代理机构从事招募被投资企业管理团队成员或者基金管理公司基金经理等主管人员的工作。（5）股票经纪人。除了企业上市及售出股权方面的服务，股票经纪公司还为私募股权投资基金提供融资服务。（6）其他专业服务机构。私募股权投资基金管理公司还需要财产或房地产等方面的代理商和顾问、基金托管方、信息技术服务商、专业培训机构、养老金和保险精算顾问、风险顾问、税务以及审计事务所等其他专业机构的服务。

可以说，中介服务机构在私募股权投资市场中的作用将会越来越重要，它们帮助私募股权投资基金募集资金、为需要资金的企业和基金牵线搭桥，还为投资者对私募股权投资基金的表现进行评估，中介服务机构的存在降低了私募股权投资基金相关各方的信息成本。

中国私募股权投资作为一个新兴的金融项目，发展还处于起步期，配套建设也并不完善，虽然经过了这几年的高速发展，但在私募股权投资基金中介服务机构发展方面还相对比较落后。就重庆市而言，中介服务业这些年规模迅速扩大，队伍也不断壮大，企业数量和规模也都出现双增长，同时中介服务企业所涵盖的行业也在不断扩大，逐渐深入更多领域，但还没有专职的私募股权投资中介服务机构，而且本土中介服务机构一般规模不大，市场竞争力偏弱，从业人员素质参差不齐，综合素质普遍偏低。

第二节　重庆私募股权基金发展 SWOT 分析[①]

一　重庆私募股权基金发展优势

（一）天时：产业转移

从现今的世界格局来看，社会经济发展的重心经历了从欧美向日本转移，之后又转移到韩国和我国台湾，再进一步转移到了我国的东部地区以及东南沿海地区。而沿海岸线城市经济发展的特征多是以出口型、外向型的经济为主导。近几年，海外市场尤其是美国等西方发达国家市场饱受金融危机重创，也给东南沿海众多以出口为主的企业带来了不利影响，企业裁员、倒闭在我国南方的加工制造行业中屡见不鲜，内需对经济的拉动作用日益凸显。从国家"十二五"规划以及国家 4 万亿元投资可以看出来。"在由外向型经济逐步向内需型经济转变的过程中，相关产业，尤其是高端制造业也由东南部沿海向内陆的中西部进行转移。为了提高就业率、保障税收、维持社会安定，中国经济在今后一段时期尚需保持较高的增长速度，而东部经济经过三十年的高速增长，已发展到相对成熟阶段，速度必然有所减缓，这是成熟经济体的特征。中国未来每年要支撑 7.5% 以上的经济增长，必然要依靠尚不发达的广大中西部地区的发展。而在中西部地区中，重庆的活力最引人注目，也是产业转移聚集的中心。"

同时，重庆具备大量优质企业资源。2013 年注册登记企业已超过 33 万家，在全国所有城市企业总数排名中位列第九。早在 2011 年重庆市金融办就已经开始实施两年内扶持 200 多家民营、中小企业，根据自身情况进入主板、创业板、OTC 等境内外资本市场的金融计划。而且重庆作为老牌工业城市，各类制造企业数量不菲，而且子行业中存在很多民营的龙头企业，当前面临转型之际，各大企业都在积极运作，寻求各界帮助。

---

① SWOT 分析法是一种企业战略分析方法，即根据企业自身的既定内在条件进行分析，找出企业优势、劣势及核心竞争力之所在。其中，steyength 代表优势，weakness 代表弱势，opprtunity 代表机会，threat 代表威胁。

（二）地利：承东启西

承东启西主要体现在两个方面，其一，地理位置。重庆作为西部的门户，贯通东西，尤其是三峡工程的建成，更使重庆在航运便利上占据了得天独厚的优势。而对于西部大多数省份和城市来说，交通设施不完善，物流成本偏高正是阻碍其产业发展的关键因素。其二，从产业发展的角度来看，如果沿海某些产业要转移的话，重庆肯定会被选择。市政府提出要打造内陆开放高地，但内陆的开放可能和沿海的开放有很多不同，一方面是向海外的开放，另一方面是向国内的其他地区开放。

（三）人和："资金 + 政策"

目前，重庆市政府鼓励股权投资发展的决心非常坚定。市委、市政府提出要将重庆打造成股权投资机构的集聚高地，并将这一目标作为建设长江上游金融中心战略的一个重要组成部分。从资金层面来说，2008 年 8 月，重庆市委、市政府出资 10 亿元设立科技创业风险投资引导基金，以"母基金"的方式引导社会资金参股设立创业投资基金。引导基金在投资基金中的股权比例原则上控制在 20% 左右，且每个投资基金的规模原则上不低于 1 亿元人民币，目标是以 1：4 的杠杆比率撬动 40 亿元的社会资本，最终形成 50 亿元的投融资规模。除此之外，重庆市科委也打造出为科技型中小企业提供"投、保、贷、补、扶"一体化全方位服务的科技金融服务平台。①

重庆富豪众多，民间资本充足，私募资金来源广。根据 2013 年胡润榜统计，重庆市 2013 年千万富豪数已接近万人大关，全市每万人中就有三个是千万富豪，而且重庆富豪呈现出每年递增的趋势，仅 2012 年就比前年增加 800 名千万富豪，而且亿万富豪也增加了 80 余人。同时重庆国民生产总值已过万亿元大关，社会资产充足，具备良好的资金储备，各类金融机构在过去几年的发展过程中一直呈现出良好的充足资金态势。

总之，社会的进步，经济的发展，企业的壮大，都需要社会资源特别是资金去推动，而创新型企业在如今大环境资金缺乏的情况下就迫切需要风投来推动其发展。重庆市经历了全球金融海啸后，越来越成为中国乃至世界的投资宠儿，大量高新型、创新型的企业纷纷落户重庆，重庆的腾飞也必然更迫切需要大量可持续的资金来运转，而各类金融工具特别是股权

---

① 李佳：《重庆 PE 大调查》，《融资中国》2011 年 3 月 16 日。

投资基金就是企业与资金最好的黏合剂。不管是企业数量、资金的需求量还是政府引导和大力支持，天时加地利加人和，重庆市已经为私募股权投资基金搭建好了完美大舞台，只待私募股权基金在此尽情发挥它们的激情与活力。

二　重庆私募股权投资发展劣势

重庆的优势产业从传统到先进、从制造到消费，分布较广，其中也孕育着相当多的投资机会，但就目前的发展来说，相对于金融资本更为发达的地区和城市，重庆的私募基金发展还处处流露出稚嫩与青涩。

（一）投资者热度不高

私募股权投资作为新兴投资方式，在重庆传播的时间还很短，很多投资者对于股权投资并不了解，目前只有少部分社会资金进入股权投资行业，重庆人更热衷于把现有资金投入风险更小、收益更稳定的地方或者说投入房地产行业，在过去几年中房地产都是作为投资的首要选择。

（二）重庆企业活力不足、管理粗放

相对于沿海发达城市，重庆作为内陆城市，本地企业有着一定的先天劣势，比如企业活力严重落后于沿海城市，企业往往拥有很好的条件，但无论在扩展上还是在策略上都显得很滞后，同时民企掌门人大多粗放管理，很多企业缺乏严格的现代企业管理制度。除个别优势产业外，当地企业所掌握的核心技术、运行的商业模式、品牌的宣传推广与沿海地区相比，整体上还存在一定的差距。即使像乡村基这样优质的连锁企业，其扩张的步子也不大，至今仍主要以重庆市场为核心，仅仅往外扩散到一些二线城市。此外，在重庆很多企业家倾向于做内销，接政府标案的事情也还挺多，缺乏可持续订单，商业模式较差。但对私募股权基金来讲，这也是机会，因为企业家可能之前视角比较狭窄，但是产品不错，私募基金进入后可以修正它的商业模式，甚至帮它拓展新的市场，对企业后面的成长会有很大帮助。

（三）企业家不擅利用资本工具

重庆实体经济的发展有一定基础，当地企业家也擅长运用业务技巧去发展企业，但对于借力于资本运作的手段，就显得比较陌生了。创投、私募股权、资本运作、公司上市，这些在北、上、广、深已经是很普遍，但在重庆可能很多企业家不太合作，主要是他们对这些概念不太理解，需要

有一个思想灌输的过程。投资人可能需要先对经营者进行一轮或多轮说教，才有可能往下进展。因西部地区相对比较闭塞，企业家对股权资本的认可度不高，不知道机构投资者进来以后会怎么样，但随着基金的发展，群体参与性的提高，企业家对这个市场也会慢慢熟悉起来。从现实层面来看，在重庆这个市场中，上市企业数量不多，整体对资本的运作度比较低。尤其是一些体量中等的民营企业，通过引入外部股东，继而通过上市实现资本放大、价值增长的示范效应不够。既缺乏理论基础，又缺乏现实案例的示范作用。

（四）专业人员少，配套服务机构少，管理和服务水平不够专业

重庆作为一个传统制造业工业城市，虽然正在转型，但相对于其他发达城市和地区来说，重庆整体金融业的发展较晚，投资、金融、资本运作相关人才的供给较北京、上海等发达城市是一个短板，从事私募股权投资的专业人员呈现出人数少、专业度低、综合素质不高的特点，在重庆很难找到既理解投资又了解当地实况的团队，另外，目前来看，重庆这座城市对于高端金融、投资类人才的吸引力还很欠缺。同时发展配套机构建设还在前进道路上，在完全做好中介服务方面还有一定的差距。本土私募股权投资基金还处在初级阶段，无论是组织形式选择、市场定位还是投资制度策略都还在摸索着发展，其专业性不如管理服务体系成熟的外资私募股权投资。一般而言，一个优秀的 PE 基金管理人员需要 5—10 年的投资经验积累，而我国目前的很多 PE 投资管理人员并不具备如此丰富的经验。例如，从组织形式来看，国外的经验证明，有限合伙制是最符合私募股权投资发展的组织形式，但国内直到 2007 年才实行新的《合伙企业法》，目前仍有多数地区对有限合伙企业的注册细节不了解或者不支持，抑制了这一组织形式的发展。另外，中国投资机构对全球资源的利用远远不够，英联和摩根斯坦利等外资私募股权投资基金入股太子奶后，从美国聘请了CFO 并聘请国际饮料公司驻华市场负责人的英国人为市场顾问。而本土基金鲜少能做到这些。另外，中国很多私募股权投资基金还具有政府背景，很容易将行政关系带入运营管理体系中，和国际化投资操作体系相差甚远。

（五）投资成功案例少，缺乏示范带动作用

整个重庆市这几年完成的上市公司屈指可数，私募股权投资在其中的作用也没有显示出来，而且整个重庆市每年私募股权投资发生案例太少，

让众多很有潜力的企业有一种不得其门而入的感觉。

三　重庆私募股权基金发展机会

（一）重庆正立足于打造西部金融中心，为 PE 的发展提供广阔的舞台

早在 2009 年，重庆市就确定了"三六三"的金融发展目标，第一个"三"是要均衡发展银行、证券、保险三类金融机构；"六"是指要集中发展风投、私募、信托、租赁、小额贷款、担保公司六类新型金融机构；后一个"三"是指组建全国场外交易市场体系（OTC）、电子票据中心、畜产品远期交易三大金融市场体系，力促区域金融中心建设。在过去的几年已完成长江上游金融核心区框架形态构建；现在正在大力引进各类金融以及非金融机构进驻重庆发展，努力建设长江上游地区金融市场要素完备、金融机构聚集、金融创新活跃、金融人才汇集、金融生态优良的金融核心区；到 2020 年，建成对长江上游地区乃至中国西部经济社会发展起到支撑和辐射作用，具有国际影响力的区域性金融中心。[1]

（二）重庆力推国企资产改革，为 PE 的发展提供难得的机遇

这些年重庆市国企发展迅速，在 2009 年完成逆市成长，资产总额达到近万亿元，2013 年重庆市国企资产总额更排名全国第 4 位。2014 年重庆市推动绝大多数国企成为混合所有制企业，适宜上市的企业和资产全部上市，绝大多数竞争类企业国有资本实现证券化，并将推出首期总额约 2000 亿元的近 100 个开放项目，试点集团层面股权多元化改革，引入股权投资基金等民间投资主体参与国企改制上市、重组整合和对外并购，为 PE 的发展提供难得的机遇。

四　重庆私募股权投资发展面临的挑战

（一）国内先进地区的先发优势已形成集聚效应

深圳、上海两地的 VC/PE 产业发展近 20 年，配套环境优越，人才济济。而天津在国家的大力支持下，正努力打造成北方金融中心，滨海新区

---

① 罗强：《我市金融中心目标已经确定，重点发展风投、私募、信托》，华龙网—重庆晨报，2009 年 6 月 4 日。

建立以及建设也都走在两江新区的前面，对 VC/PE 形成巨大吸引力。这三个地区必将成为中国 VC/PE 最发达的地区，而重庆作为西部的门户，贯通东西，作为一个金融新兴城市，将会受到巨大的挤压作用。

（二）成都地区的强势干扰

成渝、巴蜀，在这些惯用词汇中从来都是将成都、重庆两地相提并论，而两地之间的空间距离也随着交通的发达日渐缩短。成都整体的发展比重庆要早，因此，在基础设施建设、教育、开放的意识等层面均领先于重庆。在股权投资领域也是中西部发展最早最成熟的城市。但自从重庆直辖之后，凭借管理体制上的优势，经济发展速度空前，大有赶超成都之势。而且很多学者都表示可能在当前这个时间点上成都有它的优势，但从中长期考虑，重庆后发优势明显，应该会后来居上。

（三）私募股权投资产业链不成熟，投资者和项目存在不对称

由于私募股权投资基金发展较晚，重庆并没有形成成熟的投资产业链，众多私募股权投资基金扎堆到一个环节，并没有分化成一个产业链结构。比如对于做创业投资的股权投资，没有成长基金来接手，整个私募投资呈现的现状是你并购来我并购去的态势，没有真正做到从创业到成长再经过一系列操作到最后上市的整个流程。目前，重庆完全符合私募机构投资要求的优质投资项目并不多，所以规模大、质量优的项目受到大家一拥而上的追捧，导致大量资金追逐少数的项目，结果使投资利润下降。虽然私募股权投资基金原则上不会排斥中小型企业，但它们的选择标准是拥有核心技术、产权清晰、独立自主权和市场前景广阔的中小型高新技术企业。而符合标准的中小企业有些没有向私募股权投资基金融资的意识，有些虽然希望寻求与私募股权接洽的机会，却往往由于存在产权不明晰、财务记录混乱等我国中小企业的通病而错失融资机会，由此导致在重庆出现投资者很难找到有价值的项目、需要资本的企业又很难找到投资者的困境。

（四）内外资私募企业发展不均衡

从 2013 年重庆市私募基金发展现状研究结果来看，重庆市本土的私募基金数量要远大于外资私募基金数量，但是从投资规模来看，本土 78 家私募股权基金的总投资规模要小于 20 多家外资私募基金的规模。并且本土的私募基金企业在管理上存在不少问题，尤其在投资决策与风险管理中相比国外大型私募基金还有很大的差距。与外资私

募股权投资基金的资金实力相比，本土私募股权投资机构的融资能力显得较为弱小。这与我国投资者进入存在障碍有关，目前法律法规对于投资者的进入尚未明确规定，另外，国有资本投资进入私募股权投资的资格受到很大的政策限制，这致使私募股权投资一直处于摸索阶段，很多投资者也未敢贸然进入该领域。相比而言，在发达国家，机构投资者（特别是养老基金）是这个市场的主体，这些成熟的机构投资者是美国 PE 行业发展的基石，拥有丰富的投资经验以及良好的 PE 管理机制，这也导致了外资私募股权投资基金的募集规模动辄达到数亿美元到数百亿美元。[①]

（五）法律制度不完善，监管欠缺

尽管资本市场孕育着对私募股权基金这种金融工具的巨大需求，但私募股权基金作为一种连接资本市场和投资市场的规则化平台，至今仍未建立系列化的法律法规。缺乏完善的创业投资法律架构，尚无系统的创业投资法规，也无专业对口私募股权投资基金的法律制度体系，并且关于私募股权投资基金监管问题争论了数年之久，虽然在不久前把私募股权投资监管职责落在证监会头上，但到目前为止，到中国证券投资基金业协会备案的私募寥寥无几。

（六）资本市场发展不完善，退出通道不流畅

中国资本市场由于发展时间较短，且中途经过多次波澜起伏，致使中国的资本市场体制、制度、机制上都或多或少地存在问题，同时市场层次非常单一。资本市场的不完善导致了整个私募股权投资行业的退出机制不健全，在我国 IPO 上市退出几乎占了 60%，而在成熟的发达国家并购退出占了私募股权投资退出额度的 70% 以上。

综上所述，目前国际国内的软硬环境既是 PE 投资面临的机遇，也是挑战，而重庆市已具备了引进与发展 PE 的条件，尽管面临很多困难和问题。但是我国大力发展私募股权基金的趋势及其必要性和紧迫性是毋庸置疑的，这给私募股权基金的发展带来了巨大的历史机遇，也为重庆带来了机遇。总体来说，私募股权基金符合资金需求方减轻对银行高度依赖的需求，获得融资者的支持；符合投资者增加投资渠道需求，获得投资者的支持；符合建立创新型国家发展战略的需要，获得政府支

---

① 刘冰、曾斌：《我国私募基金运作与监管体制研究》，《商业时代》2011 年第 16 期。

持。种种迹象表明，中国私募股权基金行业即将迎来一个新的高速发展期。因此，重庆应及早谋划，高瞻远瞩地制定政策和发展战略，抓住这一历史机遇期。

第 五 章

重庆市 PE 发展战略研究

战略管理理念起源于 20 世纪的美国，它萌芽于 20 年代，形成于 60 年代，在 70 年代得到大发展，80 年代受到冷落，90 年代重新受到重视。什么是战略呢？战略是指导战争全局的方略。而将战略从军事领域拓展至经济管理活动，战略管理就是要全方位、多角度地思考问题，协调各方面发展，系统地研究整体与部分的关系。一般的战略管理包括战略目标、战略重点、战略步骤和战略保障等，下面我们将从这几个方面分别阐述重庆引进和发展 PE 的战略研究。

第一节　重庆市 PE 发展的战略目标和重点

一　战略目标

作为西部唯一的直辖市——重庆，自从"十五"计划开始，就把高新技术产业的发展放在十分重要的位置。重庆高新技术产业开发区是 1991 年 3 月经国务院批准成立的国家级高新技术产业开发区，也是全国 5 个综合改革试点开发区之一。而且重庆的火锅等饮食业也做得有声有色，乡村基更是可以与肯德基、麦当劳等媲美。但是无论是高新技术企业或者是民营特色企业，其资金和管理技术的需求都是巨大的。

所以引进与发展 PE 的战略目标，就是为高新技术产业、民营特色产业的中小企业解决融资困难问题。引进高效的经营管理理念，帮助这些企业迅速成长壮大，提升价值并促其成功上市。最终达到促进重庆市产业结构调整升级，并支持两江新区建设和金融中心建设，使重庆真正成为西部的经济金融中心、贯通南北西东的中心枢纽和西部地区新的重要经济增长极。

发展 PE 的战略目标是为了鼓励本土私募股权投资对当地行业的投资，改善重庆市的融资体系，拓展投融资渠道，使本土资金得到有效的利用。

二　战略重点

重庆 PE 发展的战略重点应着重考虑以下几个方面。

（一）在思想上要正视 PE 对重庆市国民经济发展的作用

从思想上重视 PE 的作用，其实就是为 PE 的引进和发展创造良好的人文环境。清除那些 PE 与己无关、PE 高不可攀、PE 是老外投机们的事，甚至 PE 就是冒险投机、PE 就是地下钱庄、PE 就是非法集资、与 PE 结合不利于国家安全和行业发展等错误观念，树立 PE 是代表我国现代先进生产力发展要求的一种科学的新型生产关系，是我们在推进科学发展道路上必须学懂用好的新知识、新武器的正确观念，从我们用则进、弃则落伍的战略高度来看待 PE 的应用和发展。

（二）规范 PE 基金人才市场，培育优秀的基金管理人才

在私募股权基金中，有两类合伙人：一类是投资人，另一类则是作为管理者的合伙人。美国有一家研究机构曾经对私募股权基金运营成功的因素做过调查，研究发现管理团队的技能、稳定性、动力、基金投资策略、基金结构、外部确认以及整体配合在成功因素中所占的比重分别为 30%、10%、10%、15%、10%、10%、15%。可见经营私募股权基金的核心在管理团队，它在成功因素中所占的比重达到 50%。[①] 重庆 PE 投资方面的问题在于缺乏专业合格的投资人，基金管理人员少、水平有待提高。因此，应该从以下三个方面规范基金人才市场。首先，从法律层面看，应该借鉴欧美等国经验，允许银行、证券公司、保险公司、养老金及投资机构作为合格的机构投资人，富有的个人也可以成为合格的投资人。其次，从技术层面看，无论投资人还是管理合伙人，都需要面对中国新兴市场和复杂的国际经济环境，需要较高的专业技术水平。因此，可以通过适当的方式引进境外股权基金的优秀管理人才和技术，培育适合重庆市资本市场的基金管理人才。最后，从信用层面看，信誉是私募股权基金发展的基础，应该应用个人信用评级技术，建立基金管理人才的信用档案，构建包含境

---

① 程风朝：《美国私募股权基金运作方式及启示》，《天津经济》2007 年第 6 期。

内外基金人才市场的完善信用体系。①

（三）充分发挥重庆市产权市场的作用——使 PE 成为真正意义上的"产权项目做市商"

资本市场的体系共有四个层次：第一层次是主板市场，主要是成熟的大型企业的证券交易市场；第二层次是创业板市场，主要是新兴产业、中型企业的证券交易市场；第三层次是场外柜台交易市场，主要是区域的、中小型企业的证券交易市场；第四层次是市场主体自由自助交易的无形市场。我国目前的 PE 投资方向主要是在第三第四层次寻找目标投资企业；然后以第一、第二层次退出为主，第三、第四层次为辅的方式。"PE + 产权市场"是一种新型生产关系，随着资产的多样化，资产经营的内容和形式发生了重大转化，经济主体之间的关系不再是强势主体侵占弱势主体的"单赢"格局，而是互相配合，运营各自资产，使其价值最大化的"多赢"格局，是生产关系的创新。重庆市可以充分利用西南联合产权交易所的平台优势，为私募资本市场体系的建立解决两个机制上的重大问题：（1）产权市场可以实现私募资本的有效进入；（2）产权市场能够为私募资本提供退出渠道。因此，要充分利用重庆的产权市场，吸引 PE 落户重庆，促成重庆 PE 发展的重大战略。

第二节　重庆市 PE 发展的战略步骤

一　搭建平台阶段——结合重庆的特色产业结构，建立有特色的投资绿色通道

研究发现，国内 PE 投资有如下几点考虑：（1）行业前景——市场有足够大的发展空间；（2）商业模式——目标企业如何赚钱；（3）市场份额——企业规模有多大；（4）创业者——创业精神和商业嗅觉；（5）优秀团队——目标企业发展的根本保证；（6）创新能力——它比高科技概念更重要。② 从这几个特点我们可以看出，国内 PE 大多投资于成熟企业，并且看重企业的发展潜力，最为重要的一点，投资制造业已经成为 PE 投资的新趋势。综观重庆市的产业结构，制造业优势非常突出，中小企业数

---

① 王健、吴虹：《浅谈风险投资人才的培养》，《山东经济战略研究》2001 年第 5 期。

② 郭恩才、吴秋燕：《PE 心目中的"白马王子"》，管理学苑，维普资讯。

目巨大，其中不乏符合现代 PE 投资要求的企业，这些企业一方面拥有一流的人才和先进的技术以及成熟的企业组织结构；另一方面有着旺盛的资本需求。而目前国内的 PE 投资者都在为寻找更多的优势项目而殚精竭虑，现在欠缺的只是打破中间的那面镜子，来促成两方的"水乳交融"。重庆市政府正好可做这方面的工作，具体地说，就是政府成立咨询职能的中介机构，负责对注册、有资本需求的中小企业进行定期的客观评估，对评估后的企业进行挂牌业务，随时为 PE 投资者提供翔实的信息，这样主观上可以增加企业和投资者的信息透明度，客观上培养出一种以股权换资本的市场氛围。

二 自我发展阶段——成立政府扶助性质的 PE，鼓励民间成立私募股权基金

首先，运用 FOF 的形式，成立重庆市政府性质的 PE 资本。采用资本杠杆的形式可以取得投出一块引进四块的效果，迅速地扩大资本量，为下一阶段的资本投入做好充分的准备，既可以有效支持本地的产业发展，也可以隔离政府的投资风险。

其次，要鼓励民间成立私募资本。据人民银行重庆营管部信贷处介绍，截至 2013 年 12 月末，重庆居民的存款余额达到 9909.8 亿元，同比增长 16.6%，距"万亿俱乐部"仅不到 100 亿元。人均存款以 3000 万人口算，已经达到 33032 元，每人比 2012 年多存 4700 元。预计就存款增加速度而言，重庆人的存款总量有望在 2014 年一季度跨进"万亿俱乐部"。[①] 在居民收入越来越多样化的今天，吸引部分高收入家庭投资 PE 已经从有可能性转变为现实的要求，这对发展重庆市 PE 的规模有着极大的促进作用。

三 外引发展阶段——确立分层次的投资目标，吸引非本市 PE 投资重庆优质资产

从天津设立渤海产业基金开始，以西安、唐山、广东、苏州等区域性

---

① 《重庆人均存款 33032 元 1 年新增了 4700 元——重庆居民存款余额 9909.8 亿，一季度有望跨入"万亿俱乐部"》，《重庆时报》2014 年 1 月 27 日。

产业基金的设立和筹划为代表，各地开始了一场创设私募产业投资基金的竞赛热潮。而由于政府导向因素，很多 PE 都将优先投资于本地的企业。但是按照目前的国情来看，除了有限的几个省市外，其他大部分地区的优势资产并不丰盛，相信在未来会出现部分投资基金由于政府干扰因素过多而亏损的局面。毕竟国外的投资经验显示，PE/VC 的成功概率只有 20%。为了实现保值增值的目的，不少投资基金会逐渐转投外地的产业，这将会成为一种新的趋势。

那么重庆市政府导向的 PE 为了规避这种风险，可采取优先投资本地次优级企业，来促使它们成为可以满足国内 PE 投资公司要求的优势企业，具体做法如下。

首先，将目前重庆市具有上市潜力公司的部分股权，在产权市场挂牌出售，以此来吸引外地 PE 投资者和本地民间产业投资者的目光。这样既可以节省一部分政府基金来投资其他的企业，也可以达到迅速发展本地产业的目的。

其次，对本地的其他中小型企业，采用并购和联合等方式，成立一批具有发展潜力、实力较强、前景看好的次优级企业，政府采用股权投资的方式，注入资金，将这批企业在 3—5 年内发展成为符合现代 PE 投资要求的公司，然后采用股权置换的方式，转让给其他的 PE 投资者。

四　科学界定政府在引进与发展 PE 过程中的角色扮演工作

从国际经验来看，政府的直接干预在一定时期、一定阶段可以起到积极的推动作用，如在硅谷大发展时期，美国的"政府采购"一直是企业发展的主要动力之一，从而使电子和信息产业每年以平均 15% 的速度增长。20 世纪 60 年代，硅谷产品"政府采购"所占的比重都在 50% 以上，直到 60 年代的后期才降到 30%。但是，从长远来看，PE 投资的商业目标以及政府职能根本性的矛盾决定了政府不适宜直接加入 PE 投资业并长期充当投资主体。

分析以政府为主导的 PE 投资业难以有效成长的原因，主要有以下几方面。

（一）PE 投资的目的是追求巨大的利润，这与政府的工作目的是不吻合的。政府主办 PE 投资不利于引进创新、激励与竞争精神，还容易导致腐败现象的滋生。在政府主导的 PE 投资企业中，政府部门是公司的最高决策者，经理人的经营行为要受到政府人员的领导，难以有效地行使独立经营权。同时，这种运作模式，增加了公司决策的层次，降低决策效率，导致公司难以进行有效的投资。

（二）PE 投资的运行必须依据市场规律来进行，长期的实践证明，靠政府来收集和处理市场信息，指挥企业运行，难以实现企业的高效运行。以政府为主导的 PE 投资公司，大多是当地政府为了推动当地高新技术产业化、营造当地良好的投融资氛围而由政府出资成立的。这些国有 PE 投资公司的首要目标是推动和支持本地区高科技产业的发展，而非公司自身经营效益的最大化。甚至在决定基金投放的时候，地区倾向超过了盈利倾向，造成 PE 资金不能在全国或更大市场中配置资源，严重影响了 PE 资金使用效率和企业的经济收益。

（三）PE 投资的资金来源主要应该是民间，而不是政府。如果 PE 投资的主体是政府，那么大量民间资金难以有效地利用，同时巨额的 PE 投资也会给政府财政带来巨大的压力。因此，我国在国家财政比较有限的情况下，PE 投资更应该以企业为主导，充分挖掘民间资金的潜力，满足 PE 投资的巨额资金需求。从国际上比较成功的科技发达国家来看，民间资金也是 PE 投资的主体。

PE 投资在我国是一个新生事物，它的发展是分阶段的。在初期阶段，由于政策法规和经济环境的限制，PE 投资可以由政府主导，这样可以起到扩大示范效应、促进技术和制度创新、锻炼和培养我国的 PE 投资人才的作用。随着 PE 投资业的发展，PE 投资可以转变为以政府和民间联合为主体，政策性 PE 基金与商业性基金充分合作。最后，PE 投资业将走向主要以民间 PE 投资为主体，而政府部门担当协助、支持的作用。

重庆的 PE 投资业目前处于第一阶段，正在积极向第二阶段发展。在这一发展过程中，政府在 PE 投资中可以充分发挥积极鼓励、扶持发展的作用，以推动 PE 投资业的蓬勃发展。

总体而言，此战略要求前期政府起搭建平台的作用，运用各方力量促进 PE 在重庆市的平稳发展；中期培养地方的本土 PE，鼓励成立民间私募股权基金；后期协调和利用外部 PE 基金投资重庆市本土的优势产业。重庆加紧利用国家出台的相关法律保障和直辖市的灵活优势，给予引进和发展 PE 的良好环境，从而促进重庆市的产业升级改造，加快实体经济与虚拟经济的全面发展。

第三节　重庆市 PE 发展的战略保障

一　完善相关法律法规，明确私募股权基金投资主体和投资范围

目前我国尚没有明确 PE 的认定标准和监管条例，由于 PE 前景广阔，因此未来的法律法规不应增加过多的限制条款，只需明确其运作规范，并对其积极引导即可。首先，界定 PE 投资主体范围。我国的 PE 一般由机构投资者出资，过窄的范围不利于广泛吸引社会闲散资金。在风险可控的条件下，重庆市可考虑将个人投资者纳入投资范围，以增加百姓投资渠道，这样可分散银行和股市的风险。其次，规范私募股权基金的投资方向，避免以股权投资名义设立的基金过多地投资于证券市场。

二　加强部门协调，实现联合监管

PE 涉及领域比较广，既可能有个人之间私下的委托关系，也有公司型的产业基金，因此在监管过程中可能涉及跨部门的现象，将来重庆可通过统一的协调机构加强多部门联合监管。从另外的角度来看，在加强部门联合监管的前提下，放宽政策监管是 PE 发展的必要条件。政策监管应考虑两方面的问题：一是该行业是否足以产生系统风险；二是信息不对称及其可能会对其中信息弱势群体造成损害，从而可能影响社会公平。换言之，放宽对 PE 的监管并不是完全任其发展，而是应该根据资本市场的特点建立多层次的监管体系。

第 六 章

我国 PE 投融资模式研究

传统企业融资方式主要是依靠银行、证券、保险等金融市场的建设，但是随着经济和社会的发展，传统的融资方式已经无法满足社会上众多企业的资本需求。因此不少新型的融资机构逐步诞生，其中包括私募股权投资基金、担保公司、小额贷款公司、融资租赁公司、信托公司以及风险投资公司等，融资模式也不断推陈出新。

第一节　PE 资金来源渠道分析

一　国外 PE 资金来源渠道

私募股权基金的投资期限非常长，因此其资金来源主要是长期投资者。一般来说，私募股权基金的资金大量来自其主要投资地域的机构投资者。以欧洲、美国为例，欧洲私募股权基金业 70% 以上的资金来自欧洲本土，其中银行、养老基金、保险公司是 PE 重要的资金来源，占 58%；在美国，养老基金、个人、捐赠基金是 PE 重要的资金来源，占 61%。如图 6-1 所示。在其他地区，PE 基金主要来自本地投资者。

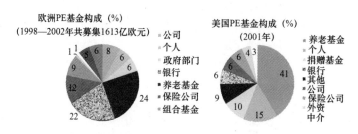

图 6-1　欧洲、美国 PE 资金来源

资料来源：创投公司专题：《PE 私募基金运作模式报告》，2009 年 5 月。

二　国内 PE 资金来源渠道

经过多年发展，中国的私募股权资本结构日趋多元化，包括政府资本、国内企业资本、外资机构资本、金融机构资本和其他类型资本等。但资本的来源主要集中于政府财政拨款、国有大型企业和科研单位自筹资金以及与高新技术产业化相关的金融机构，以及国外的私募股权基金，而来自民间投资主体直接投资的比重仍然偏低。

（一）政府财政资金

政府财政资金的参与不但可以提高基金的信誉，增加其他投资者的信心和安全感，有效地将基金引上路，而且还可以提供启动资金，以此为基础可以有效地利用政府掌握和调动信息、人力等资源。但政府财政资金长期介入往往会产生产权不明晰的现象。因此，政府基金一般在私募股权基金刚开始试点时介入。政府参与基金的好处在于：可以提高基金的信誉，增加其他投资者的安全感；作为启动资金，以此为基础再吸纳民间资金，可以起到组织和放大的作用；可以有效利用政府掌握的信息、人才等资源，进行适当的政策鼓励，有助于一整套完善的私募股权基金体系的建立。

（二）社会养老基金

随着我国社会保障体系的建立和完善，养老基金的资产规模将越来越大。适度放宽对养老基金的投资限制，加强养老基金的运营管理，提高养老基金的收益水平，已成为迫切需要解决的问题。我国从 1996 年以来多次降息，养老保险基金按现有的投资规定限制，投资渠道的狭窄难以达到。因此，在建设具有中国特色的私募股权基金体系时，要按照国际上的成功经验解决养老保险基金入市的问题。在具体的投资领域方面，可将社会养老保险基金大部分投资于国债或作为银行存款，初期应该高一些，时机成熟后逐渐降低，但不能低于 50%—60%，以防范不测。剩余部分可投资于私募股权以及风险投资基金，但是比例不宜过高，根据经验，控制在 5% 左右比较适宜。

（三）保险公司

保险公司的投资方式一般有两种：其一是通过购买那些具有资产特性的债务为风险更大的公司客户提供资金；其二是几家保险公司通过成立自己的风险资本合伙公司，将自身资金与从外部投资者筹集而来的资金结合起来一道投入其中，这使保险公司更倾向于合伙制投资。对我国来说，保险公司理应在私募股权基金市场上占有一席之地，每年上千亿元的保费收入如不能得到充分利用，实在是一种浪费。

（四）商业银行

我国商业银行资金规模巨大，但是其资金缺少良好的投资渠道，造成闲置浪费。首先，我国实行银行与证券业分离的制度；其次，由于历史原因，我国商业银行的安全保证程度比较低，金融风险的隐患大。因此，让银行大规模直接进入私募股权投资领域，金融安全更难保证。政府如能提供必要的信用担保，放松金融限制，适度降低金融机构的投资风险，可以推动商业银行进行私募股权投资，就可使商业银行的部分资金成为私募股权基金的重要资金来源，同时也可减轻其经营压力。商业银行参与私募股权基金的合理路径应该是，商业银行与其他公司、机构共同发起设立私募股权基金，或者在已设定担保的前提下对有关的投资项目进行信贷融资。目前，我国商业银行主要是以基金托管、财务顾问、银证合作、"私人银行＋股权信托"的形式参与产业投资基金的业务。

（五）投资银行

投资银行参与到私募股权基金最常用的方式是投资与其自身充当普通合伙人的合伙公司。商业银行的业务是为大型收购项目提供融资及服务，这与投资银行的投资重点有所不同。投资银行支持的合伙公司业务方向仍是投资在成熟期投资上，同时，这些合伙公司的金融活动与投资银行的其他业务处于同一经营范围，例如，如果是某家投资银行支持的合法公司投资于一家风险企业，那么在这家风险企业上市之前，这家投资银行就可能对其进行过桥式投资或成熟期投资。在进行大型的收购交易时，投资银行业可能提供包销服务以及合并、兼并咨询服务等。

（六）大型企业集团

大型企业集团主要投资私募股权基金中的风险投资基金。另外，利用大型企业集团的雄厚资金实力，是风险投资业发展的需要，也是大型企业集团发展的一种战略选择。在国外，大企业对高新技术产业进行风险投资，已成为风险投资的重要渠道。在技术进步十分迅速、产品更新换代的今天，小企业船小好调头，能够发挥灵活多变的特点，迅速吸收新技术，所以，小企业对市场的反应快，更富于进行创新和接受创新。因此，在今天技术步伐加快之际，许多大公司在技术发展策略上做了相应的调整，组建小公司以促进发明创新。当大企业本身开发出了很好的技术，但由于尚不成熟时，它们往往将其交给一个小公司，由小公司将技术完善并推向市场，并对新技术采取跟踪策略，一旦新技术出现并显示出良好的市场前景，便立即投入力量，依靠自己在技术、资源上的优势迅速占领该产品市场。

（七）外国私募股权基金

目前，已经有一些国外私募股权基金看好中国的高科技产业，率先进入国内投资。引进海外资金对我国具有以下好处：第一，私募股权投资是一种中长期的权益投资，是性质较为稳定的投资，而且直接投资不会引起金融秩序波动；第二，海外资本以获得高额利润为目的，不会长久控制企业，因而不必担心因此失去民族高新技术产业；第三，权益资本不是借贷资本，利用了外资，但不会增加外债负担；第四，引入国外资本，可借鉴国外丰富成熟的投资经验，迅速培养和造就一批优秀的私募股权基金管理人才及创业人才。

第二节　国内 PE 投融资模式研究

既然 PE 可以向政府融资，也可以向银行、保险公司等金融机构融资，还可向民间资本融资，其融资模式应是多种多样的，在这里本书主要研究三种较具有创新意义的投融资模式。

一　PE 与信托对接的投融资模式

该模式是由商业银行联合信托公司发行信托理财产品，面向的对象应为风险承受能力较强的投资者。由于资金将用于股权投资，理财产品具有高风险、高收益的特性。信托公司将全权代表投资者的利益，与一般合伙人进行接触。信托公司在募集好资金以后，把资金委托给商业银行进行托管，也可以直接委托给信托保管银行进行托管，并向托管银行提供投资计划，以便在未来进行资金拨付时与一般合伙人的项目投资指令进行核对，保证资金的安全性，最大限度地维护投资者的利益。如图 6 - 2 所示。

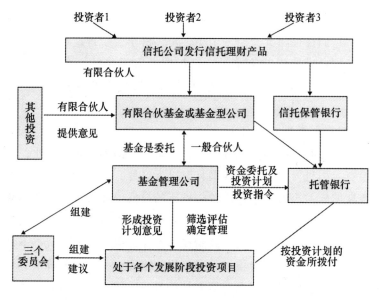

图 6 - 2　PE 与信托对接的投融资机制

资料来源：聂毓晨：《我国私募股权基金运行机制研究》，硕士学位论文，天津财经大学，2009 年。

在信托公司与投资者签订的协议当中，应该包括明确未来有限合伙基金中的一般合伙人，即基金管理公司，以及明确未来投资的有限合伙基金风格，比如信托理财产品为了获取更高的收益，宁愿承担更多的风险，倾向于投资处于萌芽期的项目，相反，则会更倾向于投资处于成熟期的项目。还有，信托理财产品的期限必须予以确定，而且应该与有限合伙基金的期限保持一致，以便在有限合伙基金解散分配收益时，能够最大限度地保护最初投资者的利益。信托预期收益率，根据所选定的基金管理公司以往的投资业绩以及各项费率，由信托公司和基金管理公司共同商定。

首先，在成立有限合伙基金时，可以吸收其他投资者作为有限合伙人加入有限合伙基金，扩大基金规模，分散投资风险。由于其他投资者是以有限合伙人的身份加入有限合伙基金，只会拥有对一般合伙人的监督权利，不会影响到基金管理公司作为一般合伙人对于有限合伙基金的运作以及管理。因此，其他合伙人的加入，不会影响到最初信托投资者的利益。为了保证最初信托投资人的利益，有限合伙基金应采取基金式的委托办法，将整个基金交由基金管理公司进行运作，而不是根据项目采用不同的基金管理公司。由信托公司代表投资者与其他投资者、基金管理公司以及所投项目方共同组建专家咨询委员会、投资决策委员会以及风险控制委员会，分别从项目的科技性、市场发展前景、投资的具体形式以及投资项目的风险和相应对策这几个方面，向有限合伙基金以及投资项目给出建议。作为基金有限合伙人的信托公司，应该完全按照与投资者所签订的协议，代表投资者的利益，提出意见以及期望。

当选定投资项目以后，基金管理公司向资金托管银行发送投资指令。资金托管银行有责任把投资指令与之前得到的投资计划进行核对，如果一致，托管银行将按照投资指令将资金划拨到投资项目的账户上；如果不一致，托管银行有权拒绝将资金划拨到投资项目的账户上，比如，为了降低投资风险，投资计划限定投资项目必须处于成熟期，而指定的拨付对象处于萌芽期，托管银行有责任停止进行资金划拨，并将情况及时反映给有限合伙基金以及基金管理公司。另外，如果接到风险控制委员会的投资警告，托管银行也有责任向有限合伙基金以及基金管理公司进行汇报。

投资者在购买信托时，未来有限合伙型基金的一般合伙人已经确定，投资者可以根据其以往的投资业绩进行选择，规避业绩不佳的基金管理公司。另外，在组建有限合伙型基金的过程中，还吸收了其他投资者作为有限合伙人参与投资，实现了风险的分摊。还有，在制定信托协议时，投资者和信托公司可以商定好未来风险投资项目所处的阶段，如果投资者更加偏好资金的安全性，可以把投资范围限定在处于成熟期的项目。

其次，在有限合伙基金运作的过程中，由优先合伙人、一般合伙人以及投资项目方共同组建的专家委员会、投资委员会以及风险控制委员会，负责对一般合伙人的资金运用以及所投项目进展情况进行监督，并且提出相关建议，有限合伙人可以根据委员会给出的建议，对投资项目进行止损。另外，有限合伙型基金的资金将会交给商业银行进行托管，一般合伙人划拨资金的指令须与托管银行持有的投资计划相符合，托管银行才会进行资金的划拨。托管银行对于基金管理公司资金使用情况的监督，将进一

步增强资金的安全性。^①

2007 年 3 月 1 日，银监会制定的《信托公司管理办法》和《信托公司集合资金信托计划管理办法》正式实施。明确提出，银监会将优先支持信托公司开展私募股权投资信托、资产证券化等创新类业务。其后的 4 月，湖南信托和中信信托分别推出"深圳达晨信托产品系列之创业投资一号集合资金信托产品"和"中信锦绣一号股权投资基金信托计划"。深圳国际信托托管发行国内首只结构式 PE 信托计划"铸金资本二号"，平安信托推出投资于一级市场的 PE 产品"辉煌系列"等。至 2009 年底，PE 信托产品共发行 30 款。其中，湖南信托、交银国信、平安信托、新华信托发行款数较多。^② 如图 6 - 3 所示。

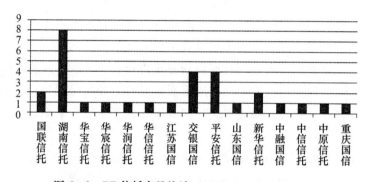

图 6 - 3　PE 信托产品统计（2008.1.1—2009.4.10）

数据来源：普益财富，2009 年 5 月 18 日。

据分析，30 款产品的设计结构可分为以下几种。

（1）单一受益人。投资者承担相同的本金及收益风险，主要投资股权。多数约定到期以股权溢价回购为主要还款来源。

（2）分层受益人。投资者承担不同的本金及收益风险，以不同形式参与 PE 投资，分享企业成长、上市的高额回报。主要产品分列如表 6 - 1 所示。

---

① 聂毓晨：《我国私募股权基金运行机制研究》，硕士学位论文，天津财经大学，2009 年 5 月。

② 金融界网站：《PE 投资模式比较：信托、银行理财模式研究》，2009 年 5 月 18 日。

表 6 – 1　　　　　　PE 信托产品情况（2008.1.1—2009.4.10）　　　　　单位：份

信托计划名称	股权退出方式	收益分层	募资规模
国联汇富 8 号集合资金信托计划	集中竞价交易、大宗交易、协议转让等方式处置受让股份，并辅以新股申购、银行存放	优先受益人购买 4.57 亿份，一般受益人购买 0.5 亿份	5.07 亿
交银国信—颐金成长股权投资集合资金信托计划	上市	优先受益人与次级受益人的比例约为 3:1	2.5 亿—3 亿
华信—恒基 7 号集合资金信托	管理层股权回购	优先受益权份额和一般受益权份额之比为 9:1	5000 万以上
交银国信—上海盈创股权投资集合资金信托计划	上市	优先受益权份额和一般受益权份额之比为 9:1	5000 万以上
交银国信—德信华颐红利股权投资集合资金信托计划	股权转让	优先受益权与次级受益权的配比达到 4:3	1.4 亿
湖南信托股权投资 5 期集合资金信托计划		优先受益权 9999 万份，一般受益权 5000 万份	1.5 亿
中信远景基础设施投资信托计划		A 类优先级信托受益权 3.4 亿份；B 类信托受益权 7.2 亿份；C 类信托受益权 1.5 亿	12.3 亿

　　数据来源：普益财富，2009 年 5 月 18 日。

　　从退出方式上来看，信托制 PE 产品主要有以下几种方式。

　　（1）私募股权投资信托通过成立有限合伙人公司，将来以合伙人公司的身份入股投资企业，从而避免使用信托公司的名义。

　　（2）私募股权投资信托将以上市股东的名义转让给投资顾问，使投资顾问成为名义上的股东，从而规避上市审核监管。

　　（3）私募股权投资信托通过协议转让、购并、集中竞价交易、大宗交易等方式，将优质股权转让给第三方。据发达国家数据统计，通常 PE

真正通过上市渠道完成退出的仅占5%，其余90%以上的项目多为私下并购交易。甚至从基金设立之初，高达52%的 PE 基金就被定义为并购基金。

二　PE 与保险对接的投融资模式

在经历 2012 年的资本寒冬后，2013 年的经济复苏缓慢。而在中国的资本层面，也面临一场严峻的资本攻坚战。创业热潮未减、并购市场火热以及新三板的快速推进，令投资市场有了新的驱动，募资市场日趋回暖。

保险公司因其保险资金资本量庞大、投资周期长等特点，一向是较适合进行私募股权投资的机构投资者之一。为了解决保险资金入市，投资私募股权基金市场问题，2006 年，国务院发布《关于保险业改革发展的若干意见》，提出"开展保险资金投资不动产和创业投资企业试点，支持保险资金参股商业银行"，保险公司开始了进行股权投资的探索历程。其后，保监会相继发布《关于保险机构投资商业银行股权的通知》、《保险资金投资股权暂行办法》。2012 年 7 月，保监会再度印发《关于保险资金投资股权和不动产有关问题的通知》，此举意味着最高可达 6000 亿元的保险资金由此解禁，这对现今募资难的私募股权投资市场无疑是一支强心剂。更多详细的政策法规如表 6 - 2 所示。

表6 -2　　　　　　　保险公司参与股权投资相关政策法规

保险公司参与股权投资相关政策法规			
发布时间	政策法规名称	发布机构	亮点
2006 年 3 月	《保险资金间接投资基础设施项目试点管理方法》	中国保监会	保险资金可以采取债权、股权、物权及其他可行性方式投资基础设施项目
2006 年 6 月	《关于保险业改革发展的若干意见》	国务院	开展保险资金投资不动产和创业投资企业试点，支持保险资金参股商业银行

保险公司参与股权投资相关政策法规			
发布时间	政策法规名称	发布机构	亮点
2006 年 9 月	《关于保险机构投资商业银行股权的通知》	中国保监会	允许保险机构投资未上市商业银行的股权
2007 年 7 月	《保险资金境外投资管理暂行办法》	中国保监会、中国人民银行和国家外汇管理局	保险机构可运用自有外汇或购汇进行境外投资，投资范围也拓宽到股票、股权等权益类产品
2010 年 7 月	《保险资金运用管理暂行办法》	中国保监会	允许保险资金投资无担保债、不动产、未上市股权等新的投资领域
2010 年 9 月	《保险资金投资股权暂行办法》	中国保监会	保险资金可以直接投资企业股权或者间接投资企业股权
2012 年 7 月	《关于保险资金投资股权和不动产有关问题的通知》	中国保监会	进一步明确了保险资金投资标的范围

资料来源：私募通，2013 年 6 月，www.pedata.cn。

2013 年一季度以来，中国私募股权投资市场 LP 在数量上继续增长，可投中国资本量也小幅提升。据清科研究中心发布的数据显示，截至 2013 年第一季度，中国创业投资暨私募股权市场 LP 数量增至 7867 家，其中富有家族及个人 LP 数量增长明显，可投中国资本量方面，其中披露投资金额的 LP 共 6477 家，共计 8114.07 亿美元。

清科研究中心观察到，近年来在市场压力之下机构 LP 动作日趋频繁，积极扮演着市场救世主的角色。不论从基金募集规模还是从可投资本量方面，不论境内、境外的机构 LP 明显强势于个人投资者。就国内形势来看，在银行募资因政策方面告急后，公共养老基金、保险机构、企业年金，特别是上市公司等机构 LP 在政策及投资者的双重鼓舞下逆势而上，成为本土可投资本量的主要支撑。从图 6-4 可以看出，按可投资本量算，截至 2013 年第一季度，保险机构在 LP 市场的占比仅有 0.2%。①

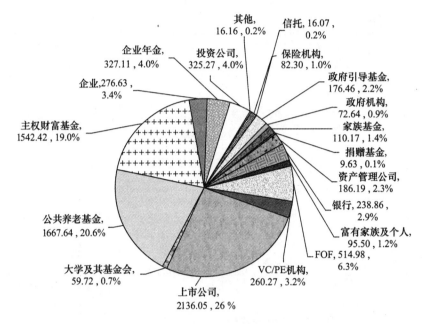

图 6—4　2013 年第一季度中国私募股权市场 LP 类别比较

（按可投资本量，US $ B）

资料来源：清科私募通，2013 年 6 月，www.pedata.cn。

三　PE 与民间借贷资本对接的投融资模式

（一）私募股权投资和民间借贷资本对接的可行性分析

首先，从政策上来讲，国家是鼓励和支持发展新型金融组织和专业资产管理机构的。为了保护和规范民间金融市场，时任国务院总理温家宝 2012 年 3 月 28 日主持召开国务院常务会议，决定设立温州市金融综合改革实验区。会议确定了温州市金融改革的 12 项主要任务，其中，第二项是加快发展新型金融组织；第三项是发展专业资产管理机构，引导民间资金依法设立创业投资企业、股权投资企业及相关投资管理机构；第八项是积极发展各类债券产品，推动更多企业尤其是小微企业通

---

① 《保险公司参与 PE 市场：几千亿巨资将走向何方？》，清科研究中心，2013 年 6 月 25 日。

过债券市场融资，建立健全小微企业再担保体系。尽管这 12 项任务还未具体化实施，国家也只是在温州市设立了金融综合改革实验区，但是却体现了国家进行金融改革的决心和方向。本节正是通过构建新型金融组织模式实现私募股权投资规范和引导民间借贷资本的目的，所以这些举措在很大程度上为私募股权投资和民间借贷资本的对接提供了政策支持。

其次，从投资方的投资诉求和融资方的融资意愿角度来讲，私募股权投资和民间借贷资本的对接也是具有可行性的。从融资方的角度来考虑，私募股权投资的融资方和民间借贷资本的借贷方中很多都是中小企业。由于为中小企业提供贷款风险较大，所以中小企业很难从银行或其他渠道贷到钱，这些企业为了能够生产下去或不使资金链断裂，往往要求助于私募股权投资或民间借贷资本。而对于投资方来说，之所以要冒着高风险为中小企业提供贷款，主要是因为私募股权投资和民间借贷资本这两种投资方式都可获得高收益。因此，无论从投资方的投资诉求还是融资方的筹资需求来看，私募股权投资和民间借贷资本都具有很强的共性和可替代性，用私募股权投资来引导和规范民间借贷资本是较为合适的。

最后，从组织模式的角度来讲，采用"有限合伙 + 信托"的复合型组织模式能够较好地实现私募股权投资和民间借贷资本的有效对接。李建华和张立文[1]通过分析中国私募股权市场存在的问题和信托制度与私募股权市场的内在关联性，提出私募股权投资信托是建设中国私募股权市场的一条有效途径，并构建了三种私募股权投资信托的具体组织模式，其中之一就是"信托 + 有限合伙"型。笔者分析发现，这种模式也可以较好地实现私募股权投资和民间借贷资本的有效对接。本书所构建的对接模式是在此组织模式基础上的改进与创新。

（二）私募股权投资与民间借贷资本对接模式构建

私募股权投资与民间借贷资本对接模式是以"有限合伙 + 信托"的组织模式为基础的。根据投资者的投资偏好不同，这里分三种模式来研究。

---

[1]　李建华、张立文：《私募股权投资信托与中国私募股权市场的发展》，《世界经济》2007年第 5 期。

模式一

吸引原来投资民间借贷资本的投资人改投私募股权基金，使这部分投资者作为有限合伙人（LP）参与到投资中。在该模式中，信托公司发起设立的集合信托计划（私募股权投资基金）委托专业的私募股权投资管理机构管理，专业私募股权投资管理机构为普通合伙人（GP）。该模式结构如图6-5所示。

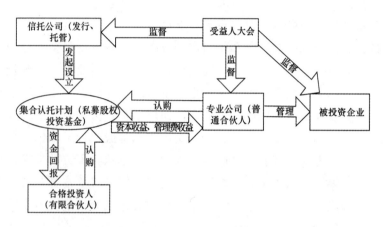

图6-5 私募股权投资与民间借贷资本对接模式一

在基金的发行中，由专业私募股权投资管理机构认购一部分基金份额，并充当普通合伙人，其他合格投资者认购其余的基金份额，并充当有限合伙人。信托公司负责基金的发行和托管，专业私募股权投资管理机构作为普通合伙人负责基金的管理和运作。受益人大会主要由信托公司和有限合伙人组成，负责监督专业私募股权投资管理机构对资金的运用。基金的治理规制以及普通合伙人、有限合伙人、信托公司的权利义务与利益、风险分配由信托契约予以约定。

模式二

若由于某种原因投资者不愿投资私募股权基金，可引导其投资私募债权基金。通常，投资私募债权基金的周期要短于投资私募股权基金，利率也低于民间借贷利率。为了保障投资者利益和满足其高收益的诉求，该投资模式规定，投资私募债权基金的投资者在投资周期结束后，若认为所投资企业成长性好，潜力巨大，可转投所投资企业的股权。在模式二中讨论投资者只投资了私募债权基金，而没有转投私募股权基金的情况。该模式结构如图 6-6 所示。

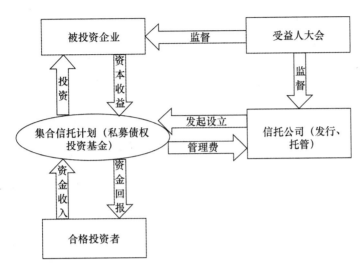

图 6-6 私募股权投资与民间借贷资本对接模式二

在该模式中，合格投资者认购基金的全部份额，信托公司既是基金的发行人，同时也是基金的管理人，负责基金的发行、管理和运作，受益人大会由信托公司和合格投资者组成，负责监督信托公司对资金的运用。资本收益在扣除信托管理报酬后为集合信托计划的受益人享有。基金的治理规制以及信托公司的权利义务与利益、风险分配由信托契约予以约定。

模式三

在这种模式中，投资私募债权基金的投资者在投资周期结束后，转投被投资企业的股权。该模式结构如图 6-7 所示。

在该模式中，由于合格投资者转投了被投资企业的股权，所以合格投资者身份转为有限合伙人，集合信托计划也由私募债权投资基金转换为私募股权投资基金。信托公司只负责私募股权投资基金的发行和托管，不再进行管理和运作，不再获得管理报酬，而是交由私募股权投资专业管理机构负责基金的管理和运作。受益人大会还是由信托公司和有限合伙人组成，负责监督专业私募股权投资管理机构对资金的运用。基金的治理规制以及普通合伙人、有限合伙人、信托公司的权利义务与利益、风险分配由信托契约予以约定。

学者们研究私募股权投资和民间借贷资本的文献有很多，但这些文献

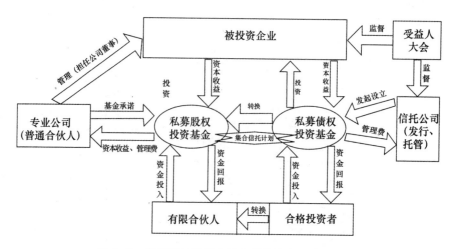

图 6 - 7　私募股权投资与民间借贷资本对接模式三

都是对这两方面问题分别进行研究，而且往往从法律规制的角度提出防范高利贷危害性的建议。不同于以往研究，本节通过分析私募股权投资和民间借贷资本两种投资方式的共性，提出了"债权转股权"的思想，并构建出三种对接模式。这三种模式是根据投资者不同的投资偏好而分别设计的，力图最大限度地实现民间借贷资本与私募股权投资的对接。此外，我国资本市场投融资环境的改善也有利于私募股权投资和民间借贷资本的有效对接，如民间资本投资中心的进一步完善和中小企业股权交易所的建立都有助于促进私募股权投资规范和引导民间借贷资本的发展，从而达到规避高利贷的危害性，发挥私募股权投资对经济发展的促进作用之目的。本节通过对私募股权投资和民间借贷资本对接模式的研究，丰富了我国风险投资市场的理论，探索了以市场的手段规避高利贷的可行性，也为国家进行金融改革、保护和规范民间金融市场提供了参考。本节的局限性在于，被投资方的研究对象确定为企业法人，而未涉及个体自然人的研究，这些都是进一步努力的方向。在后续研究中，将继续深入探讨这些问题。

第七章

我国 PE 运作模式、机制创新研究

本章从国内外 PE 目标市场选择、操作方式、收购方式、管理制度、投资理念五个不同的角度，对比研究国内外 PE 运作模式，并针对我国 PE 的发展现状，提出重庆市 PE 运作模式和机制的创新问题。

第一节 PE 运作的基本模式

一个成熟的私募股权市场一定是有中介机构参与并以间接投资方式为主流投资方式的市场，有效的私募股权投资运作模式是私募股权市场健康运转的核心。它是指投资者和中介机构（管理公司）之间就权利义务关系及收益分享、风险分担方式的安排规则。目前私募股权投资的运作模式主要有公司制、契约制和有限合伙制三种形式。

一 公司制

公司制是由两个或两个以上的投资者（股东）共同出资组成并具有独立主体资格的私募股权投资基金或者公司，包括有限责任公司或股份有限公司两种形式，是一种委托—代理关系。公司制一般是各国私募股权市场初期所采用的运作模式。这类私募基金以公司形式进行注册登记，有完整的公司架构，运作比较正式和规范。在目前市场上一般以投资公司、投资顾问公司以及资产管理公司等形式出现。它有如下特点：业务范围包括有价证券投资；股东数目不多但出资额比较大；管理人收取管理费和与效益挂钩的激励费；注册资本可根据经营结果变更。其优势在于经营管理规范，缺点在于存在双重征税，即要以公司名义缴纳各种经营费和以个人名义缴纳个人所得税，其模式如图 7 - 1 所示。

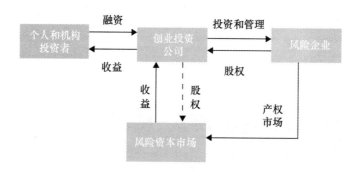

图 7 - 1　公司型创业投资基金运作体系

资料来源：杨华初：《创业投资理论与应用》，科学出版社 2003 年版。

　　国内目前规范此种运作形式基金的主要是证券法、公司法、创业投资企业暂行管理办法和外商投资创业企业管理办法。根据修订后的我国公司法，公司的经营范围可由公司章程规定，可以向其他企业投资，没有对外投资比例的限制。有限责任公司注册资本门槛是 3 万元人民币，人员限制为 50 人以下，股份有限公司为 500 万元人民币，发起人人数限制为 2—200 人。实行介于许可资本制和承诺资本制之间的折中资本制，公司股东首次出资额不得低于注册资本的 20%，两年内缴足，投资公司资本金可在五年内逐步缴足，同时授权公司董事会，在认为适当的情况下，逐步增加公司的实有资金，较低的注册资本和逐步增资计划满足了私募股权基金的具体动作需求。有限责任公司股东可以约定不按出资比例分取红利或者不按照出资比例优先认缴增资，表决权的行使可以不按出资比例而由公司章程另行规定，股东之间或对外可以转让全部或者部分股权，对外转让需经过半数股东同意，其他股东有优先购买权。上述规定给公司的灵活经营和激励机制的设置留下了空间。股份有限公司可以募集设立，发起人认购公司应发行一部分，其余股份可以向特定对象募集而设立，证券法规定对累计不超过 200 人的特定对象发行证券为非公开发行。股东出席股东大会会议，所持每一股份有一票表决权，表决权的行使方式限制了管理层的经营自由，并不是很适合私募股权基金的运行。所以目前国内国际的公司型私募股权基金主要是有限责任公司制。

二 契约制

契约型私募基金，在我国是指通过口头协议、委托合同或信托合同等契约组建的代客理财形式。其优势在于避免了双重征税，缺点是设立和动作不灵活。目前以这种形式存在的私募基金主要有：个人委托、经纪人、工作室。

契约型私募股权基金蕴含的是一种信托—受托关系，基金本身为一财产集合体，由基金管理人以自己的名义对其进行经营管理，投资者仅作为受益人分享利益，无权参与基金运作的重大决策，形成的是基金管理人、基金受益人、基金托管人三方当事人的制衡关系。主要由《信托公司集合资金信托计划管理办法》以及《证券公司客户资产管理业务试行办法》加以规范。证券公司客户资产管理业务试行办法规定：综合类证券公司可以从事为多个客户办理集合资产管理业务，可以设立非限定性集合资产管理计划，其投资范围由修订本资产管理合同约定，但是应当报经中国证监会进行全面审核获取批准。客户资产应该交由证监会认可的第三方机构进行托管。设立非限定性集合资产管理计划的，只能接受货币性资产，接受单个客户的资金数额不得低于 10 万元人民币。对计划存续期间做出规定，也可以不做规定。以自有资金参与本公司设立的集合资产管理计划的证券公司，应当在集合资产管理合同中对其所投入的资金数额和承担的责任等做出约定。证券公司定时提供所管理资产的信息，对单笔投资有投资上限，投资于一家公司不得超过该公司证券发行总量的 10%，不得超过该计划资产净值的 10%，信息披露较为严格，至少每三个月提供一次资产管理报告，每年提供一次由会计事务所就各集合资产管理计划出具的单项审计意见。客户不得转让其所拥有的份额。管理合同中对客户参与和退出集合资产管理计划的时间、方式、价格、程序等事项做出明确约定。信托公司集合资金信托计划管理办法规定，信托公司可以设立集合资金信托计划，为两个以上合格投资者采用债权、股权、物权及其他可行方式运用信托资金，信托计划财产独立于信托公司的固有财产。单个信托计划的自然人不得超过 50 人，合格的机构投资者数量不受限制，信托期限不少于一年，信托资金有明确的投资方向和投资策略。可在信托合同中约定受益人的报酬及提取方式。信托资金实行第三方保管制。计划存续期间，受益人可以向合格投资者转让其持有的信托单位。信息披露要求按季制作信托资金管理报告、信托资金运用及收益情况表。由于组织结构比较简单，通过契约型信托基金进行私募股权投资目前在美国比较受青睐，其治理结构的合理性及经营效率也高于公司制。

三 有限合伙制

合伙型私募基金是指投资者和管理者共同出资组建基金，管理者负责日常运作，投资者不干预基金的日常操作，共同获取投资收益。也就是一个对私募股权投资享有全面管理权并对合伙的债务承担无限责任的普通合伙人，与一个不享有管理权但对合伙的债务仅以出资额为限承担责任的有限合伙人共同组成的合伙企业。在有限合伙制中，投资者扮演有限合伙人的角色，中介机构则扮演普通合伙人的角色，普通合伙人背后通常有一个管理公司。有限合伙通常有固定的存续期间（通常为十年），到期后，除全体投资人一致同意延长期限外，合伙企业必须清算，并将获利分配给投资人。有限合伙人在将资金交给普通合伙人后，除了在合同上所订立的条件外，完全无法干涉普通合伙人的行为，普通合伙人享有充分的管理权。收益分配上有限合伙人获得较大部分。如果投资失败，普通合伙人的出资将首先受到损失，这就形成了以下局面：一方面，丰厚的投资收益分配为激励普通合伙人的巨大动力；另一方面，对普通合伙人而言，首先承担损失的责任可约束其道德风险。

自 2007 年新合伙企业法实施后，我国私募基金的合伙制在原来主要是"老鼠仓"的基础上增加了有限合伙制。其大致的操作方式为：委托方和操作方在第三方的介入下签订协议，双方按一定的比例出资，操作方负责操作，但没有提款的权利，以保证资金的安全。证券公司方负责监督操作，例如当"老鼠仓"内的资金损失超过一定比例，或者是接近投资方的出资量，证券公司会通知委托方，由委托方和操作方协商，或是就此平仓，损失由操作方承担，或是操作方增资，继续操作，直到协议期满。协议期一般为半年或是一年。"老鼠仓"到期后，双方按照协议分配所得。分配方式一般有三种：纯保底、纯分成、保底分成。如采用纯保底方式，委托方的收益一般为 8%—10%，其余收益为操作方所得；如采用保底分成，保底收益一般为 6%—8%，超出部分三七开或是四六开，操作方得大头；如采用纯分成，分成比例可以达到五五开。假设委任方出资

450 万元，操作方出资 50 万元构成总投资额为 500 万元的"老鼠仓"，如收益在 20% 时，按五五开纯分成方式，委托方和操作方的收益均为 50 万元，委托方的收益率为 11%，而操作方的收益率为 100%，达到了借鸡生蛋的目标。证券公司一方面作为监督方可以得到一定的监督收益，但更重要的是由于资金、交易量的增加而增加了收入。如图 7 - 2 所示。

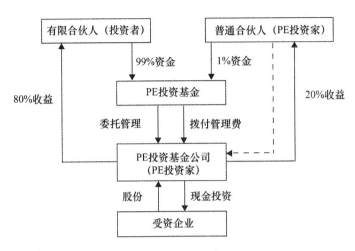

图 7 - 2　有限合伙制基金运作模式

有限合伙制中普通合伙人投入少量资本以无限连带责任为代价取得企业经营权和高达 20% 的剩余索取权，加上承诺资本制、声誉机制的约束，灵活的合伙人协议安排使有限合伙制成为私募股权基金的理想运作形式。[①]

四　三种运作模式的比较

（一）组织形式的比较

主要表现在三者的法律依据、投资者的法律地位、基金管理人的身份关系、政府监管力度、投资收益分配和税收负担等方面的差异。如表 7 - 1 所示。

---

① 李金超：《私募股权基金的运作模式选择》，《思想建设》2011 年第 10 期。

表 7 - 1　　　　　　　　三种组织形式的私募股权基金比较

基金租住形式	公司制	契约制	有限合伙制
法律依据	公司法	信托法	合伙企业法
法律地位	独立法人	非独立法人	未明确规定
投资者的法律地位	股东	委托人	合伙人
基金管理人	专业基金管理公司或者自己设立的管理公司	受托人	普通合伙人
政府监管力度	政府监管较多	较松	较松
投资收益分配	基金管理公司收取固定比例的管理费和投资成功后一定比例的基金净收益提成，投资者分享剩余的投资净收益	基金管理人获得约定比例的管理费，投资者获得基金投资运营的资本增值收益	普通合伙人每年可以收取净资产2%的管理费和全部投资净收益20%的投资收益提成，有限合伙人分享剩余的投资净收益
税收负担	二级税负制	一级税负制	一级税负制

（二）责任、成本与效率的比较

三种运作模式共有的激励机制就是报酬激励以及基金经理人为投资人利益最大化服务的信赖义务，区别在于契约型和公司制不可能把高达20%的利润作为代理人的激励报酬。因此激励效果没有有限合伙制那么强。有限合伙制中的普通合伙人承担无限责任，而公司制和契约型中的经理人承担有限的个人责任。

在运作成本方面，公司型基金存在双重纳税的问题，即公司必须交纳企业所得税，投资者从公司分配得到的利润也要交纳个人所得税。而在承认有限合伙制基金的国家，投资者就是合伙人，只需交纳个人所得税。因此，从投资者的角度来看，采用有限合伙制的税负比采用公司制基金的税负要低。另外，有限合伙的当事人可以通过协商在合伙契约中预先确定从投资中提取一定比例的金额作为日常经营管理的费用，因而其管理费是可以控制的；而在公司制下，投资者必须根据公司章程的规定行使股东权利，无法通过契约的安排来事先约定日常管理费用，因而公司的实际运作成本是十分高昂的。

从代理成本看，有限合伙制中，投资者作为有限合伙人，可以通过停止注资的方式和契约的安排有效制约普通合伙人的投资冒险行动。而公司制中，只有公司违反公司法规定的义务时才能承担责任，而且在所有权与经营权相分离的情况下，由于严重的信息不对称，公司股东也难以有效防范经营者的道德风险。

从激励机制看，有限合伙制形式可以促使风险投资家最大限度地发挥经营才干。而公司制形式中尽管可以通过年薪制、股票期权等制度加大对公司经理的激励作用，但还是很有限的。契约型私募基金在运作成本、代理成本和激励制度方面都优于公司型基金，但是，其在防范风险方面却不如有限合伙型私募基金有效。

契约型私募股权基金中的投资人分散会导致监督的"搭便车"行为；基金托管人对于基金有监督义务，但是实际运作中往往没有有效地贯彻；私募股权资本市场的信息高度不对称也会导致对经理人约束不足。总的来看，契约型私募股权基金经理人的激励和约束机制不强，因此在私募投资发达的国家和地区，很少有私募股权基金采用契约型。如表 7-2 所示。

表 7-2　　　　　有限合伙制与公司制、契约制比较

比较项目	合伙制	公司制	契约制
机构与资本的稳定性	稳定性相对较低	稳定性高	稳定性高
委托代理风险	存有一定的代理风险	公司制法人治理结构具有一定优势	激励和约束机制不强，存有一定的代理风险
收益与成本	选择、谈判、签约成本较低，管理费用在合伙协议中约定，便于控制	选择与谈判成本不高，管理费用不好控制，运营时需支付更多的分立制衡成本	收益成本有契约约定，便于控制
公司治理	普通合伙人为管理人，自主决策权大，可最大限度地发挥管理者的知识、技能与特长	权力分立与制衡可能牵制和约束管理人发挥	基金管理人自主决策权大，可最大限度地发挥管理者技能，但信息披露较为严格

续表

比较项目	合伙制	公司制	契约制
运作效率	资本运作形式灵活	提议、决策、执行与监督各有职能归属，有利于提高资本运作效率	资本运作不够灵活，对单笔投资有投资上限约束
税收	有不确定性	按机构性质纳税，确定性高。可享受税收优惠政策	信托作为有限合伙人，信托持有人税收相对确定

美国的私募基金，包括对冲基金与风险投资基金，最终都选择了有限合伙制。导致这一现象的原因在于，私募基金是一个严重依赖基金管理人投资技能的行业，基金经理人的道德风险是私募基金面临的最严重的风险之一，而有限合伙制能够较好地解决这个问题。从经济学角度分析，企业治理结构的有效性，取决于剩余控制权（right of control）和剩余索取权（residual daim）配置的对应（matching）程度。剩余控制权主要表现为企业经营管理的决策权，剩余索取权则主要表现为企业收益分配序列上的最后剩余，即利润的要求权。有限合伙型私募基金投资者通过适当的剩余索取权来强化激励机制，并将投资者的剩余控制权落到实处，强化了对私募基金管理人的约束机制。合伙制将继代理账户管理、信托计划之后成为私募基金运作的新模式。

第二节　PE 运作机制研究

一　美国私募股权基金运作机制

美国是当今世界私募投资业最为发达的国家。经过半个多世纪的发展，美国的私募股权基金虽然仍存在一些有争议的问题，但基本形成了一套比较科学、规范的运作机制。

（一）基金存续期为 7—10 年，基金经理的主要任务是在此期间把募集到的资金投到高成长性企业去，而后在基金的存续期内一般要周转两次，基金的寿命就结束了。私募股权基金作为资本投资，投资期间一般为4—5 年。在这一时期中，基金经理人的重点主要集中在寻找退出通道。

当变卖或收到利息收入及股息时，他们会根据惯例被立即分配给投资人。这样投资的预期就实现了。但是，大部分基金收入来自基金存续期的后半阶段。

（二）以有限合伙制为主要组织形式。私募股权基金主要有公司制、契约制和有限合伙制三种形式。经过数十年的摸索和发展，有限合伙制逐渐成为美国私募股权基金的首选模式，并得到逐步改进和完善。有限合伙制除了其自身具备的便于融资、控制投资者风险、保证一定的流动性等各种优点外，最重要的是可以避免双重纳税，保证该行业从业人员以及投资者享受高额的回报。美国有许多大型私募股权投资集团，每个集团旗下管理着多只风格各异、投资于不同阶段或区域的基金，大都通过有限合伙制来运行。

（三）养老金等机构投资者提供主要资本。养老基金是美国私募股权基金最重要的机构投资者。这保证了私募资金的充足，也说明私募股权基金在美国的地位之高和影响之大。养老基金作为社会保障的一部分，对于一般合伙人的选择相当谨慎，对其各项指标的要求相当高，从而促进和保证了美国私募股权基金的规范化运作以及良性竞争。

（四）投资热点由创业风险投资转向并购投资。私募股权投资在发展初期，是以创业风险投资的形式，小规模地将资金投向高科技新兴产业。美国计算机网络产业的崛起离不开创业风险投资的支持。而近年来，私募股权基金越来越多地将投资重点定位于发展中后期的企业并购投资，并购投资额占全部投资额的比重为50%—80%。

（五）投资于高成长性企业。高成长性被投资企业必须具备以下条件：企业产品有市场；有行业竞争力；企业装备水平要适当，不是最差也不是最好，装备过于先进经营成本就会加大；优秀的管理团队；良好的经营业绩；一定没有弄虚作假的经营记录。如何评估一个企业未来几年的投资价值，是选择高成长性企业投资价值的核心内容。在美国一般采用净现值的方法或期权的方法：考虑企业未来几年可能带来的现金流量，折现到企业判断其现在的价值是多少。这样可以促进企业能在4—5年内快速成长，私募股权基金也能顺利退出，达到双赢的目的。

（六）完善的资本市场成为其重要的发展推动因素。一方面，美国多层次的资本市场保证了私募股权基金的顺利退出。尤其是纳斯达克市场，是专门为创业风险投资顺利退出而开辟的二板市场。该市场已成为世界公认的高科技企业成长的摇篮，吸引了世界各国中小企业在此上市。另一方面，美国私募股权基金纷纷涌动上市潮。2007 年堡垒投资集团和黑石集团上市后，接着 KKR 和凯雷集团也都向美国证交会提交了上市申请，并先后获得上市。标准普尔以北美、欧洲和亚太地区 30 家符合规模、流动性、信息披露以及活跃性要求的上市私募股权投资公司为样本，编制了标准普尔上市私募股权指数（The S&P Listed Private Equity Index）。

二 美国私募股权基金运作机制的启示

了解美国私募股权基金的运作特点和操作手段，以及对其风险构成和来源进行研究分析，对我国发展具有市场竞争力的私募基金有很好的借鉴意义。处于规范发展初期的中国私募基金行业应该也必须借鉴国际先进资本市场的经验和教训，从而选择便捷高效的道路奠定私募基金长远发展的基础。

（一）我国私募股权基金可以采取有限合伙制

经过几十年的探索，现在国外的私募股权基金普遍采取的是有限合伙制，有限合伙制把公司制的优点和合伙制的优点很好地结合起来，而且使基金管理人的责任和他的权力相对称，对基金管理人来说既有极强的诱惑力又有巨大的压力，追逐最佳管理和利润最大化将成为他们的唯一目标，而且经过实践证明，有限合伙制也的确是运作私募股权基金最好的形式。新修订的《合伙企业法》已于 2007 年 6 月 1 日实施，在我国设立有限合伙制已没有法律上的障碍，资产管理公司如组建私募股权基金可以采取有限合伙制。

（二）我国私募股权基金应建立优秀的管理团队

在有限合伙制的私募股权基金中，基金管理团队是普通合伙人，其对合伙企业享有全面的管理权并对企业合伙债权承担无限责任，可见管理团队在私募股权基金运营中起着非常重要的作用。美国有一家研究机构曾经对私募股权基金运营成功的因素做过调查，研究发现管理团队的技能、管理团队的稳定性、管理团队的动力、基金投资策略、基金结构、外部确认以及整体配合在成功因素中所占的比重比较大，分别为 30%、10%、10%、15%、10%、10%、15%。可见经营私募股权基金核心在管理团队，它在成功因素中所占比重达到了 50%，包括管理团队的技能、稳定性和动力。而管理团队的技能又包括管理团队在私募股权基金方面的运作经验、在产业部门工作的经验、在不同国家和地区工作的经验，管理团队的稳定性则包括管理团队的凝聚力、历史业绩稳定性、规划的连续性、财务上的稳定性，管理团队的动力在于对管理团队的激励措施。

（三）我国私募股权基金应选择优质项目进行投资

选择项目的好坏将会直接影响到私募股权基金的投资收益，将会直接影响到基金管理者的投资业绩，这也将直接影响到基金下一期资金的募集。每个私募股权基金在选择项目上都有自己的一套标准，都有自己的投资策略，但一般都会选择那些处在成长期和成熟期的企业，选择那些市场占有率高、行业竞争能力强、发展潜力大、装备水平和管理者素质高的企业，选择那些资产在 2000 万—5000 万美元的企业。2005 年，聚众传媒是中国最大的户外平面广告网络运营商，对于一般的投资者而言，很难想象如何进一步对聚众下手，但是凯雷集团在投入 1950 万美元拥有其 30% 股份之后，鉴于对成本协同效益和增进市场地位的先进意识，凯雷促成了聚众与它的唯一一竞争对手——分众传媒的合并，创造了中国最大的私有媒体企业，结果在这个高增长空间迅速创造了中国最强的平台，合并后的分众传媒显著增加了它的商业网络，能够为广告客户提供更加细分的受众市场。现在分众媒体是中国最大的媒体上市公司，拥有 40 亿元的市场资本规模。由此可见，理念、经验、实力决定着创造机会与把握机会的能力，国内投资企业应借鉴美国私募基金发展模式，我们的私募基金应该努力开发优质客户，把目标集中于具备较强经济实力和优秀投资理念的核心客户，并力争开展长期合作。

（四）我国私募股权基金要培养良好的公信度

直观地讲，"私募股权"的概念是与上市公司相对而言提出来的。上市公司在公开募股之前通过严格的法律审查程序，它相当于公司中的"政府"——尽管问题不断，但总的来说具有较高的公信力，而成为相对"安全"的投资平台，便于公众参与及企业与公众之间的互动；而私募股权则只有依靠一般合伙人的信用（大多数情况）、高收益和良好的宏观经济环境而维持，完全是在市场的风浪中挣扎。因此，在金融管制相对严格、投资偏好相对保守、市场发育不够完善的新兴市场中，本地的私募股权投资并不盛行，也很少有人愿意承担普通合伙人必须承担的连带责任。在美国的凯雷集团，通过引进特殊人物，使该公司的公信力大增，知名公众人物成了私募股权企业的品牌，在很大程度上解决了公信力的问题。如果一个公司聚集了像美国前总统布什、英国前首相梅杰、菲律宾前总统拉莫斯、美国证券交易委员会前主席亚瑟·莱维特（Arthur Levitt）和中国原证监会主席刘鸿儒及日产汽车前副董事长伊佐山建志（Takeshi Isaya-ma）等人物，它的年报当然有理由认为其职业投资人能够从众多高级顾问中吸取经验。由此推断取信于公众，并依靠大人物的公信力完成由私募为"公募"的转变当非难事。在目前的中国，人们还是更加相信政府机构，更加愿意从事有限责任公司的投资，承担有限的责任。由此推论，我国的私募股权基金，发起及最终承担责任的普通合伙人最好是大型国有企事业单位。

我国私募股权基金的发展受本国资本市场、法律环境等基本国情的制约，我们唯有吸取其他国家及地区可借鉴的经验和方法，在考察私募股权基金自身特点的同时结合我国国情，避免其负面作用的扩大，控制发展私募股权基金在我国可能产生的新问题，谋求具有中国特色、符合实际情况的发展路线。①

三　我国 PE 运作机制选择

（一）我国私募股权基金投资策略的选择

在私募股权基金投资的过程中，往往存在着较大的风险。私募股权基金的管理者根据基金以及企业项目具体情况的不同，会采用不同的投资策略，以降低投资风险。

1. 联合投资

联合投资，即所谓辛迪加投资，是指一个私募股权基金与其他私募股权基金携手共同投资于一个受资企业。这样做的好处是创业家可以得到更多方面的经验、更广泛的联系和更大的资金实力，进行较大的交易。因为私募股权基金在遵循组合投资的前提下，通常会有在某一单个交易上的资金占公司总资金量的比例限制。通过联合投资的方式，私募股权基金在一家企业中只需投入相对较小的资金量。这一方面分散了它们的风险，另一方面也给风险企业带来了更多的管理和咨询资源，而且为风险企业提供了多个评估结果，相互印证，降低了评估误差。此外，还可以为不同地区的

---

① 赵丽娟：《我国私募股权基金发展及运作机制研究》，硕士学位论文，武汉理工大学，2008 年。

私募股权基金提供更多的机会。如果一个较好的项目不在私募股权基金所在地，那么就不便有效地进行监控和管理，若与当地的私募股权基金联合投资，就可以委托其监管，较好地解决这一问题。因此，私募股权基金寻找行业策略伙伴组成辛迪加投资于企业，也是私募股权基金的一项基本投资战略。

2. 多元化投资

多元化投资包括投资对象时段多元化、属性多元化和期限多元化等。

（1）投资对象时段的多元化。这是指投资通常是个逐步的过程，最初只是用少量资金进行试探性投资，如果实践证明可行，再追加投资。随着企业生产规模的扩大，盈利水平的提高，可进一步加大投资规模。这样运作的理由是：在投资之初，私募股权基金与企业的经营者相比，在了解掌握企业家的经营才能、投资项目的收益和风险情况等方面，存在严重的信息不对称。针对该问题，私募股权基金一方面要利用充分的权利来更换经营者，另一方面在发现企业经营不佳时，及时中断投资。这样可以构成可置信威胁，限制了企业家在传递个人和企业信息时的不诚实行为。这种投入方式往往对企业也是必要的，企业每次融资的金额不能太少，但也不能太多。释放太多的股份，就会使之后进一步融资的股份释放空间缩小，将来股票上市的数量也因之减少。同时投资多个阶段：分别投资于创立期、成长期和扩张期多个阶段的企业，而不是只投资一个阶段的企业，使资金回收期能间隔交替，而不是集中在某一阶段回收，避免因为股票市场不景气而无法套现资金。但能够投资多个阶段、多个行业的一般只有那些享有盛名、经验丰富的私募股权基金才能做到。

（2）投资对象属性的多元化。资本的风险——收益遵循"大拇指定律"，即如果发现资本一年投资 10 家高科技创业公司，会有 3 家公司垮掉，另有 3 家公司停滞不前，还有 3 家能够上市，但可能只有 1 家给投资者以巨额回报，它就成为"大拇指定律"中的"大拇指"。根据这一经验规则，我们可以知道，投资的失败率是极高的。集中在一两家企业投资，无法分散风险，很可能会使投资付之东流，全部无法收回。而组合投资的多家企业中只要有一两家成功了，其巨额回报往往就可抵消失败所造成的损失。

（3）分期投资。分期投资是私募股权基金中一个控制风险的重要手段，它是根据风险企业发展过程的五个阶段来相应投入。五个阶段分别是：种子期、创立期（启动期）、成长期（发展期）、扩张期和成熟期（退出期或过渡期）。企业根据发展过程中的资金需求来分段融资，分段融资带来了股份的稀释和股价的变化。投资方和企业各自的股份也在每一次分段融资中发生变化。企业在五个阶段处于不同的发展状态，每一阶段企业融资的目的和主要工作以及每一阶段相应的投资风险、预期收益率、投资工具、投资年限简述如下。

第一，种子期。这一阶段的产品和经营方式还是停留在一个概念和计划阶段，这时投入资金往往风险很大，设计的产品可能无法生产，产品成本太高，产品开发延迟，而外部的风险有：市场潜力不够，技术发展迅速而淘汰新产品。这一阶段通常由创业家自筹资金，如用个人积蓄、向朋友借款等。当项目的发展确实需要私募股权基金的支持时，私募股权基金会投入少量资金，而要求很高的预期回报如年收益率60%以上，这一阶段的私募股权基金主要用于产品开发改良，或是试生产，完善业务计划，组建一个由各方面专家组成的管理层。

第二，创立期（启动期）。这是企业开始生产运作，但投资风险依然很高，如产品性能不佳，管理层无法吸引人才，资金消耗过多，销售量不够；外在风险是潜在市场份额不够，竞争者领先占领同类产品市场。这一阶段的私募股权基金通常以优先股方式投入，预期收益率要求为40%—60%，资金主要用于策划市场营销、试探市场竞争状况。这一阶段可能有一些顾客试用产品，但没有销售收入，费用开始增加。

第三，成长期（发展期）。这一阶段产品开始销售，但尚未盈利，投入资金的风险依然很高，可能会出现创业者管理能力不够、制造成本过高、财务控制等内部风险。外部风险可能是产品竞争力不够，市场增长缓慢，企业营销策略错误，新产品、新技术出现。这时的投资方式可以是优先股或有担保的债务，私募股权基金的资金主要用于提高市场占有率，购买更多设备，扩大生产力以求规模效应。

第四，扩张期。此时开始产生盈利，但现金流量少，风险已下降，内部风险可能是管理不够规范，无法适应扩大了的企业的规范运作，盈利不足以支持企业继续扩大。外部风险可能是预料之外的竞争者出现，市场需求衰退。此时投资方式可以是普通股和债务，用来稳定利润、增加流动资金、加强营销、产品升级换代、维持销售和盈利增长。

第五，成熟期（退出期或过渡期）。此时企业快速成长，接近饱和状态，投资风险较低，但仍有可能会有管理者流失、财务控制失当的内部风险和市场增长率降低、公司上市受阻的外部风险。过渡期的资金为了维持盈利状况，等待时机准备上市或转售给其他投资者或让其他企业来兼并，或部分变现前期投资、调整股权结构和管理者的股份。表 7 - 3 对不同阶段的投资风险高低、内外风险的比例和投资目的、投资工具、投资年限以及预期收益率做了对比，一目了然。

表 7 - 3　　　　　　　　　分段投资的风险分析和比较

阶段	风险	内部风险（相对比例）	外部风险（相对比例）	控制风险方法
种子期	极高	设计的产品无法生产，开发延期，产品成本太高	市场潜力不够，技术发展迅速淘汰新产品	严格跟踪业务计划的执行
启动期	很高	产品性能不佳，管理层无法吸引人才，资金消耗过多，销售量不够	潜在市场份额不够，竞争者抢先占有市场	分段投资
发展期	高	创业者管理能力不够，制造成本高，财务控制不力	产品竞争力不够，市场增长缓慢，策略错误，新产品、新技术出现	多元化
扩张期	一般	无法规范管理，盈利不够	预料之外的竞争者出现，市场需求衰退	联合投资
成熟期	低	管理者流失、财务控制失当	市场增长率降低、上市受阻	投资多个阶段

资料来源：聂毓晨：《我国私募股权基金运行机制研究》，硕士学位论文，天津财经大学，2009 年。

第三节　国内外 PE 运作模式机制特点比较研究

一　目标市场选择比较

国外 PE 投资中国主要选择上市公司，注重并购投资和控股权，如新桥资本并购深发展、凯雷并购徐工科技、贝恩并购国美等，因为这些公司治理规范、财务制度健全、业绩有保障、信息较透明等。而国内 PE 主要选择未上市公司进行投资，具有代表性的有两种类型。一类是脱胎于中金公司直接投资部的鼎晖投资基金管理公司（下称"鼎晖"），另一家是联想控股下的弘毅投资公司（下称"弘毅"）。两者虽然在资金来源上形态接近，但是在细分市场上仍有差异：弘毅专注并购投资，鼎晖更多的是成长性投资；弘毅多数项目是投资在国有企业，鼎晖在新型民营企业市场上叱咤风云；弘毅重视控股权，鼎晖更多的是参股投资。虽然二者目标市场选择各异，但都取得了骄人业绩，说明中国投资市场存在着差异化和梯度性，这是各类 PE 共存共荣的基础。

二　操作方式比较

中国 PE 的操作方式主要是把一个未上市的公司做成上市公司，然后通过上市、并购、回购等方式退出。但是在国外，特别是西方发达国家，很多时候会把上市公司做成私有公司。主要是因为国外 PE 投资种类繁多、发展成熟；目标企业尤其是优势目标企业稀少，竞争激烈，成本较高；最重要的是国外 PE 有一个优秀的管理团队，这个团队有着丰富的企业管理经验，这是国外 PE 投资成功的根本保障。

国内 PE 最缺失的恐怕就在这里，再加上环境、文化上的差异，导致国内外在 PE 操作方式上的迥异。

三　收购方式比较

国外 PE 绝大多数采用杠杆收购，即以较少的自有资金获得较多的目标公司股权，收购方仅以少量自有资金，主要依靠债务资本收购目标公司的股权。这些债务资本多以被收购公司资产（包括现有资产和将来的现金流等）为担保而得以筹集，债务和借贷利息将通过被收购公司的未来现金流支付。

国内 PE 大多采用非杠杆收购（仅以 PE 募集资金为限）。中国私募股权基金做的杠杆非常少，有一部分原因就是放贷的市场不够，而在西方杠杆融资的渠道是非常多的。全球新兴市场股权投资基金协会主席罗杰·里兹具体分析说，"像在西方发达国家，很多公司的并购其实都是用借来的钱完成的。当然这样的运作，在经济形势好的时候就很容易做到，但是在市场萎缩的情形下，这种杠杆就不好运作了。这是中国与西方在 PE 操作中的另外一个很大差别"。[1]

---

[1] 　熊国平：《关于我国发展私募股权基金的思考》，《金融与经济》2010 年第 3 期。

四 管理制度文化比较

国外 PE 按通行的游戏规则,要与被收购公司的管理人员签订"魔鬼协议"(对赌协议)。所谓"对赌协议",就是指投资方与企业对于未来不确定情况的一种约定,其本质即是"价格回补机制",是一种带有附带条件的价值评估方式,实际是期权的一种形式,激励目标企业管理层在最短时间内完成最少资本撬动最大收益的过程,再用最大的收益包装上市,从而打通私募基金的退出通道。被投企业若达到规定目标,则 PE 向其支付股份或者现金激励,达不到,则被投企业需向 PE 转让股份或现金本息,甚至是控制权。签订对赌协议是投资者锁定风险的自我保护约定,一般作为主协议的补充。

而国内 PE,并非都签订"对赌协议",有时是与被收购公司的管理人员缔结"婚约",结为"合法夫妻"。例如 2006 年,弘毅投资在收购先声药业的签约仪式上,弘毅的掌门人——赵令欢发言道:"弘毅和先声是一场恋爱,我们是合作伙伴,不是收购与被收购关系;先声管理层能力很强,弘毅依靠他们实现共赢。"[1] 在弘毅投资国企的案例中,都没有签订"对赌协议"。弘毅只需做关键的几件事:一是让核心经理层持股;二是改变原有管理体制,建立新的决策、激励机制;三是帮助企业融资,改变债务结构,把短债改为长债、把高息债改为低息债,或上市融资;四是帮助企业走向国际市场。这是国内 PE 的金融创新或"制度红利"。

五 投资理念比较

国外 PE 投资多为农夫型,注重长期价值,而国内 PE 多为猎人型,注重短期利益。农夫型 PE 会在成长前期进入一个企业,参与度很深,尤其在公司治理结构、财务框架的搭建方面都会给企业专业的指导,相当于"种植"一个企业,持股时间一般比较长,股票上市之后也未必退出,拿几十年的都有。中国本土 PE 大部分是"猎人型",一般在企业 IPO 之前才会进入,纯粹的财务投资,打一枪是一枪,企业上市后一般迅速退出。

---

① 舒天忙:《弘毅投资先声药业案例分析》,硕士学位论文,清华大学,2006 年。

此点说明：一是中国本土 PE 不成熟，还处在初级阶段；二是缺乏这方面的专业人才和管理经验。

第四节　我国 PE 运作模式、机制创新研究

一　PE 运作模式创新

目前，国内 PE 过于追求功利化，"短、平、快"的发展模式，加剧了市场竞争和金融系统的稳定，不利于长远的发展。重庆市应从注重整体、顶层与长远设计的角度，系统构建"长、层、稳"（即长期性、层次化、稳健型）的新型 PE 发展模式。立足目前，着眼长远，循序渐进，可持续发展。在运作模式上，应大力发展 FOF、PEFOF、"有限合伙制＋公司制＋信托制"的 PE 运作新模式，实现猎人型向农夫型的转变。

（一）PEFOF 的运作模式

目前，在我国私募股权市场以外资 PEFOF 为主。自 1995 年到 2005 年，在中国从事 PEFOF 业务的国际私募股权投资机构屈指可数，而在 2005 年之后，进入中国市场的外资 PEFOF 频繁出现，且在不断增加。据调查显示，截至 2011 年，在中国设立代表处的外资 PEFOF 有十余家（见表 7－4）。这些外资 PEFOF 多以老牌 PEFOF 为主，拥有雄厚的资金和丰富的基金管理经验，主要投资于在中国市场上活跃的顶级外资 PE 基金管理人。

表 7－4　　　　部分进入中国市场的外资 PEFOF

公司名称	进入中国时间	中国代表处所在地	针对亚洲基金个数	针对亚洲基金规模（百万美元）	所投中国市场上的基金
磐石基金	1992	北京	6	2000	KKR 亚洲、霸菱亚洲投资基金、弘毅投资、TPG 新桥、德同资本等
艾德维克资产管理公司	1998	北京	2	226	N/A

公司名称	进入中国时间	中国代表处所在地	针对亚洲基金个数	针对亚洲基金规模（百万美元）	所投中国市场上的基金
璞玉投资管理公司	2005	上海	1	150—200	N/A
AsiaAlternative Management LLC	2006	北京	2	1465	鼎晖、弘毅、今日资本、赛富等
Squadron Capit	2006	香港	2	700	弘毅等
尚高资本	2007	上海	2	1610	软银中国创业投资基金、智龙基金、中信资本、德同资本等
霍斯利·布里奇	2007	北京	3	2070	赛富、光速创投、金沙江等
合众集团	2007	北京	N/A	N/A	鼎晖、弘毅、今日资本、软银中国、IDG、联创、赛伯乐等
摩根凯瑞资本	2008	北京	N/A	N/A	N/A

资料来源：清科研究中心，2010 年 2 月，www.zero2ipo.com.cn。

　　外资 PEFOF 的运作管理主要有基金投资、二次基金份额转让投资和直接投资三大业务，这三种投资渠道相互融合，产生了多种多样的投资方式（见图 7-3）：（1）PEFOF 通过投资组合投资于不同的私募股权基金，依赖所投组合基金的退出收益获取报酬；（2）PEFOF 和其他基金合作，进行直投，这种方式更加接近企业，对企业有了更深的了解；（3）PE-FOF 直接投资于企业，借助基金本身的专业优势为企业提供增值服务，从而获得增值收益和股权收益；（4）PEFOF 进行二次市场投资，通过买断部分投资人持有的基金权益，实现对私募股权基金的间接投资；（5）投资二级市场，通过买断投资人的项目权益，实现对公司或项目的直接投资。

　　基于三种投资渠道的特色。外资 PEFOF 通常借助自身的全球优势。对一级基金项目、二次基金项目和共同投资项目进行整合，实现了资源的互补和效益的最大化，从而确保了投资者的利益。

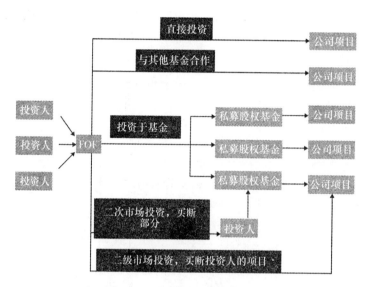

图 7 - 3　FOF 常见投资方式

　　资料来源：张佳立、负晓哲：《人民币私募股权母基金（PEFOF）市场化运作模式初探》，《经济与金融》2011 年第 8 期。

　　目前，我国本土从事 PEFOF 的主要是政府引导基金和社保基金，资金来源比较单一。现在欧美国家 PEFOF 市场已经非常成熟，其投资人主要是保险公司、养老金、银行、金融机构等大型机构投资者，这也是中国 PEFOF 市场未来的发展趋势。随着我国 PEFOF 市场的发展，政府和国有企业、社保基金、养老基金、商业银行、证券公司、保险公司、大学基金等拥有庞大资金的大型机构可以借助在中国设立的外资 PEFOF 组合投资中国私募股权市场。作为基金管理人的外资 PEFOF 虽然拥有丰富的投资和管理经验以及专业团队，但外资 GP 在中国境内设立并募集人民币基金时还存在很多障碍，主要是缺乏相关法律法规的支持。和外资 PEFOF 基金管理人相比，本土的基金管理人虽然具有独到的环境和文化优势，但也存在专业化程度不够和合格的本土 PEFOF 基金管理人数目有限等缺陷。

因此，应把外资 PEFOF 和本土 PEFOF 结合起来，以促其共同发展。①

综上所述，母基金作为基金的基金，从产业链的角度来看，处于基金金字塔的顶端，是金融市场全新的投资工具，具有投资顶级基金、分散风险、解决信息不对称的优势。随着我国 PEFOF 市场的逐渐完善，其将为投资者提供一种全新的资产投资方式。因此，应积极推动我国 PEFOF 市场化运作模式建设，使国有企业、银行、社保基金等大型机构以及民企、富有个人都参与到 PEFOF 领域中。

（二）"有限合伙制 + 公司制 + 信托制"的 PE 运作新模式

该模式即在采纳有限合伙制为基本组织形式的前提下，将公司制有限责任结合有限合伙企业中普通合伙人无限责任，由公司（非国企、上市公司等）担任有限合伙制私募股权基金中的普通合伙人，同时吸引投资者作为有限合伙人加入有限合伙企业。同时有限合伙人又可以结合集合信托计划的设计进一步降低投资者风险，也为普通合伙人提供投资途径，更好地将自己的利益与其他投资者利益加以捆绑。

有限合伙制私募股权基金投资设计简述：2 名自然人甲、乙设立投资公司 A 之后借信托机构发行集合信托计划，向部分意向投资者定向私募，可以通过优先受益人与次级受益人等获得保底受益，根据 2007 年 3 月 1 日实施的《信托公司集合资金信托计划管理办法》，"信托公司推介信托计划时不得以任何方式承诺信托资金不受损失或者以任何方式承诺信托资金的最低收益"，但并未限制由一方受益人对另一方受益人提出的保本及最低收益的保证，可以由甲、乙提供个人财产为其他意向投资者的保底收益提供担保，由信托计划受托人作为有限合伙企业的有限合伙人承担有限责任（为意向投资者的投资收益提供双重保障），而投资公司 A 作为普通合伙人承担无限责任。普通合伙人与有限合伙人之间的企业经营关系根据双方商业谈判结果确定（如普通合伙人可让渡部分经营决策权给有限合伙人，或设立投资决策委员会甚至外聘投资顾问进行投资决策分析等）。经营方向设定为股权投资，主要为未上市企业股权投资。上市退出后分配顺序可设计为：有限合伙中的投资公司 A 作为管理人提取"管理年费 + 浮动报酬"后，普通合伙人与有限合伙人按出资或约定分配收益，而集

---

① 张佳立、负晓哲：《人民币私募股权母基金（PEFOF）市场化运作模式初探》，《经济与金融》2011 年第 8 期。

合计划受托人作为有限合伙人分配收益后优先分配给优先受益人，剩余利益分配给次级受益人，如图 7-4 所示。

　　总之，我国私募股权基金可在许可条件下采纳有限合伙企业形式作为承载，考量具体商业情况，并结合信托制、公司制等形式以打造最优架构设计，① 如图 7-4 所示，以获得最佳效益。

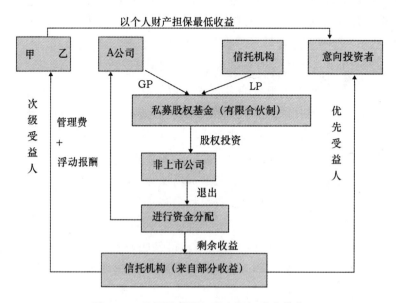

图 7-4　我国私募股权基金组织形式优化

二　我国 PE 运作机制创新

　　我国 PE 运作机制创新应着重构建以五个导向为核心的五种动力新机制，即以政策导向为核心的进入动力机制，以产业导向为核心的投资动力机制，以激励约束导向为核心的风险企业培育机制，以市场导向为核心的退出动力机制，以及以行业自律导向为核心的监管动力机制。在进入、投资、企业培育、退出和监管动力机制上，依次释放金融资源、提高投资效率、注重制度创新和价值创造、有重点地建设多层次资本市场、由行政监管逐步过渡到行业自律等方面的金融创新。

---

　　① 赵丽娟：《我国私募股权基金发展及运作机制研究》，硕士学位论文，武汉理工大学，2008 年。

（一）以政策导向为核心的进入动力机制

在引导资本流入私募股权基金的过程中，政府必须将自己的职能定位为"引导"，发挥政策作用，而不是"主导"，不能进行行政干预。具体的引导措施可通过以下几方面进行。

1. 放宽现有主流机构的准入限制

在法律和政策层面，政府应扫清制约主流机构进入的法律障碍，使主流机构能够参与私募股权基金。同时，应该制定合格投资者的门槛，放宽主流机构的准入限制。在实施过程中，政府要把握好主流机构的准入步伐，先放宽保险、证券、社保投资私募股权基金的限制，然后放宽银行投资私募股权基金的限制。对于银行投资私募股权基金，制定的门槛必须高于前面机构的标准，除了指定银行投资资产配比比例外，还应要求银行设置最高的风险资产计量权重（如其权重 100%）、要求有严格的资产损失拨备率、控制其投资私募股权基金的类型。

2. 允许主流机构发起设立和管理私募股权基金

在发展到一定阶段后，主流机构的投资理念成熟、投资经验丰富时，允许其发起设立和管理私募股权基金。因为私募股权投资流动性差、风险高，所以由主流机构根据自身要求，选择符合自己投资风格的项目，自主进行投资决策，以便对资金流动做出合理规划，是合乎情理的。

3. 鼓励和支持民间资本以机构投资者的身份进入

目前，国内存在大量地下私募资金，对于这些资本，政府可以通过鼓励、支持措施，例如在资金上给予财政补贴、政府贷款或部分贷款担保等方式，引导其流入私募股权投资平台，这既能拓宽民间资本的增值渠道，同时也拓宽了私募股权基金的资金来源，又为企业的发展提供了动力。但是，在引导过程中，要认识到这些资本的短期性，必须辅以投资理念的培训。

通过进入动力机制，我国私募股权基金就会拥有最广的融资渠道——中国的主流机构，同时拥有具有成熟投资理念的机构投资者。

（二）以产业导向为核心的投资动力机制

国家应根据私募股权投资基金的类型鼓励其投向不同的行业、不同的产业，使投资形式呈现多样化，促进本土中小企业的发展。私募投资基金和创业（风险）投资对于促进中小企业的融资和发展，加快技术创新都起到了一定的作用。但近年来随着私募投资基金的规模越来越大，更多的私募投资基金涌向了大额并购和企业上市前投资等高利润领域，真正从事促进中小企业发展的资金并不多。因此，不应该对所有的创业投资企业都一概而论、都给予税收优惠、都要求政府扶持。要区别对待从事大额并购业务的外商投资创业企业和从事中小企业投资的创业投资企业，按照市场竞争为主、政府适当政策扶持为辅的原则，正确引导私募股权投资基金的投资方向，为广大中小企业开辟广阔的融资渠道。具体地说，鼓励创业投资基金更多地投向高科技行业，以推动国家创新型企业和行业的发展，因为它们能有效地识别风险，对风险的判断力、控制力和承受力都较强。而对风险承受力相对较低的产业投资基金，它们更偏好投资于风险较低的传统行业尤其是房地产业和服务消费行业。应鼓励其投资于企业的扩张期，因为即将上市的企业规模较大，所需资金量高于成长期企业，而且即将上市和已上市企业的投资风险小，被私募股权基金投资可以分散基金整体投资组合的风险。

（三）以激励—约束导向为核心的风险企业培育机制

私募股权投资体现了一种委托——代理关系，私募股权投资基金中的投资者作为委托人与基金管理者作为代理人二者之间普遍存在信息不对称及信息不完全，这就为代理人道德风险的存在提供了空间。因此，要想避免私募股权投资的内部人控制，克服信息不对称，防止道德风险的发生，就要在基金内部建立有效的激励——约束机制，以实现基金经理的权利与责任的统一。可以从激励机制和约束机制两方面进行分析和研究。

1. 激励机制的设计。有限合伙制的普通合伙人出资很小的比例，行使合伙事务执行权，负责企业的经营管理，承担无限连带责任，他们都应是具有良好投资意识的专业管理机构或个人。他们拥有绝对控制权，负责寻找投资机会，发现具有投资价值的项目并做出投资决定，每年要提取全部基金的2%作为管理费，如果达到了最低预期收益率，还要提取全部利润的20%，即资本增值部分的提成，被称为附带权益。私募股权基金运作的成败完全取决于普通投资人的能力，因此设计有效的激励机制，是把一般合伙人的奖励与他们所创造的价值挂钩，从而激发基金管理人的积极性，不仅能给基金管理人带来巨大收益，也能给投资者带来巨大的利益。

可以按照国际惯例，制定具体的业绩报酬获取条件及标准。普通合伙人的报酬主要来源于基金管理费和业绩佣金。可以规定在普通合伙人获得业绩报酬前，基金需要首先偿付有限合伙人的出资，也可规定基金必须先向有限合伙人返还管理费，还可设定最低收益率，通常为 5%—10%。只有达到了最低收益率，普通合伙人才可获得业绩报酬。另外协议也可规定，必须首先偿付有限合伙人的原始资本、管理费及以全部投资额为基数按比例计算的优先收益后，普通合伙人才可获得业绩报酬。之后，基金的普通合伙人可以得到基金总额 2%—4% 的年度管理佣金和相当于基金净收益 20% 左右的利润分成，即业绩报酬（有时可达到 25%—30%）。另外，允许资金提供方分阶段投资，保留放弃投资的权利，以确保企业向私募股权投资公司变现所有投资的股权，确保一般合伙人向有限合伙人返还所有资本金和收益。通过制定上述激励措施，基金管理人有动力凭借自身的资本聚合优势和资源整合优势，对项目公司的战略、管理、市场和财务进行全面的提升，使企业的基本面得以改善和优化，使企业的内在价值得到有效提升，最终获取长期资本增值收益。

2. 约束机制的设计。私募投资基金管理中约束机制的建立也是促进私募投资基金健康发展必不可少的一环，从而可以对私募基金经理人进行有效约束，以降低道德风险及逆向选择发生的概率。

（1）规定有限合伙型私募股权投资基金投资者人数与投资额的下限，禁止以规避法律的方式由一人出面的联合投资。应当考虑私募股权投资基金投资者的风险承受力，规定自然人投资额的下限和机构投资者投资额、净资产收益率的下限。

（2）为了强化基金经理的责任与参与程度，应当规定，有限合伙型私募股权投资基金中普通合伙人的投资额必须在基金总额中占有一定的比例，以避免私募投资基金内部利益主体的缺位，以防范内部人控制及内幕交易等违规行为。比如，基金管理者要持有基金 2%—5% 的股份，一旦发生亏损，管理者拥有的股份将优先被用来支付参与者，使私募投资基金的发起人、管理人与基金形成一个荣辱与共的利益共同体。

（3）规定有限合伙型私募股权投资基金的借款融资的数量应有一定的限制，并明令禁止银行贷款及风险承受能力较低的社会资金投向私募股权投资基金，来避免由于信息不对称导致的道德风险和逆向选择问题，以形成外部约束，防止信用风险的发生。

（4）严格限制基金管理人的主体资格。提高合格基金管理人的要求，将一些管理经验不足、技术水平欠佳、资信不高的基金管理者拒之门外。同时，在相关法律中可引入民事赔偿制度，对因基金管理人的欺诈、作假等犯罪行为或明显过失导致的损失，投资者可提出民事赔偿要求，以最大限度地保护投资者利益。

（5）有限合伙型私募股权投资基金对内应强化内部组织管理，建立公司投资者（股东/有限合伙人）的有限责任保护制度与以股东大会为中心的公司治理结构，建立有效而可控的风险准备金制度，对外定期向投资者披露信息，以增加透明度。[①]

（四）以市场导向为核心的退出动力机制

国外私募股权基金的发展经验表明，多层次资本市场为私募股权资本提供了多元化的退出渠道，是其流动机制的重点，对私募股权基金的发展起着关键作用。因此，有重点地建设我国多层次资本市场，为私募股权资本的退出提供动力，是加快中国私募股权基金发展的迫切要求。我国除积极推进企业到国内主板、创业板上市外，重点建设两个层次的场外交易市场。

1. 建立合格投资人的场外交易市场。我国可以建立电子报价系统的场外市场，在区域性柜台市场建设、发展的基础上，使之与目前资本市场较低层次的股份代办转让系统衔接，建立统一互联、分散做市的现代场外交易市场。也可通过国际合作的方式，将国内的产权交易引入国际资本市场，将境外产权转让引入国内市场，在全球范围内进行企业产权的流转服务。

2. 完善国内的产权交易市场，放松对交易企业上市的股权分割的限制。应该允许现存的产权交易市场把所上市的企业、交易的企业进行股权分割，而不是必须整体转让。现在 200 份以下不算公众公司，那么在产权交易市场上交易的企业就可以做适当的细分，以是否超过 200 份为分界线，如此把股权细化了，投资竞价的人多了，企业就可以卖出较高的价格，使资本退出更顺畅。

（五）以行业自律导向为核心的监管动力机制

该机制就是要把行业自律与政府监管有机地结合起来，在规章制度上，政府要针对不同的资本市场层次，制定严格的信息披露制度，加强监管，完善相关法律法规。与主板市场、创业板市场相比较，场外交易风险

---

① 颜琭：《我国私募投资基金的运作机制及监管对策研究》，硕士学位论文，天津财经大学，2008 年。

比较高，投机性比较强，要实施更加严格的监管，并大幅度提高信息披露标准，提高信息披露效率、质量。同时，加强惩戒机制建设，增加市场违规成本，提高市场内公司质量，从而源源不断吸引新的优良公司资源。①行业协会主要是对会员进行统一的行业自律管理和监管。

---

① 祝荣标:《私募股权基金流动机制研究》，硕士学位论文，厦门大学，2009 年。

第 八 章

PE 投资中的决策方法模型研究

随着我国高新技术产业的发展以及 PE 的蓬勃兴起，PE 投资公司必然成为科技型中小企业的重要融资平台。传统的投资决策方法忽略了管理不确定性的机会价值，难以适用于科技型中小企业的价值评估。近年发展起来的实物期权方法则能较好地评估不确定条件下产生的投资机会价值，本章的目的就在于解决评估投资科技型中小企业机会价值的难题。

研究发现，投资科技型中小企业中存在扩大期权、放弃期权、延迟期权、转化期权等几类较为显著的实物期权，几类期权交互影响构成复合实物期权。根据本章构建的复合实物期权投资决策模型并进行实证分析，结果表明，复合实物期权价值与各个单独的实物期权价值之间不存在简单的线性关系，不能以单个实物期权价值简单地相加减来衡量复合实物期权价值。研究结论同时表明，风险投资中灵活性管理是有价值的，灵活性管理价值通过实物期权价值体现出来。风险投资项目价值 = NPV + ROV，即风险投资项目价值由可产生稳定现金流资产的净现值收益与实物期权价值构成。

第一节　PE 投资传统决策方法研究

PE 投资决策是一门艺术，在投资评估中确实有很多不可量化的因素，这就需要风险投资家根据自身所具备的知识和经验进行判断。当然，投资决策中也有很多可量化的因素，比如资本预算决策就比较复杂，通常要求精算师们通过财务工具的使用反复计算才可能得到有效的决定。传统的投资决策方法如内部收益率法、回收期法以及 NPV 法被广泛应用，而且这类方法在财经类课程中以主导方法出现。另外，在投资决策中，由于涉及决策因素的不确定性以及所掌握信息的不全面性和有效性，通常要求决策者在不确定条件下评估投资机会。在现有的学术研究及实际应用中，常用的方法有：将定性因素与定量因素综合考虑的模糊综合评价法、灰色关联分析评价法、层次分析法、因素分析法等；以获利能力为主的NPV法、内部收益率法，以及决策树分析、敏感性分析法等。笔者主要介绍其中的模糊综合评价法、现金流折现法和决策树分析方法。

一　模糊综合评价法

在风险投资决策方法中，模糊综合评价法是一种比较常见而且适用的方法。模糊综合评价法由层次分析法和模糊判断方法组成，即由层次分析法来确定各指标权重，然后由模糊综合评价法判断项目等级。魏星等[①]从技术风险、管理风险、市场风险、财务风险等方面设置4个一级指标，运用层次分析法求出各个指标的权重并利用模糊数学建立模糊综合评价模型，以此作为风险投资项目的决策方法。王艳[②]分析了风险投资项目处于成长期特征，建立了包含市场因素、管理因素、技术因素、财务因素4个一级指标、16个二级指标在内的评价体系，运用模糊综合评价法进行了具体评价。模糊综合评价法具有定性分析和定量分析相结合的特征，能综合考虑各个专家的意见，因此，在实际应用中成为一种常见方法。使用模糊综合评价法对投资科技型中小企业进行评价，大致可分为以下四个步骤。

（一）投资科技项目决策指标体系

在上一节文献基础上，整理国内外学者的研究成果，根据风险项目成长特征以及风险投资特征，构建科技项目风险投资决策因素指标体系，如表8-1所示。由于这部分非笔者研究的核心，故不做具体展开。

---

① 魏星、夏恩君、李全兴：《风险投资项目决策中的风险综合评价》，《中国软科学》2004年第2期。

② 王艳：《成长期风险投资项目评价研究》，《中国商界》2009年第184期。

表 8 - 1　　　　　　　　科技项目投资决策指标体系

目标层	准则层	指标层
投资科技企业决策指标因素	创业企业家 D_1	组织管理能力 C_1
		融资能力 C_2
		洞察和预测能力 C_3
		可信度 C_4
	团队成员 D_2	团队成员专长 C_5
		信息捕捉及处理能力 C_6
		研发能力 C_7
		开拓市场能力 C_8
	市场特征 D_3	市场增长潜力 C_9
		政策对市场保护力度（税收、进入壁垒、专利）C_{10}
		销售渠道对新产品的敏感度 C_{11}
		竞争策略 C_{12}
	技术特征 D_4	技术或产品优势 C_{13}
		核心技术难易程度 C_{14}
		创新成果转化难易程度 C_{15}

（二）对相关专家进行问卷调查，获得相应的数据

在评价指标体系构建完成以后，就需要获得相应的数据，然后才能继续后面的步骤。在进行问卷调查前，决策者首先要明白调查的目的以及想要获得的数据，在问卷中详尽阐述每一个问题，并以此来设计问卷。模糊综合评价法需要两方面的数据。

1. 判断矩阵中的相对重要性系数

在层次分析法中，关键步骤之一就是构建判断矩阵。所谓判断矩阵就是对单一准则下同一层次各个因素之间的重要性进行两两比较，得到两两比较的系数所构成的矩阵就是判断矩阵。

2. 建立模糊评价矩阵

模糊判断中用来构建模糊关系矩阵的各级指标的隶属度是根据专家对各级指标的等级评定的结果计算而得到的。通常地，设置五个评价等级，分别是"很好，较好，一般，较差，很差"，专家根据对被投资科技企业的了解，结合自身的经验，给每个指标评定等级。然后再根据专家评定结

果，统计每个指标下各个等级得出的比例，也就是各个指标的隶属度。以一级指标 D_1 为例，首先确定 D_1 的模糊关系矩阵 R_1，对于一级指标 D_1 下的 4 个二级指标（C_1、C_2、C_3、C_4），以 C_1 为例，如果通过专家调查的结果计算得到指标 C_1 下各个等级比例分别为 r_{11}、r_{12}、r_{13}、r_{14}、r_{15}，同理可得其他指标 C_2、C_3、C_4 下各个等级的比例。如图 8 – 1 所示：

D_1	很好	较好	一般	较差	很差
C_1	r_{11}	r_{12}	r_{13}	r_{14}	r_{15}
C_2	r_{21}	r_{22}	r_{23}	r_{24}	r_{25}
C_3	r_{31}	r_{32}	r_{33}	r_{34}	r_{35}
C_4	r_{41}	r_{42}	r_{43}	r_{44}	r_{45}

图 8 – 1　模糊关系矩阵 R_1

由图 8 – 1 可得 4×5 阶的模糊关系矩阵为

$$R_1 = \begin{vmatrix} r_{11} & r_{12} & r_{13} & r_{14} & r_{15} \\ r_{21} & r_{22} & r_{23} & r_{24} & r_{25} \\ r_{31} & r_{32} & r_{33} & r_{34} & r_{35} \\ r_{41} & r_{42} & r_{43} & r_{44} & r_{45} \end{vmatrix}$$

按照上面的方法，可以得到另外几个一级指标 D_2、D_3、D_4、D_5 的模糊关系矩阵 R_2、R_3、R_4、R_5。

（三）运用层次分析法计算各个指标的相对权重

通过上面的计算，已经得到了各个指标的相对重要性，并构建了相应的判断矩阵。接下来，可以根据这些判断矩阵，应用层次分析法来计算各个指标的相对权重。这个过程分两步进行。

1. 求特征向量，一致性检验

求解矩阵 M 的最大特征根 λ_{max} 及其特征向量 W，即找到满足的向量，然后将特征向量 W 归一化处理，即可得到各个指标重要性排序的 $M \times W = \lambda_{max} \times W$ 可靠估计。值得注意的是，这里权重向量 W 的向量值表示各个指标相对于上一层指标的权重，例如一级指标 D_2 中各个二级指标相对于 D_2 的权重，而非相对于总指标的权重。计算权重向量 W 时，还必须进行一致性检验。一致性检验步骤如下：

（1）一致性指标 $CI = \dfrac{\lambda_{max} - n}{n - 1}$，其中 n 是指相对应矩阵的阶数。

（2）根据判断矩阵的阶数 n，查表找出平均随机一致性指标 RI 的值。如图 8 - 2 所示。

n	1	2	3	4	5	6	7	8	9	10
RI	0	0	0.58	0.90	1.12	1.24	1.32	1.41	1.45	1.49

图 8 - 2　平均随机一致性指标值

资料来源：姜启源：《数学模型》，高等教育出版社 2001 年版。

（3）计算一致性比率 CR，当 $CR = \dfrac{CI}{RI} < 0.1$ 时，一致性检验通过。如果一致性检验不过关，则需要调整判断矩阵的相对重要性系数，直到一致性比率 $CR < 0.1$ 为止。实际上，由于主观看法不同，专家意见很难一致，在实际应用中也可以采用序关系分析法判断权重。[①]

2. 层次总排序并进行一致性检验

所谓层次总排序是指计算最低层指标对于总目标的相对性权重值，这一过程是从最高层指标到最底层次指标进行的，然后对总指标排序进行一致性检验，直到 $CR < 0.1$。

（四）运用模糊判断法，计算项目最终等级评价

投资科技企业决策指标因素是一个多层次复杂结构，本章总目标 E 下设有 4 个一级指标（D_1、D_2、D_3、D_4），各个一级指标之下有各自的二级指标。如 D_1 有 4 个二级指标（C_1、C_2、C_3、C_4），这 4 个二级指标相对于 D_1 的权重已经通过层次分析法得到，假设结果为 $W_1 = (w_{11}, \quad w_{12}, \quad w_{13}, \quad w_{14})$，则模糊评判向量 $B_1 = W_1 \times R_1 = (b_{11}, \quad b_{12}, \quad b_{13}, \quad b_{14}, \quad b_{15})$。同理可得 D_2，D_3，D_4 的模糊判断向量 B_2、B_3、B_4。

把 4 个一级指标的模糊判断向量构成总的模糊关系矩阵 R_0，$R_0 = (B_1, \quad B_2, \quad B_3, \quad B_4)$。然后再根据层次分析法求得总目标的相对权重向量 $W_0 = (w_1, \quad w_2, \quad w_3, \quad w_4, \quad w_5)$。则总的模糊判断向量 $B = W_0 \times R_0 = (b_1, \quad b_2, \quad b_3, \quad b_4, \quad b_5)$。

---

① 王学军、郭亚军：《基于 G1 法的判断矩阵的一致性分析》，《中国管理科学》2006 年第 3 期。

二 净现值法

净现值法（Net Present Value，NPV）是一种把投资的期望报酬通过一定的折现率折算成现值，然后与投资额相比较再做决策的方法。任何投资行为都希望获得盈利，然而未来的投资报酬与原来投资不发生在同一时期，根据货币价值的观点，货币是有时间价值的，即未来的货币报酬与现在的投资额不能直接相比较。因此，必须把未来的报酬按照资金成本折算成现值，然后再与投资额做比较。若现值大于投资额即净现值大于零，则说明投资决策可行，否则不可行。在不考虑科技型项目发展的不确定性及弹性时，NPV 方法是比较好的分析工具，NPV 方法考虑了资金的时间价值，并提供了一个绝对的投资规则标准，具有直观简洁、一目了然的优势，在投资决策中被广泛应用。

传统观点认为，NPV 就是将项目未来的净现金流以市场利率或者资金的机会成本进行贴现的价值。NPV 方法的投资规则是，只有净现值大于零，就值得投资，而且净现值越大方案越优，所以在筛选投资方案时应该投资那些净现值较高的方案。NPV 方法的基本步骤是，首先预测每年的净现金收入，根据预测的净现金收入，按一定的折现率折算成净现值，然后再将未来报酬的净现值总额减去投资成本总额的净现值。

在确定性条件下，假定无风险利率为 r，NCF_t 为第 t 年的净收入，T 为项目的生命期限，则项目的投资净现值为

$$NPV = \sum_{t=0}^{T} \frac{NCF_t}{(1+r)^t}$$

NPV 方法是基于投资决策不可延缓性和投资完全可逆性的条件使用的，根据 NPV 投资规则，只有 NPV > 0 才值得投资，但是在风险投资中，不确定性和弹性操作是常态，NPV 方法难以预算风险项目的价值。

三 决策树分析法

决策树分析（Decision Tree Analysis，DTA）方法，经常被用来处理一些不确定性较大的投资项目。决策树分析法按照一定的划分标准，如时间、项目进度等，将项目投资过程划分成不同的阶段，形成一系列的决策节点。在每一决策节点上对前一阶段产生的项目价值进行评价，并根据新

信息对下一阶段可能产生的各种情景进行概率预测。如此下去，直到项目结束，便形成了一个树状的决策系统图，因此被形象地称为决策树。决策树分析方法构建简单、形象，符合人们一般的预期处理。当不确定性出现的时间点比较明确而且又较为离散时，用决策树分析方法分析复杂的连续投资决策十分有用，投资者能够清晰识别初始决策与后续决策之间的关系，比传统的 NPV 法更加合理。

但是，决策树法在实际应用中也有它的局限性。第一，决策树中的路径数目以决策、结果变量或每种变化状态数目的几何倍数扩大。因此，当决策节点较多时，决策树分析的变化状态会变得非常复杂。第二，不同决策点上的概率和折现利率是主观确定的，难以准确预测。

四　传统决策方法评价

PE 投资是股权投资，投资具有不可逆性，PE 投资项目的企业经营环境充满不确定性，风险投资家要参与到被投资企业的管理决策之中。这就意味着投资者可以根据市场的发展情况采取灵活性管理策略，灵活性管理产生的价值即管理柔性价值。传统的投资决策方法则没有把投资者的柔性管理价值考虑在内，不再适合风险投资项目价值评估，主要表现在以下几个方面。

（一）忽略了投资项目管理的灵活性价值。传统的投资决策方法在评估项目可行性时，通常假设项目进度是按照决策之初决定的时间表进行的，项目存续期间一般不再进行任何形式的改变和更正。"立即投资或者永远放弃"这样的投资决策方式，难以考虑到经营环境发生变化时对投资规模和时机的调整策略，即传统投资没有将投资项目过程中管理的灵活性价值纳入考察范围。

（二）否定投资项目的不可逆性。传统的投资决策方法通常假设投资是可逆的、没有沉没成本的，即使投资项目运营效果不佳也会收回之前的投资，不会给投资者造成任何损失；相应地，投资者若不立即投资，就会永久丧失这个投资机会。在风险投资中，投资的是股权资本，投资具有不可逆性，若被投资企业经营不善，投融资双方一起承担亏损。

（三）忽略了人的能动作用。传统的投资方法通常暗含这样的假设：投资者投资债权，不管被投资单位盈亏如何，投资者都按照之前约定的收益率取得报酬。在这样的投资项目中，投资者只能被动、消极地接受或者拒绝投资方案，而不能主动发挥投资者在项目管理中的灵活性管理价值。

事实上，债权投资中只要被投资单位没有擅自改变资金用途，投资者就没必要同时也不可能干预项目发展。风险投资则不然，风险资本由于占有被投资项目的股权，风险投资家作为风险投资的代表要参与到被投资企业的管理决策中来，根据市场变化调整企业的经营策略，发挥其能动作用。

（四）忽略了投资项目背后的战略价值。对风险投资公司来说，虽然有的投资项目在短期内不会给公司带来盈利，但是由于被投资项目往往是高新技术，其未来的发展具有很大的潜力，初期投资为后续的投资提供选择机会，若被投资项目前景较好，风险投资公司可以继续注资，因而初期投资具有战略价值。而传统的投资决策方法往往只注重投资项目存续期间的直接获利能力，忽略了被投资项目对投资者的长远影响。

第二节　基于实物期权的 PE 投资决策方法研究

一　期权概念及其价格影响因素

（一）期权概念及特征

所谓期权（option）又称为选择权，是在期货的基础上产生的一种衍生性金融工具。指在未来一定时期可以买卖的权利，是买方向卖方支付一定数量的金额（期权费）后拥有的在未来一段时间内（指美式期权）或未来某一特定日期（指欧式期权）以事先规定好的价格（指标的资产履约价格）向卖方购买或出售一定数量的特定标的物的权利，但不负有必须买进或卖出的义务。

期权理论的核心思想如下[①]。

1. 期权相关的权利和义务不对称。期权持有者的义务是支付期权费，然后获得一个选择权利。期权所有者可在标的资产价值变化有利于自己的情况下行使权利，比如说看涨期权，当标的资产市场价格高于期权合约中规定的执行价格时，期权持有者可以选择行使权利；当交易条件不利时，具有放弃交易的权利。权利和义务不对称是期权的价值核心。

2. 期权相关的成本和收益不对称。期权投资者只需要付出期权费就可以获得期权，当交易条件不利时不执行权利，收益为零，所付出的成本只是期权费；当条件有利时行使权利，每单位收益为交易价格减去执行价

---

① 夏健明、陈元志：《实物期权理论评述》，《上海金融学院学报》2005 年第 1 期。

格。因此不管市场怎样变化，期权投资者的最大损失就是期权费，所付出的成本是固定的；而收益则可能很大，具有投机价值。期权的卖方获得的最大收益就是期权费，得不到标的资产市场价值增长所带来的好处。

3. 以管理的"不确定性"提高期权价值。投资收益的波动性是期权价值的来源，波动性越大，期权价值就越大。不确定性根源于信息的不完全性，它表现为经济行为主体对经济事件的性质缺乏基本的认识和预见。对于一个看涨期权的买方，如果他较好地控制了资产价格向下波动的损失，这种损失最多为期权费；但是如果资产价格向上波动性越大将越提高期权买方的价值。投资者可以利用期权权利和义务的不对称性来做出利己的选择，从而规避风险，赢得投资机会。

4. 运用复制组合对冲不确定。期权可通过标的资产与无风险资产动态复制而得，期权定价是通过标的资产动态反映的。决策者可以通过复制组合对冲不确定性，这使决策者的效用函数不对期权定价产生影响。

（二）期权价格的影响因素

影响金融期权价格的因素主要有六个，即标的资产市场价格、标的资产价格波动率、期权的执行价格、期权的到期期限、无风险利率和标的资产收益率，这六个因素通过对期权的时间价值和内涵价值来影响期权的价格。

二　实物期权概念、特征及基本定价方法

（一）实物期权概念

实物期权（real options）的概念是由麻省理工学院（Massachusetts Institute of Technology）的梅耶斯（Myers）[①] 教授于 1977 年提出来的。他指出，企业的许多资产，尤其是增长机会，可以看作看涨期权。一个公司的市场价值，应该包括该公司当前的市场价值和未来增长机会的折现值。从狭义上来说，实物期权就是金融期权概念在实物领域的延伸，是一种存在于实物当中的或有权利，现实中通常表现为某项投资的选择权。通常地，我们将期权方法应用实物投资决策中的分析框架称为实物期权理论。

从直观上讲，一个不可逆的风险项目投资机会类似于金融看涨期权。

---

① Stewart C. Myers. , "Determinants of Corporate Borrowing", *Journal of Political Economy*, 1977 (5) .

金融看涨期权赋予期权投资者在期权有效时间内按照合约执行价格交易一定数量的金融资产的选择权。从实物期权的视角来分析PE投资科技型中小企业的投资行为，PE通过支付沉没成本获得被投资科技型中小企业资产价值波动的权利，希望被投资企业具有向上的波动性从而获得正的投资收益，该投资行为可视为看涨期权的购买，PE所投资的资金视为期权费用。

投资项目所具有的实物期权来自项目投资决策的重要特征。第一，投资项目是部分或全部的不可逆性。或者说，投资的初始成本至少部分是沉没的：如果你改变主意时，或业务不能成功运营时，不能完全收回投资的初始成本。大多数资本投资的大部分是不可逆的，在期权的分析框架中，这种不可逆投资成本可以用期权费来描述。第二，投资收益的不确定性。投资的确定性是指投资者确切地知道其投资在将来所得的回报或收益。但在现实的投资中，投资的未来环境确定的情况几乎不存在，特别是对高技术项目的投资，未来充满着不确定性，这种不确定性并不等同于风险，不确定性指投资有正向收益与负向收益的可能，而风险是指投资项目损失的可能性，对于高技术投资，不确定性来自经济的不确定与技术的不确定性，这种不确定性与实物期权有着密切的相关性，一般来说，投资的不确定性越大，实物期权的价值就越大，因为它提供给决策者更大的选择性机会以及增长机会价值。第三，管理者对投资时机决策的灵活性。管理的不确定性带来的投资价值如图8-3所示。

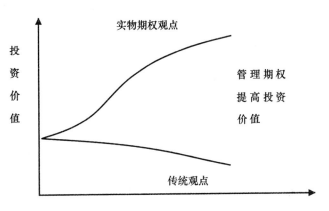

图8-3 管理的不确定性带来的投资价值

（二）实物期权的独特性质

实物期权是金融期权理论在实物领域的延伸，二者在形式上必然有相似之处，Luehrman（1998）指出了金融期权和实物期权二者之间的差异，如表8-2所示。

表 8-2　　　　　　　　金融期权和实物期权的比较

符号	金融期权	实物期权
S	资产现值	投资机会的价值（目前）
X	执行价格	投资支出（沉没成本）
T	到期时间	实物期权有效期
σ	资产价格波动率	实物期权价值波动率
r_f	无风险利率	无风险利率

从形式上看，实物期权和金融期权相似，但由于其应用于实物投资领域，其标的资产是具体投资项目，因此，它具有不同于金融期权的独特性质。

1. 不存在公开交易的期权执行价格。金融期权存在对应的期权市场，投资者可以在期权市场上以公平的市场价格自由买卖，投资者可以在期权到期时（欧式期权）或期权到期前（美式期权）将金融期权出售给其他投资者。实物期权不存在对应的公开交易市场，被投资风险项目不存在一个公允的市场价格，通过初始投资，PE基金给自己创造出一个看涨的实物期权。由于科技型企业发展具有不确定性，其研发及商品化过程的时间难以确定，PE基金无法预先确定出让自己股权的时间。因此，PE基金投资科技型中小企业的投资行为可以看作购买了一个美式看涨期权。

2. 标的资产当前的市场价格很难确定。金融期权定价的一个重要条件是标的资产能够在金融市场以公平的市场价格自由交易，实物期权既不具备自由交易的特征，也不具备自由交易的市场。Black & Scholes（1973）假设存在一个由标的股票和无风险债券组成的组合可以反映标的资产价格的变化。Trigeorgis（1988）研究表明，在有效市场中确实存在与标的资产风险特征相同的"孪生证券"（Twin Security）。因此，标的资产的价值变化是通过其复制品——孪生证券的价值变化反映出来的。实际上，要找到一个与科技型中小企业风险特征相同的孪生证券是不容易的，因为科技型中小企业依赖其技术创新而存在，金融市场上尚未出现类似的股票或债券交易。

3. 实物期权没有固定的有效期。金融期权的有效期一般是通过期权合约详细规定的，而实物期权的执行期限事先无法知晓。执行时间的不确定性是实物期权区别于金融期权的又一特征。执行时间，第一取决于投资是否有增值效果；第二取决于市场是否存在需求者。

4. 期权执行价格并不固定。实物期权的执行价格需要考虑科技型中小企业目前所具备的资产、可以预见现的金流折现以及增值潜力，下一投资者所愿意支付的投资额度可视为期权执行价格。执行价格具有的不确定性使企业在执行实物期权时并不能确保获得超额利润。

5. 波动率的度量需要近似。金融期权标的资产收益的波动率可以通过观察其历史数据而得到。但是，实物资产由于交易时间的不连续性，甚至没有交易的历史信息。因此，实物资产投资收益的波动性难以估算。目前对金融资产收益波动率研究的文献中，主要有以下三类计算模型：第一类是历史波动率模型，根据历史收益数据计算；第二类是隐含波动率模型，该类波动率的描述方法来源于期权价格数据；第三类是实现波动率模型，使用交易日内高频收益数据的实现波动率作为日波动率的测度。[①]

（三）实物期权的基本定价方法

实物期权的定价有以下三种基本方法。

第一，基于实物资产连续变动基础上发展起来的定价模型。这种期权定价模型是由 B-S 模型发展而来的，适用于只有一个标的变量，而且只有一个不确定性来源。

第二，基于实物资产价格连续变动而且只有单一的不确定来源的 Geske 复合期权定价模型。Geske 模型一般只适合于只具有一个标的变量和只具有一个不确定性来源的复合期权。当复合期权具有多个标的变量和

---

①　魏宇、余怒涛：《中国股票市场的波动率预测模型及其 SPA 检验》，《金融研究》2007 年第 7 期。

不确定性来源时，Geske 模型实际上就失效了。

第三，基于实物资产价格离散变动基础上发展起来的定价模型。这种期权定价方法是从二项式期权定价模型发展来的。对于复杂项目，如标的资产是不可交易的，资产价格变化不连续甚至是跳跃的，项目的不确定性具有多个来源，实物期权的有效期不确定。尽管二叉树模型的收敛速度较慢，但是它的极限还是趋于 B-S 期权定价模型的。当实物项目较为复杂时，二项式模型就具有较大优势，期权价值通过决策树逆推法进行求解。

第三节　基于实物期权的科技型中小企业投资决策模型研究

一　单期看涨期权模型

如前文所述，PE 基金投资科技型中小企业可以看作购买了一个看涨期权，在研究科技项目投资决策时，许多学者将利用二叉树模型来挖掘投资决策中所蕴含的柔性价值。为了方便分析，本节先研究单期看涨期权模型。

（一）模型基本假设

1. 市场是有效市场，即无论选择何种证券，投资者都只能获得与投资风险相当的正常收益率。

2. 在项目投资有效期内，无风险利率 (r) 是确定的，而且为一个已知常数。

3. 期权买卖中不存在交易成本。

4. 证券市场上存在相应的"孪生证券"组合。孪生证券与投资项目的风险特征相同。

（二）期权价值模型构建

假设科技企业当前的期权价值为 C，证券市场上存在 x 只价格为 S 的股票以及价值为 B 的无风险债券。利用动态复制技术，科技企业期权价值可表示为 $C = xS + B$。

假设股票价格 S 的变化过程由大量的小幅度二值运动构成，经历一定时间以后，股票价格可能出现两个值：uS 以概率 q 出现；dS 以概率 $1 - q$

出现。经历 Δt 股票价格变化运动可表示为图 8 - 4。

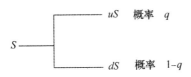

图 8 - 4　标的资产价格变化

根据资产价格变化规律，令 $u > 1 + r > d$。由于购买股票具有风险，如果 $1 + r > u$，则没有动机购买股票，而是购买无风险债券；如果 $d > 1 + r$，则资本市场存在套利机会，与有效市场假设不相吻合。设 C_u 表示股票价格变为 uS 时的期权价值，C_d 表示股票价格变为 dS 时的期权价值，X 表示期权执行价格。则 $C_u = \max[0, uS - K]$，$C_d = \max[0, dS - K]$。期权价值变化过程如图 8 - 5 所示。

$$C \longrightarrow \begin{cases} C_u = \max[0, uS - K] & \text{概率}\quad q \\ C_d = \max[0, dS - K] & \text{概率}\quad 1 - q \end{cases}$$

图 8 - 5　期权价值变化过程

科技企业价值由证券组合价值表示，证券组合期初价值 $C = xS + B$，经历一定时间 Δt 后，证券组合价值变化过程如图 8 - 6 所示。

$$xS + B \longrightarrow \begin{cases} uxS + (1 + r)B & \text{概率}\quad q \\ dxS + (1 + r)B & \text{概率}\quad 1 - q \end{cases}$$

图 8 - 6　证券组合价值变化过程

经历一定时间 Δt 后，证券组合期权价值可能出现的结果如下：

$$C_u = xuS + (1 + r)B$$
$$C_d = xdS + (1 + r)B$$

求解以上方程，得

$$x = \frac{C_u - C_d}{(u - d)S}, \quad B = \frac{dC_u - uC_d}{(d - u)(1 + r)} \cdots\cdots (1)$$

　　综上，PE 基金投资科技型中小企业时，可以在金融市场上寻找一只与被投资项目风险特征相同、价值相等的孪生证券组合，购买 x 单位证券和价值为 B 的无风险债券组合，然后估算债券组合的期权价值，则可估算科技企业的投资价值。

　　根据风险中性定价思路，由于股票未来期望值按无风险利率贴现的现值必须等于该股票目前的价格。则有

$$q\ (uS)\ +\ (1-q)\ dS = (1+r)\ S,$$

$$q = \frac{1+r-d}{u-d}$$

根据证券市场无套利定价思想：

$$C = xS + B = \frac{C_u - C_d}{u-d} + \frac{dC_u - uC_d}{(u-d)\ (1+r)} = \left[\ \left(\frac{1+r-d}{u-d}\right)\ C_u + \left(\frac{u-1-r}{u-d}\right)\ C_d\right] \diagup (1+r)$$

令 $p = \dfrac{1+r-d}{u-d}$，则 $1-p = \dfrac{u-1-r}{u-d}$，则上式可表示为

$$C = \frac{pC_u + (1-p)\ C_d}{1+r}\cdots\cdots (2)$$

　　$p = q$，说明基于风险中性定价思想和无套利均衡定价思想得出的结论是一致的。(2) 式可以看作一个简单的二叉树看涨期权模型。

　　下面展开期权模型求解过程，求项目期权价值。假设标的证券每次变化幅度一样，而且出现的概率也一样。以标的证券经历 $2\Delta t$ 变化为例，标的证券价格变化过程如图 8 - 7 所示。

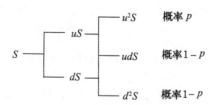

图 8 - 7　标的资产价格变化

　　与标的证券价格变化相对应，标的资产的期权价值变化如图 8 - 8 所示。

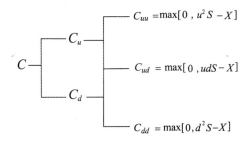

图 8-8 期权价值变化过程

C_{uu} 表示证券价格从 uS 上升到 u^2S 所对应的期权价值，C_{ud}、C_{dd} 的定义相类似。

求解 C_u、C_d 的计算过程类似于（1）式：

$$C_u = \frac{pC_{uu} + (1-p) \ C_{ud}}{1+r} \quad \cdots\cdots \ (3)$$

$$C_d = \frac{pC_{du} + (1-p) \ C_{dd}}{1+r}$$

将 C_u、C_d 代入 $C = \dfrac{pC_u + (1-p) \ C_d}{1+r}$ 中，其中 $C_{ud} = C_{du}$，求解得

$$C = \frac{p^2 C_{uu} + 2p \ (1-p) \ C_{ud} + (1-p)^2 C_{dd}}{(1+r)^2} =$$

$$\frac{p^2 \max \ [0, \ u^2S - K] + 2p \ (1-p) \ \max \ [0, \ duS - K] + (1-p) \ \max \ [0, \ d^2S - K]}{(1+r)^2}$$

$$\cdots\cdots \ (4)$$

从（4）式中可以看出，期权价值 C 取决于证券价格 S、执行价格 K、资产变化值 u、d，以及无风险利率 r。

当经历 $3\Delta t$ 时间后，资产价格变化过程如图 8-9 所示；与资产价格变化相对应，其期权价值变化过程如图 8-10 所示。

当经历 $n\Delta t$ $\left(n = \dfrac{T}{\Delta t}, \ T\ 是项目投资期\right)$ 时间后，二叉树末端节点标的证券价格可能出现的结果如下：$u^nS, \ \cdots, \ ud^{n-1}S, \ d^nS$。

与标的证券价格变化相对应，标的资产期权价值变化过程如下：

$C_{u^n} = \max \ [0, \ u^nS - K], \ \cdots, \ C_{ud^{n-1}} = \max \ [0, \ ud^{n-1}S - K], \ C_{d^n} =$ $\max \ [0, \ d^nS - K]$。

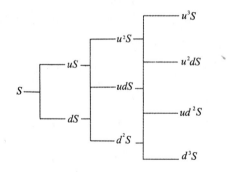

图 8 - 9 标的资产价格变化过程

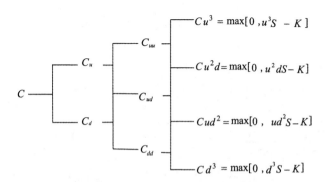

图 8 - 10 标的资产期权价值变化过程

当经历 $n\Delta t$ 时间后，二叉树末端各个状态节点标的资产价格记为 $S_{i,n-j} = u^j d^{n-j} S$ （$j = 0$，1，2，$\cdots$，n），标的证券价格从 S 变化至 $u^{n-j} d^j S$ 的路径数为 $\dfrac{n!}{j!\ (n-j)!}$，$u^j d^{n-j} S$ 出现的概率为 $p^j (1-p)^{n-j}$。

因此，标的证券价格为 $S_{j,n-j}$ 时，标的资产对应的期望价值为 $C_{j,n-j} = \dfrac{n!}{j!\ (n-j)!} p^j (1-p)^{n-j} \max\left[0,\ u^j d^{n-j} S - K\right]$。

综上所述，根据无套利定价理论以及风险中性假设，投资期 $T = n\Delta t$ 的投资项目的期权价值为

$$C = \sum_{j=0}^{n} \frac{n!}{j!\ (n-j)!} p^j (1-p)^{n-j} \max\left[0,\ u^j d^{n-j} S - K\right] / (1+r)^n \cdots\cdots (5)$$

令使 $C_{j,n-j} = 0$ 的最小 j 值为 a，$u^a d^{n-a} S - K \geqslant 0$，即当 $j \geqslant a$ 时，$C_{j,n-j} = \max\left[0,\ u^j d^{n-j} S - K\right] \geqslant u^a d^{n-a} S - K \geqslant 0$。

由于 $K \geqslant 0$，$u > d$，经对数求解后

$a \geqslant \dfrac{\ln \dfrac{K}{d^n}}{S\ln \dfrac{u}{d}}$。因此，（5）式可简化为

$$C = \sum_{j=a}^{n} \frac{n!}{j!\,(n-j)!} p^j (1-p)^{n-j} \ (u^j d^{n-j} S - K) \ /(1+r)^n \cdots\cdots (6)$$

$$C = S\left[\sum_{j=a}^{n} \frac{n!}{j!\,(n-j)!} p^j (1-p)^{n-j} \frac{u^j d^{n-j}}{(1+r)^n}\right] - K(1+r)^{-n}$$

$$\left[\sum_{j=a}^{n} \frac{n!}{j!\,(n-j)!} p^j (1-p)^{n-j}\right] = S\left[\sum_{j=a}^{n} \frac{n!}{j!\,(n-j)!} \times \frac{p^j u^j}{(1+r)^j} \times \frac{(1-p)^{n-j} d^{n-j}}{(1+r)^{n-j}}\right]$$

$$- K(1-r)^{-n}\left[\sum_{j=a}^{n} \frac{n!}{j!\,(n-j)!} p^j (1-p)^{n-j}\right] \cdots\cdots (7)$$

令 $\bar{p} = \dfrac{up}{1+r}$，则 $1 - \bar{p} = 1 - \dfrac{up}{1+r}$，由于 $p = \dfrac{1+r-d}{u-d}$，所以 $1 - \bar{p} =$

$\dfrac{(u-1-r)\,d}{(u-d)\,(1+r)}$，又因为 $1 - p = \dfrac{u-1-r}{u-d}$，所以：$1 - \bar{p} = \dfrac{(1-p)\,d}{1+r}$。

所以 $\bar{p} = \dfrac{up}{1+r}$，$1 - \bar{p} = \dfrac{d\,(1-p)}{1+r} \cdots\cdots (8)$

将（8）式代入（7）之中得到

$$C = S\left[\sum_{j=a}^{n} \frac{n!}{j!\,(n-j)!} \times \bar{p}^j (1-\bar{p})^{n-j}\right] - K(1+r)^{-n}\left[\sum_{j=a}^{n} \frac{n!}{j!\,(n-j)!}\right.$$
$$\left. p^j (1-p)^{n-j}\right] \cdots\cdots (9)$$

由于项目投资期固定，所以（9）式实际上是一个欧式看涨期权定价模型。

从上面期权价值的计算过程中可知，管理的柔性价值体现在投资者的选择权：当市场价格高于执行价格时，执行期权交易；当市场价格低于执行价格时，就放弃交易，从而保证了每一笔交易都处于盈利状态。在传统的决策方法中，受制于"现在投资或者不投资"的决策方式的影响，忽视了管理的柔性价值。

为了更容易理解期权的计算过程，以下面的例子说明。

$S = 90$，$n = 3$，$K = 90$，$u = 1.5$，$d = 2/3$，$r = 0.1$

$p = \dfrac{1+r-d}{u-d} = 0.52$，$(1+r)^{-1} = 0.909$，$(1+r)^{-2} = 0.826$，$(1+r)^{-3} = 0.751$

则股票价格的运动轨迹如图 8-11 所示。

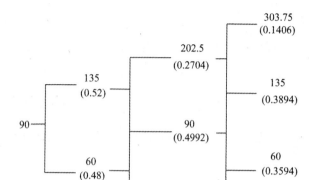

图 8 - 11　股票价格变化

则期权价值：

$C = [0.1406 \times \max(0,303.75 - 90) + 0.3894 \times \max(0,135 - 90) + 0.3594 \times \max(0,60 - 90) + 0.1106 \times \max(0,26.67 - 90)] \times 0.751 \approx 47.58$

二　多阶段投资决策复合实物期权模型

（一）投资阶段及价值变化过程分析

如前文所述，科技项目投资具有不确定性大、分阶段注入资金的特点，投资中包含多种实物期权。科技项目投资中，后面的投资机会只有在前面的投资机会实现之后才会变得现实可行，盖斯克（Geske）将这样的投资机会视为复合期权。[①] 根据扈文秀的观点：风险投资、项目多阶段投资以及高科技研发投资等产生的复合实物期权都属于因果复合实物期权。因此，对科技项目投资的决策应该使用复合期权定价模型。在实际应用中，科技项目标的资产价值变化是不连续的，而且在金融市场中也难以找到相应的"孪生证券"组合，因此，笔者选用离散的二叉树期权定价方式进行科技项目投资决策分析。根据前面章节分析，对科技型中小企业的

① Robert Geske, " The valuation of compound options ", *Journal of Financial Economics*, 1979 (7) .

投资过程中存在扩张期权、延迟期权、放弃期权等实物期权，这是明显的复合期权，本节建立二叉树复合期权定价模型。

假设 PE 基金在种子期 t_0 时刻投入一定的研发资金 I_0；种子期研发成功之后，为了测试市场对新产品的反应已经完善新产品性能，投资者在成长初期 t_1 时刻注入资金 I_1；经历成长期后产品已经得到市场认可，为了将产品推向市场并抢占市场制高点，PE 基金在扩张初期 t_2 时刻注入资金 I_2；扩张期后，市场份额趋于稳定，为了维护市场份额并巩固竞争，PE 基金在成熟期初期 t_3 注入资金 I_3。分阶段投资过程如图 8－12 所示。将投资过程分解为四个阶段，有利于投资者对整个项目进展的监督和控制，而且可以适时调整投资策略，充分发挥期权管理的灵活性。

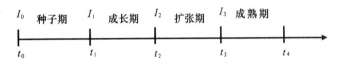

图 8－12 科技项目投资阶段性计划

从以上可以看到，科技项目投资计划分四个阶段进行，每一阶段投资都是以前一阶段投资为条件的，每一投资的价值来自它所能提供的未来增值机会。比如投资种子期 R&D 研发阶段，这一阶段投资是不能直接获得收益的，或者说收益很小。但是，在实际中仍然有很多投资者热衷这样的投资，风险资本经常给那些处于实验阶段的高技术研发项目投入重金，其原因就在于投资者并不期望这部分投资带来短期回报，而是注重这部分投资带来的增长机会价值。投资者在每个决策点都拥有扩张、推迟、转换等一系列的相机选择的期权，整个投资过程是一个复合期权。

为了分析方便，本节假设科技项目的每一个投资阶段时间长度均为 Δt，则 $t_i = i\Delta t$，$(i=0,1,2,3)$。用现金流折现法分析，得到未来总的现金流折现值，即项目预期收益现值为 V，以 V 作为项目的最初资产价值，资产价值变化中出现上涨因子 u 的可能性为 p；出现下降因子 d 的概率为 $1-p$。资产价值变化如图 8－13 所示。

根据 Cox 等的观点，$u = e^{\sigma\sqrt{\Delta t}}$，$d = \dfrac{1}{u} = e^{-\sigma\sqrt{\Delta t}}$，$\sigma$ 为项目收益波动率。当 $t_0 = 0$ 时，项目价值为 V；当 $t_1 = \Delta t$ 时，项目价值有两种可能：uV 和 dV，出现的概率分别为 p 和 $1-p$。当 $t_i = i\Delta t$ 时，项目价值可能有（$i+$

1）种：

$$V_{i,j} = Vu^{i-j}d^j, \ j = 0, \ 1, \ \cdots, \ i_\circ$$

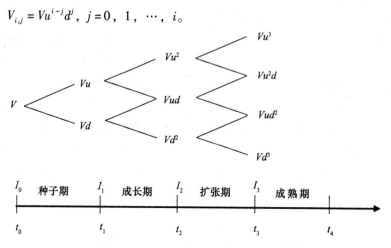

图 8 - 13　科技项目分阶段投资价值的四期二叉树模型

本节图 8 - 5 描述了投资项目期权价值变化的过程，节点处的数值是按照资产价值变化规律，从左到右的顺序乘以资产价值上涨因子或者下降因子得出的。在计算项目的实物期权价值时，则需要采取逆推法，即从二叉树图的终节点开始反向推算，科技项目分阶段投资的实物期权价值的二叉树如图 8 - 14 所示。

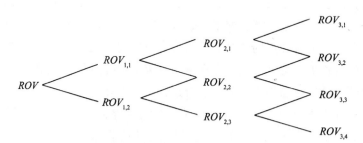

图 8 - 14　科技项目分阶段投资价值的实物期权价值

节点 (i, j) 的项目价值记为 $V_{i,j}$，则对应节点的实物期权价值记为 $ROV_{i,j}$（$i = 1, 2, 3; j = 1, 2, \cdots, i+1$），与（2）式相同，$ROV_{i,j} = e^{-r\Delta t}[p \times ROV_{i+1,j} + (1-p)ROV_{i+1,j+1}]$，$ROV_{i,j}$ 值是从二叉树末端向前逆推出来的。

（二）投资科技项目的二叉树复合期权决策模型

根据前面章节的研究，科技项目投资过程中主要存在扩张期权、延迟期权、放弃期权三种期权。项目前景好的时候扩张、前景黯淡的时候放弃投资，这是实际投资中经常发生的，也是符合实际的。延迟期权实际上是一个美式看涨期权，等到有利于自己的时候再选择执行期权交易。

以处于成长期的科技企业为投资对象：初始投资 I_2，利用现金流折现法计算的项目收益现值为 V_1，$V_1 < I_1$。由于是科技项目，未来有很强的不确定性，假定周期波动率为 σ_1，投资预定时间为 T，无风险利率为 r，项目下一融资阶段放弃投资的收益为 $V_{1remain}$，项目可以提前放弃，如果项目前景好，PE 基金决定下一阶段追加投资 I_2，以获取更高的项目价值收益 $(1 + x\%)\ V_{i,j}$。

二叉树复合期权决策模型选择：

1. 如扩展期前景好，PE 基金扩大投资，只选择扩张期权

扩张期权是一个看涨期权，由于成长期时间已经稳定，这里的扩张期权实际上是一个欧式看涨期权。其期权价值模型如下：

第一，确定期末各个节点的项目价值。

$$V_{1,n,j} = \max\ [\ V_1 u^{n-j} d^j,\ V_1 u^{n-j} d^j \times\ (1 + x\%)\ - I_2\ ] \cdots\cdots (10)$$

$n = \dfrac{T}{\Delta t}$，$j = 0, 1, \cdots, n$。

第二，计算 $i\Delta t$ 时刻末端每一节点的期权价值。

$$ROV_{1,i,j} = \max\ [\ V_1 u^{i-j} d^j - I_1,\ V_1 u^{i-j} d^j \times\ (1 + x\%)\ - I_2 - I_1,\ 0\ ]$$
$$\cdots\cdots (11)$$

$i = 1, 2, \cdots, n$；$j = 0, 1, \cdots, i$。

当时间从 $i\Delta t$ 变为 $(i + 1)\ \Delta t$ 时，项目价值从节点 (i, j) 变为 $(i + 1, j)$ 的概率为 p，从节点 (i, j) 变为 $(i + 1, j + 1)$ 的概率为 $1 - p$。在风险中性条件下，

$$ROV_{1,i,j} = \frac{p \times ROV_{1,i+1,j} +\ (1 - p)\ ROV_{1,i+1,j+1}}{e^{r\Delta t}} \cdots\cdots (12)$$

其中，$p = \dfrac{e^{r\Delta t} - d}{u - d}$，$u = e^{\sigma \sqrt{\Delta t}}$，$d = \dfrac{1}{u} = e^{-\sigma \sqrt{\Delta t}}$

从上面的计算步骤可以看出，$ROV_{i,j}$ 值是从二叉树末端向前逆推出来的。经过反复计算可得 ROV_1 的值。

2. 如果扩张期市场前景不好，PE 基金放弃投资，只选择放弃期权

放弃期权是一个看跌期权，旨在保护投资者损失不超过一定额度。放弃期权在期末执行，放弃期权价值模型如下。

第一，计算项目期末价值。

$V_1 u^{n-j} d^j$

第二，计算期末各节点的期权价值。

$$ROV_{1quit,n,j} = \max \left[V_{remain} - V_1 u^{n-j} d^j,\ V_1 u^{n-j} d^j - I_1,\ 0 \right] \cdots\cdots (13)$$

项目价值变化路径与上相同，在风险中性条件下：

$$ROV_{1quit,i,j} = \frac{p \times ROV_{1quit,i+1,j} + (1-p) ROV_{1quit,i+1,j+1}}{e^{r\Delta t}} \cdots\cdots (14)$$

放弃期权是一个看跌期权，实际应用中可能提前执行放弃期权（主要目的在于维护投资者收益最大，即在最有利的时候进行交易）。当放弃期权提前执行时，需要考虑放弃期权收益与期权的内在价值进行比较，即

$$ROV_{1quit,i,j} = \max \left[V_{remain} - V_1 u^{n-j} d^j, \right.$$

$$\left. \frac{p \times ROV_{1quit,i+1,j+1} + (1-p) \times ROV_{1quit,i+1,j+1}}{e^{r\Delta t}} \right] \cdots\cdots (15)$$

经反复计算，可计算出 ROV_{1quit} 值。

3. 如果科技投资项目包含多个投资阶段，且各阶段的市场前景不一致时，则选择复合期权

科技项目投资中的复合期权，主要包括扩张期权、放弃期权、延迟期权，复合期权不存在线性关系，几种期权之间不能简单相加减。

第一，计算放弃期权没有提前执行的项目期末价值。

$$\max \left[V_1 u^{n-j} d^j,\ V_1 u^{n-j} d^j (1+x\%) - I_2,\ V_{remain} \right] \cdots\cdots (16)$$

第二，计算期末项目的复合期权价值。

$$ROV_{1com,i,j} = \max \left[V_1 u^{n-j} d^j - I_1,\ V_1 u^{n-j} d^j (1+x\%) - I_2 - I_1,\ V_{remain} - V_1 u^{n-j} d^j,\ 0 \right] \cdots\cdots (17)$$

$$ROV_{1com,i,j} = \frac{p \times ROV_{1com,i+1,j} + (1-p) ROV_{1com,i+1,j+1}}{e^{r\Delta t}} \cdots\cdots (18)$$

当放弃期权提前执行时：

$$ROV_{1com,i,j} = \max \left[V_{remain} - V_1 u^{n-j} d^j, \right.$$

$$\left. \frac{p \times ROV_{1com,i+1,j} + (1-p) \times ROV_{1com,i+1,j+1}}{e^{r\Delta t}} \right] \cdots\cdots (19)$$

经反复计算，可计算出复合期权价值 ROV_{1com}。

第四节　科技企业投资决策实物期权案例分析

一　企业概况简介

TC 公司创办于 1999 年，由上海某知名高校的教授和知名科学院研究员共同创办，是一家专业从事高科技视觉防伪技术及产品的研发、生产、销售，为烟、酒、化妆品、制药等传统商品领域和证件、证卡等公共安全领域的客户提供专业化的防伪解决方案的国际知名防伪企业。

TC 公司是上海市非公经济样本企业、百强私营企业、国家高新企业、福布斯① 2009 中国最具潜力企业；公司已从最初投入仅几万元的小企业成长为拥有注册资本 5000 万元、总资产 1.5 亿元、净资产 8000 万元，主营业务收入 5000 万元、利润 2000 万元的科技新星。TC 公司具有 200 多人，几十名专注于技术创新的高素质研发人员，成功开发出 10 多项等国内独占、国际先进的高新防伪技术成果，40 余项国家专利。TC 公司凭借持续创新的产品、个性化定制能力赢得了贵州茅台、五粮液等单位的信任与合作，年销售增长率在 30% 以上。

2007 年底一方面基于未来市场的持续看好、解决 2008—2009 年重大技术市场项目以至长期资金需求以及企业提升品牌综合实力和抗风险能力等多方面考虑，另一方面 2008 年国家正在着力推进多层次资本市场的建设，尤其是上半年创业板市场的即将推出，将使成长型的、高科技的中小企业融资难题得到很大程度的解决，适应内外经营环境的变化，公司决策 2008 年内先期引入战略投资人，而后规划 3—4 年内在创业板或中小板力争以首个高科技防伪概念上市。2007 年企业资本金、收入规模、利润增长率、资产负债率等财务指标完全达到《创业公司首次公开发行并上市管理办法》（征求意见稿）的融资条件，因此规划上市不仅可从资本市场获得更多资金，稳固行业领导地位，更可使企业整体管理和发展上台阶。

---

① 《福布斯》（Forbes）是美国一本福布斯公司商业杂志，由苏格兰人 B.C. 福布斯于 1917 年创办。

二　投资决策实物期权方法分析

(一) 投资决策中的单个实物期权价值分析

根据前面的讨论，当经营环境存在较大的不确定性时，企业运用实物期权方法对投资项目的价值进行分析，较之传统的投资决策方法，能够得出更加客观真实的结论。前面介绍过，投资项目的总价值应当包括两方面，即投资项目本身产生的净现值和决策柔性的价值。实物期权方法衡量了决策柔性的价值，而这正是传统的投资决策方法所忽略的。在传统的企业投资决策方法看来不适宜投资的项目，运用实物期权方法进行评估，投资项目却能显示出更大的投资价值。

在投资项目产生的净现值相同的情况下，投资项目实物期权的价值越大，投资项目的总价值就越大，企业就越可能进行投资。根据前面章节分析，投资项目价值的波动性、投资周期、项目市场价值、初期的投入成本以及无风险利率都是影响投资项目实物期权价值的因素。并且投资项目价值的不确定性与无风险利率越大，投资项目实物期权的价值就越大，企业投资的意愿就越强。

TC 公司是总资产 1.5 亿元、净资产 8000 万元，主营业务收入 5000 万元、利润 2000 万元的科技新星。根据往年销售记录，年利润增长在 20% 左右，年销售增长率在 30% 以上。根据公司发展需要，公司在 2008 年引进战略投资者，准备筹集资金 3 亿元，投资回收期 4 年。由于能收集到的数据有限，难以准确求出公司发展的现金流收益，笔者假定总资产年增长幅度与年利润增长保持一致，为 20%。资产价格波动率根据深圳交易所中小板企业中的科技企业的月收盘价数据为参考，见表 8-3。

表 8-3　　　　　中小型科技企业 2010 年 1—6 月收盘价　　　　单位：元

序号	股票代码	公司名称	2010年1月	2010年2月	2010年3月	2010年4月	2010年5月	2010年6月
1	002036	宜科科技	18.81	19.75	20.59	23.95	18.55	19.4
2	002046	轴研科技	15.99	16.34	15.68	17.8	17.05	16.76
3	002066	瑞泰科技	17.95	17.21	19.08	17.1	14.45	12.11
4	002080	中材科技	32.68	33.66	34.91	37.8	43.63	33.1
5	002090	金智科技	19.71	19.5	30.35	25.2	14.46	11.81

序号	股票代码	公司名称	2010年1月	2010年2月	2010年3月	2010年4月	2010年5月	2010年6月
6	002093	国脉科技	19.72	20.93	16.2	14.23	13.05	12.9
7	002112	三变科技	14.15	14.3	14.47	12.65	11.48	10.49
8	002132	恒星科技	13.73	13.96	14.03	14	11.61	10.27
9	002140	东华科技	37.44	43.26	58.47	52.6	26.15	18.86
10	002157	正邦科技	13.53	14.33	14.54	16.16	16.23	13.54
11	002172	澳洋科技	13.4	14.01	15.01	9.39	8.33	7.37
12	002185	华天科技	10.17	10.66	12.38	12.8	9.15	7.97
13	002202	金风科技	31.4	33.25	34.52	21.6	22.32	15.55
14	002214	大立科技	30.77	33.03	32.08	33.83	29.7	28.29
15	002222	福晶科技	10.82	11.35	11.81	10.69	9.3	8.8
16	002250	联华科技	44.07	45.15	47.5	26.01	28.99	27.6
17	002281	光迅科技	35.34	35.9	37.07	35.24	34.8	31.42
18	002288	超华科技	24.77	26.26	28.3	24.1	23.22	12.78
19	002296	辉煌科技	66.47	70.51	91.46	43.88	46.55	43.68
20	002309	中利科技	63.51	67.48	72.16	31.8	28.99	29.78
21	002315	焦点科技	67.8	69	74.79	83.5	77.7	65.78
22	002326	永太科技	38.27	38.97	43.9	45.6	50.81	48.1
23	002331	皖通科技	42.95	42	45.83	36.86	23.51	25.75
24	002341	新纶科技	25.46	26.45	29.85	31.28	31.7	31.97
25	002369	卓翼科技	14.35	15.9	14.85	12.95	15.25	14.58
26	002389	南洋科技	12.3	13.22	13.71	13.46	7.68	5.38
27	002401	中海科技	11.22	12.22	11.85	12.32	12.49	10.21
28	002409	雅克科技	15.42	15.36	15.36	15.54	15.87	14.8
29	002436	兴森科技	16.76	18.04	15.87	14.99	17.06	16.8
30	002444	巨星科技	11.05	11.98	12.45	12.08	14.47	12.93
31	002464	金利科技	14.54	15.15	14.78	14.44	15.84	12.56
32	002514	宝馨科技	12.7	12.84	12.19	11.19	13.58	11.01
33	002540	亚太科技	14	13.62	14.51	15.82	8.3	6.28
34	002562	兄弟科技	10.28	10.33	11	9.43	10.23	7.36
35	002577	雷柏科技	12.59	13.43	13.6	8.67	10.46	9.87

续表

序号	股票代码	公司名称	2010 年 1 月	2010 年 2 月	2010 年 3 月	2010 年 4 月	2010 年 5 月	2010 年 6 月
36	002581	万昌科技	17.92	17.95	16.86	15.53	12.75	9.88
37	002590	万安科技	9.41	9.98	9.39	9.15	10.41	9
38	002592	八菱科技	13.48	14.81	14.95	15.43	17.17	8.22
39	002595	豪迈科技	24.37	24.96	25.6	27.04	29.27	26.89
40	002609	捷顺科技	14.69	12.46	12.42	12.45	16.09	8.17
41	002610	爱康科技	5.72	6.27	5.95	5.82	6.92	5.4
42	002617	露笑科技	11.56	12.48	11.25	12.46	12.64	8.17
43	002618	丹邦科技	13.54	15.95	14.61	14	23.72	21.17
44	002635	安洁科技	42.4	52.96	74.71	60.96	56.64	45.07
45	002637	赞宇科技	10.39	11.51	9.55	10.1	10.07	9.31
46	002645	华宏科技	12.42	15.42	13.94	13.52	15.05	12.09
47	002469	博彦科技	18.46	19.16	22.38	23.59	32.05	24.75
48	002654	万润科技	13.88	16.66	15.65	8.75	9.68	7.78
49	002674	兴业科技	10.64	11.27	10.59	10.63	10.69	8.95
50	002681	奋达科技	10.29	10.95	10.04	10.37	16.4	16.43
51	002684	猛狮科技	35.93	39.4	36.23	28.8	35.14	28.2
52	002694	顾地科技	17.82	19.02	16.4	16.16	12.42	9.81

通常情况下，国债收益率可视作对应时间段内的无风险利率，以2006—2010 年电子式储蓄国债平均收益率作为无风险利率，见表 8 - 4。

表 8 - 4　　　　　　　　　2006—2010 年储蓄国债信息明细

（电子式）国债名称	期限（年）	利率（%）
2008 年第一期储蓄国债	3	5.74
2008 年第二期储蓄国债	3	5.74
2008 年第三期储蓄国债	3	5.17
2008 年第四期凭证式国债	3	5.74
2008 年第五期凭证式国债	3	5.98
2009 年第一期储蓄国债	3	3.73
2009 年第二期储蓄国债	5	4
2009 年第三期储蓄国债	3	3.73
2009 年第四期储蓄国债	5	4

（电子式）国债名称	期限（年）	利率
2009 年第五期储蓄国债	1	2.6
2009 年第六期储蓄国债	3	3.73
2009 年第七期储蓄国债	1	2.6
2009 年第八期储蓄国债	3	3.73
2010 年第一期储蓄国债	1	2.6
2010 年第二期储蓄国债	3	3.73
2010 年第三期储蓄国债	1	2.6
2010 年第四期储蓄国债	3	3.73
2011 年第十六期储蓄国债	1	3.85
2011 年第四期记账式国债	1	3.85
2011 年第四期记账式国债	3	5.58
2011 年第四期记账式国债	5	6.15
2011 年第十七期储蓄国债	3	5.85
2011 年第十八期储蓄国债	5	6.15

根据案例，表 8-3、表 8-4 统计数据和复合期权定价模型，通过计算所得

$$标的资产现值 = \frac{15000 \times 1.2^4}{(1+r)^4} = 28000（万元）$$

$$r = \frac{\sum 期限 \times 利率}{\sum 期限} = 5\%（年），\quad \sigma = \sqrt{\frac{(x - \bar{x})^2}{n}} = 15\%$$

$$u = e^{\sigma\sqrt{\Delta t}} = 1.11 \qquad d = \frac{1}{u} = 0.90 \qquad p = \frac{e^{r\Delta t} - d}{u - d} = 0.57$$

以此建立模型参数，见表 8-5。

表 8-5 模型参数

无风险利率 $r = 2.5\%$（半年）	期权有效期 $T = t_2 - t_1 = 4$（年） $\Delta t = \dfrac{T}{8} = 0.5$
项目收益波动率 $\sigma = 15\%$（半年）	标的资产价值 V = 28000（万元）
初始投资额 30000（万元）	资产价值上升因子 = 1.11
资产价值下降因子 = 0.90	风险中性概率 = 0.57

1. 投资中的扩张期权价值

TC 公司目前发展蒸蒸日上，与茅台、五粮液等多家国内知名企业保持商业合作。在投资过程中，如果投资者决策项目发展前景明朗，能持续实现盈利目标，预备再投资 8000 万元，扩大生产规模至之前规模的 120%。投资过程中实际存在的这种选择权实际上就是扩张期权。

第一步，确定期末各个节点的项目价值。

项目价值按二叉树变化的过程，$V = V_1 u^{n-j} d^j$。例如，当 $t = 1\Delta t$ 时，$V_{1,0} = 31133.07 = 28000 \times 1.11^1 \times 0.9^0$，$V_{1,1} = 25182.23 = 28000 \times 1.11^0 \times 0.9^1$；当 $t = 2\Delta t$ 时，$V_{2,0} = 34616.71 = 28000 \times 1.11^2 \times 0.9^0$，$V_{2,1} = 28000 = 28000 \times 1.11^1 \times 0.9^1$，$V_{2,2} = 22648.02 = 28000 \times 1.11^0 \times 0.9^2$，以此类推，利用 Excel 实现计算过程如表 8-6 所示。

表 8-6　　　　　　　　　　项目价值变化过程　　　　　　　　单位：万元

期数	0	1	2	3	4	5	6	7	8
									65413.76
								58830.86	-
							52910.44		52910.44
						47585.81		47585.81	
					42797.02		42797.02		42797.02
					38490.16		38490.16		38490.16
				34616.71		34616.71		34616.71	34616.71
			31133.07		31133.07		31133.07		31133.07
项目价值	28000		28000.00		28000.00		28000.00		28000.00
		25182.23		25182.23		25182.23		25182.23	
			22648.02		22648.02		22648.02		22648.02
			20368.84		20368.84		20368.84		
				18319.03		18319.03		18319.03	
				16475.50		16475.50			
						14817.49		14817.49	
								13326.34	
									11985.25

第二步，扩张期权期末的项目价值。

$$ROV_{1\exp, i,j} = \max \left[V_1 u^{i-j} d^j - I_1, \ V_1 u^{i-j} d^j \times (1 + x\%) - I_2 - I_1, \ 0 \right]$$

例如，

$$ROV_{1exp,8,0} = \max\ [\,28000 \times 1.11^8 \times 0.9^0 - 30000,\ 28000 \times 1.11^8 \times 0.9^0 \times$$
$$1.2 - 30000 - 8000,\ 0\,] = 40496.51$$

$$ROV_{1exp,8,1} = \max\ [\,28000 \times 1.11^7 \times 0.9^1 - 30000,\ 28000 \times 1.11^7 \times 0.9^1 \times$$
$$1.2 - 30000 - 8000,\ 0\,] = 25492.52$$

$$ROV_{1exp,8,2} = \max\ [\,28000 \times 1.11^6 \times 0.9^2 - 30000,\ 28000 \times 1.11^6 \times 0.9^2 \times$$
$$1.2 - 30000 - 8000,\ 0\,] = 13356.43\ ROV_{1exp,8,4} = \max\ [\,28000 \times 1.11^4 \times 0.9^4 -$$
$$30000,\ 28000 \times 1.11^4 \times 0.9^4 \times 1.2 - 30000 - 8000,\ 0\,] = 0$$

逆推方式算法：

$$ROV_{1exp,i,j} = \frac{p \times ROV_{1exp,i+1,j} + (1-p)\ ROV_{1exp,i+1,j+1}}{e^{r\Delta t}}$$

例如，

$$ROV_{1exp,7,0} = \frac{0.57 \times 40496.51 + 0.43 \times 25492.2}{1.025} = 33183.16$$

$$ROV_{1exp,7,1} = \frac{0.57 \times 25492.52 + 0.43 \times 13356.43}{1.025} = 19756.39$$

$$ROV_{1exp,7,3} = \frac{0.57 \times 4616.71 + 0.43 \times 0}{1.025} = 2560.07$$

利用逆推法，以此类推，扩张期权计算过程如表8-7所示，经计算如果投资者在投资过程选择行使扩张期权，产生的扩张期权价值为4680.83万元。

表8-7　　　　　　　　　　扩张期权计算过程　　　　　　　　单位：万元

8	7	6	5	4	3	2	1	0	
40496.51									
	33183.16								
25492.52		26714.04							
	19756.39		21078.78						
13356.43		14889.34		16271.56					
	9349.09		10891.24		12284.82				
4616.71		6261.53		7751.84		9079.20			
	2560.07		4069.51		5387.51		6578.34		扩张期
0.00		1419.62		2587.88		3668.64		4680.83	权价值
	0.00		787.21		1618.72		2454.91		

8	7	6	5	4	3	2	1	0
0.00		0.00		436.52		999.47		
	0.00		0.00		242.06			
0.00		0.00		0.00				

2. 投资中的收缩期权价值

如果投资者在投资后，发现市场发展前景不如预期，或是企业生产过剩，可以出售一部分技术成果、生产专利或者非核心生产机构，收缩规模至之前的 90%，可获得节约资本 4000 万元。期权价值计算过程如下。

第一，行使收缩期权时，项目末节点状态的价值为

$$V_{1con,n,j} = \max \left[V_1 u^{n-j} d^j, \ V_1 u^{n-j} d^j \ (1 - c\%) \ + I'_2 \right]$$

第二，$i\Delta t$ 时刻末端节点的收缩期权价值：

$$ROV_{1con,i,j} = \max \left[V_1 u^{i-j} d^j - I_1, \ V_1 u^{i-j} d^j \ (1 - c\%) \ + I'_2 - I_1, \ 0 \right]$$

例如，

$$ROV_{1con,8,0} = \max \ [28000 \times 1.11^8 \times 0.9^0 - 30000, \ 28000 \times 1.11^8 \times 0.9^0 \times$$
$$90\% + 4000 - 30000, \ 0] \ = 35413.76$$

$$ROV_{1con,8,1} = \max \ [28000 \times 1.11^7 \times 0.9^1 - 30000, \ 28000 \times 1.11^7 \times 0.9^1 \times$$
$$90\% + 4000 - 30000, \ 0] \ = 22910.44$$

$$ROV_{1con,8,2} = \max \ [28000 \times 1.11^6 \times 0.9^2 - 30000, \ 28000 \times 1.11^6 \times 0.9^2 \times$$
$$90\% + 4000 - 30000, \ 0] \ = 12792.02$$

$$ROV_{1con,8,3} = \max \ [28000 \times 1.11^5 \times 0.9^3 - 30000, \ 28000 \times 1.11^5 \times 0.9^3 \times$$
$$90\% + 4000 - 30000, \ 0] \ = 5155.04$$

第三，采用逆推法求解收缩期权初始价值。

$$ROV_{1con,i,j} = \frac{p \times ROV_{1con,i+1,j} + \ (1 - p) \ ROV_{1con,i+1,j+1}}{e^{r\Delta t}}$$

例如，

$$ROV_{1con,7,0} = \frac{0.57 \times 35413.76 + 0.43 \times 22910.44}{1.025} = 29278.15$$

$$ROV_{1con,7,1} = \frac{0.57 \times 22910.44 + 0.43 \times 12797.02}{1.025} = 18089.18$$

$$ROV_{1con,7,2} = \frac{0.57 \times 12797.02 + 0.43 \times 5155.04}{1.025} = 9256.41$$

$$ROV_{1con,7,3} = \frac{0.57 \times 5155.04 + 0.43 \times 0}{1.025} = 2858.58$$

以此类推，收缩期权计算过程如表 8 - 8 所示，经计算收缩期权价值为 4555.1 万元，及投资过程中如果行使收缩期权，可获得收缩期权价值 4555.1 万元。

表 8 - 8　　　　　　　　收缩期权价值计算过程　　　　　　　单位：万元

8	7	6	5	4	3	2	1	0	
35413.76									
	29278.15								
22910.44		23847.09							
8	7	6	5	4	3	2	1	0	
	18089.18		19085.15						
12797.02		13929.62		14956.13					
	9265.41		10392.39		11459.09				
5155.04		6340.73		7523.00		8585.92			
	2858.58		4183.09		5303.38		6298.93		
0.00		1585.15		2689.49		3654.70		4555.10	收缩期权价值
	0.00		879.00		1696.48		2470.32		
0.00		0.00		487.43		1054.47			
	0.00		0.00		270.29				
0.00		0.00		0.00					
	0.00		0.00						
0.00		0.00							
	0.00								
0.00									

3. 投资过程中的放弃期权价值

在投资谈判协议中，如果投资者提出要求，当项目价值在投资到期时达不到预期目标，投资者放弃投资，放弃投资项目的价值 V_{remain} = 18000 万元。放弃期权，旨在保护投资者的投资损失不超过一定限度。当投资者选择放弃投资时，放弃期权计算步骤如下。

第一，计算项目期末价值。

$$V = V_1 u^{n-j} d^j$$

第二，计算期末各节点的期权价值。

$$ROV_{1quit,n,j} = \max \left[V_{remain} - V_1 u^{n-j} d^j, \ V_1 u^{n-j} d^j - I_1, \ 0 \right]$$

例如，

$$ROV_{1quit,8,0} = \max \left[18000 - 28000 \times 1.11^8 \times 0.9^0, \ 28000 \times 1.11^8 \times 0.9^0 - 30000, \ 0 \right] = 35413.5$$

$$ROV_{1quit,8,1} = \max \left[18000 - 28000 \times 1.11^7 \times 0.9^1, \ 28000 \times 1.11^7 \times 0.9^1 - 30000, \ 0 \right] = 22910.44$$

$$ROV_{1quit,8,2} = \max \left[18000 - 28000 \times 1.11^6 \times 0.9^2, \ 28000 \times 1.11^6 \times 0.9^2 - 30000, \ 0 \right] = 12797.02$$

$$ROV_{1quit,8,3} = \max \left[18000 - 28000 \times 1.11^5 \times 0.9^3, \ 28000 \times 1.11^5 \times 0.9^3 - 30000, \ 0 \right] = 4616.71$$

$$ROV_{1quit,8,8} = \max \left[18000 - 28000 \times 1.11^0 \times 0.9^8, \ 28000 \times 1.11^0 \times 0.9^8 - 30000, \ 0 \right] = 6014.75$$

当放弃期权提前执行时，需要考虑放弃期权收益与期权的内在价值进行比较，即

$$ROV_{1quit,i,j} = \max \left[V_{remain} - V_1 u^{n-j} d^j, \ \frac{p \times ROV_{1quitij+1j+1} + (1-p) \times ROV_{1quitij+1j+1}}{e^{rhi}} \right]$$
$$= 6014.75$$

第三，采用逆推法求解放弃期权价值。

$$ROV_{1quit,i,j} = \frac{p \times ROV_{1quitij+1j+1} + (1-p) \times ROV_{1quitij+1j+1}}{e^{rhi}} \right], \ 例如，$$

$$ROV_{1quit,7,0} = \max \left[18000 - 28000 \times 1.11^7 \times 0.9^0, \right.$$
$$\left. \frac{0.57 \times 35413.76 + 0.43 \times 22910.44}{1.025} \right] = 29278.15$$

$$ROV_{1quit,7,1} = \max \left[18000 - 28000 \times 1.11^6 \times 0.9^1, \right.$$
$$\left. \frac{0.57 \times 22910.44 + 0.43 \times 12797.02}{1.025} \right] = 18089.18$$

$$ROV_{1quit,7,2} = \max \left[18000 - 28000 \times 1.11^5 \times 0.9^2, \right.$$
$$\left. \frac{0.57 \times 12797.02 + 0.43 \times 4616.71}{1.025} \right] = 9038.89$$

$$ROV_{1quit,7,3} = \max \left[18000 - 28000 \times 1.11^4 \times 0.9^3, \right.$$

$$\frac{0.57 \times 4616.71 + 0.43 \times 0}{1.025}] = 2560.07$$

$$ROV_{1quit,7,6} = \max\left[18000 - 28000 \times 1.11^1 \times 0.9^6,\right.$$

$$\frac{0.57 \times 0 + 0.43 \times 3182.51}{1.025}] = 1524.5$$

$$ROV_{1quit,7,7} = \max\left[18000 - 28000 \times 1.11^0 \times 0.9^7,\right.$$

$$\frac{0.57 \times 3182.51 + 0.43 \times 6014.75}{1.025}] = 4673.66$$

放弃期权价值计算过程如表 8 - 9 所示，如果投资者行使放弃期权，放弃期权价值 4508.2 万元。

表 8 - 9　　　　　　　　　放弃期权价值计算过程　　　　　　单位：万元

8	7	6	5	4	3	2	1	0	
35413.76									
	29278.15								
22910.44		23847.09							
	18089.18		19045.04						
12797.02		13834.30		15134.52					
	9038.89		10233.82		11484.01				
4616.71		6089.51		7347.14		8531.35			
	2560.07		3974.13		5140.85		6220.25		
0.00		1419.62		2534.99		3539.62		4508.20	放弃期
	0.00		787.21		1637.19		2463.11		权价值
0.00		0.00		550.11		1189.00			
	0.00		269.93		668.13				
0.00		641.49		862.87					
	1524.50		1694.88						
3182.51		3182.51							
	4673.66								
6014.75									

（二）投资决策中的复合期权价值分析

投资 TC 公司过程中，投资过程中存在扩张期权、收缩期权、放弃期权、延迟投资期权，投资者可以在各个节点根据公司的发展以及市场情况选择投资管理策略，各个期权在投资过程中交互影响，共同形成复合期权。复合期权价值计算步骤如下。

第一，计算放弃期权没有提前执行的项目期末价值。

$$\max\ [\ V_1 u^{n-j} d^j,\ V_1 u^{n-j} d^j\ (1+x\%)\ -I_2,\ V_1 u^{n-j} d^j\ (1-c\%)\ +100,\ V_{remain}\ ]$$

第二，计算期末项目的复合期权价值。

$$ROV_{1com,i,j} = \max\ [\ V_1 u^{n-j} d^j - I_1,\ V_1 u^{n-j} d^j\ (1+x\%)\ -I_2 - I_1,\ V_1 u^{-j} d^j\ (1-c\%)\ -I_1,\ I_3^1 + V_{remain} - V_1 u^{n-j} d^j,\ 0\ ]$$

例如，

$$ROV_{1com,8,0} = \max\ [\ 28000 \times 1.11^8 \times 0.9^0 - 30000,\ 28000 \times 1.11^8 \times 0.9^0 \times 120\% - 8000 - 30000,$$
$$28000 \times 1.11^8 \times 0.9^0 \times 90\% - 30000 + 4000,\ 18000 - 28000 \times 1.11^8 \times 0.9^0,$$
$$0\ ] = 40496.51$$

$$ROV_{1com,8,1} = \max\ [\ 28000 \times 1.11^7 \times 0.9^1 - 30000,\ 28000 \times 1.11^7 \times 0.9^1 \times 120\% - 8000 - 30000,$$
$$28000 \times 1.11^7 \times 0.9^1 \times 90\% - 30000 + 4000,\ 18000 - 28000 \times 1.11^7 \times 0.9^1,$$
$$0\ ] = 25492.52$$

$$ROV_{1com,8,2} = \max\ [\ 28000 \times 1.11^6 \times 0.9^2 - 30000,\ 28000 \times 1.11^6 \times 0.9^2 \times 120\% - 8000 - 30000,$$
$$28000 \times 1.11^6 \times 0.9^2 \times 90\% - 30000 + 4000,\ 18000 - 28000 \times 1.11^6 \times 0.9^2,\ 0\ ]$$
$$= 13356.43$$

$$ROV_{1com,8,3} = \max\ [\ 28000 \times 1.11^5 \times 0.9^3 - 30000,\ 28000 \times 1.11^5 \times 0.9^3 \times 120\% - 8000 - 30000,$$
$$28000 \times 1.11^5 \times 0.9^3 \times 90\% - 30000 + 4000,\ 18000 - 28000 \times 1.11^5 \times 0.9^3,$$
$$0\ ] = 5155.04$$

$$ROV_{1com,8,7} = \max\ [\ 28000 \times 1.11^1 \times 0.9^7 - 30000,\ 28000 \times 1.11^1 \times 0.9^7 \times 120\% - 8000 - 30000,$$
$$28000 \times 1.11^1 \times 0.9^7 \times 90\% - 30000 + 4000,\ 18000 - 28000 \times 1.11^1 \times 0.9^7,$$
$$0\ ] = 3182.51$$

$$ROV_{1com,8,8} = \max\ [\ 28000 \times 1.11^0 \times 0.9^8 - 30000,\ 28000 \times 1.11^0 \times 0.9^8 \times 120\% - 8000 - 30000,$$
$$28000 \times 1.11^0 \times 0.9^8 \times 90\% - 30000 + 4000,\ 18000 - 28000 \times 1.11^0 \times 0.9^8,$$

0〕 = 6014.75

当放弃期权提前执行时：

$$ROV_{1com,i,j} = \max\left[V_{remain} - V_1 u^{n-j} d^j, \frac{p \times ROV_{1com,i+1,j} + (1-p) \times ROV_{1com,i+1,j+1}}{e^{rhi}} \right]$$

第三，采用逆推法计算复合期权价值。

$$ROV_{1com,i,j} = \frac{p \times ROV_{1comj+1j} + (1-p) \times ROV_{1comj+1j+1}}{e^{rhi}}$$

例如，

$$ROV_{1com,7,0} = \max\left[18000 - 28000 \times 1.11^7 \times 0.9^0, \right.$$
$$\left. \frac{0.57 \times 40496.51 + 0.43 \times 25492.52}{1.025} \right] = 33183.16$$

$$ROV_{1com,7,1} = \max\left[18000 - 28000 \times 1.11^6 \times 0.9^1, \right.$$
$$\left. \frac{0.57 \times 25492.52 + 0.43 \times 13356.43}{1.025} \right] = 19756.39$$

$$ROV_{1com,7,1} = \max\left[18000 - 28000 \times 1.11^5 \times 0.9^2, \right.$$
$$\left. \frac{0.57 \times 13356.43 + 0.43 \times 5155.04}{1.025} \right] = 9575.61$$

$$ROV_{1com,7,1} = \max\left[18000 - 28000 \times 1.11^4 \times 0.9^3, \right.$$
$$\left. \frac{0.57 \times 5155.04 + 0.43 \times 0}{1.025} \right] = 2858.58$$

$$ROV_{1com,7,6} = \max\left[18000 - 28000 \times 1.11^1 \times 0.9^6, \right.$$
$$\left. \frac{0.57 \times 0 + 0.43 \times 3182.51}{1.025} \right] = 1524.50$$

$$ROV_{1com,7,7} = \max\left[18000 - 28000 \times 1.11^0 \times 0.9^7, \right.$$
$$\left. \frac{0.57 \times 3182.51 + 0.43 \times 6014.75}{1.025} \right] = 4673.66$$

以此类推，复合期权价值 Excel 计算过程如表 8 - 10 所示。如果投资者在投资管理过程中在各个节点综合行使各种选择权，则复合期权价值为 4844.42 万元。

表 8 – 10　　　　　　　　　复合期权计算过程　　　　　　　单位：万元

8	7	6	5	4	3	2	1	0	
40496.51									
	33183.16								
25492.52		26714.04							
	19756.39		21118.89						
13356.43		14984.66		16360.52					
	9575.61		11049.81		12408.15				
5155.04		6512.75		7927.70		9215.98			
	2858.58		4278.47		5550.04		6719.53		
0.00		1585.15		2742.38		3823.94		4844.42	复合期权价值
	0.00		879.00		1773.61		2657.60		
0.00		0.00		601.01		1276.52			
	0.00		269.93		696.36				
0.00		641.49		862.87					
	1524.50		1694.88						
3182.51		3182.51							
	4673.66								
6014.75									

三　案例结论分析

根据以上分析，投资 TC 公司过程中，如果单独考虑扩张期权，扩张期权价值为 4680.83 万元，TC 企业投资价值 = 28000 + 4680.83 = 32680.83 万元；如果单独考虑收缩期权，收缩期权价值为 4555.1 万元，TC 企业投资价值 = 28000 + 4555.1 = 32555.1 万元；如果只是考虑放弃期权，放弃期权价值为 4508.2 万元，TC 企业投资价值 = 28000 + 4508.2 = 32508.2 万元。

由于延迟投资期权相当于在期末既不考虑扩张也不考虑收缩，更不考虑放弃，相当于一个欧式看涨期权，$ROV_1 = \max\left[\, V_1 u^{n-j} d^j - I_1 \,,\, 0 \,\right]$，期权价值为 4414.61 万元。笔者对延迟投资期权不做具体阐述。如果投资过程中单独考虑延迟期权，那么 TC 企业投资价值 = 28000 + 4414.61 = 32414.61 万元。

投资 TC 企业过程中,存在扩张期权、收缩期权、放弃期权、延迟期权,如果投资者综合运用四种期权,那么复合期权价值为 4844. 42 万元,TC 企业投资价值 = 28000 + 4844. 42 = 32844. 42 万元。

通过综合比较可发现,复合期权价值与各个单一期权并没有简单的线性关系。当投资中存在复合期权时,不能以单个实物期权价值的简单相加减来替代复合实物期权价值。对同时存在几种实物期权的投资项目要计算其复合期权价值,再根据投资项目复合期权的价值及项目现值做出投资决策。

第 九 章

PE 投资中的风险企业培育研究

PE 投资作为一种高风险、高回报的投资行为受到越来越多的青睐，而风险企业培育则成为 PE 投资价值增长的重要环节。那么，风险企业如何培育，经过哪些阶段，采取何种经营策略，价值链增值如何实现，以及风险资本如何成功退出等，都成为本章研究的主要问题，结合国内外成功投资案例，为我国和重庆市 PE 投资提供一定的指导和经验借鉴。

第一节　风险企业培育概念及其流程

一　风险企业培育内涵

风险企业培育是指风险资本通过注入资金、技术、人才及其管理经验，使各要素通过优化组合达到最佳匹配而发挥最大效用，推动企业价值链的各环节不断增值，进而通过股权转售退出，实现资本增值的过程。俗话说：种瓜得瓜，种豆得豆；一分耕耘，一分收获。瓜豆要种在土地里，才能生根、发芽、开花、结果。风险企业犹如土地，瓜豆就是风险资本，而风险资本家就是农夫，只有把各生产要素有机结合，经过辛勤地耕耘，才能结出丰硕的果实。

二　风险企业培育流程

通常情况下，风险企业的培育流程包括以下四个阶段，即 PE 注资（种瓜种豆）、风险企业整合改制（生产管理）、价值链增值（发芽、开花、结果）、PE 退出（收割果实）。

（一）PE 注资

PE 注资主要有两种方式：一是参股注资，二是并购注资。购买资产主要有优先股股权、普通股股权和可转债债权等。

具体地说，参股注资就是通过持有某一企业一定数量的股份，从而获得部分或全部控制权的方式；而并购注资就是通过兼并或收购方式来获得企业部分或全部控制权的方式。两种注资方式各有千秋，要依据 PE 投资家的资本实力、团队管理水平、历史经验及目标企业的接受程度来确定。如国内弘毅专注并购投资，鼎晖更多的是成长性投资，弘毅重视控股权，鼎晖更多的是参股投资。虽然二者注资方式各异，但都取得了骄人业绩。

（二）风险企业整合改制

风险企业整合改制主要通过以下几方面的整合来实现。

首先，对制度的整合，整合过程中主要涉及的是对赌协议的应用。对赌协议就是收购方（投资方）与出让方（融资方）在达成并购或融资协议时，对于未来不确定情况的一种约定。若约定的条件出现，收购方可以行使一种权利；若约定的条件不出现，则出让方行使一定的权利。对赌协议实际上就是期权的一种形式，通过条款的设计，对赌协议可有效保护投资人的利益。① 在我国资本市场中，对赌协议还没有成为一种制度设计，未被经常采用，但在国际企业对国内企业的投资中，广泛采用了对赌协议。

其次，规范管理和人力资源整合。主要指对企业的管理理念和人力资源的使用做调整，引导企业各成员的目标与企业目标靠近。彼得·德鲁克在并购成功的五要素中指出，公司高层管理人员的任免是并购成功与否的关键所在。风险企业整合改制能否成功，很大程度上取决于能否有效地整合双方的人力资源。整合过程中应注意人力资源的稳定、培训策略和激励策略。

再次，要不失时机地进行企业文化整合，不仅使企业建立起现代企业制度，而且使企业的业务流程得到重组和再造。企业文化整合就是指有意识地对企业内不同的文化倾向或文化因素进行有效的整理整顿，并将其结合为一个有机整体的过程，是文化主张、文化意识和文化实践一体化的过程。经过文化整合，企业将会以全新的体制、全新的理念和全新的生产技术方式、管理模式和管理手段，赢得市场竞争优势，使企业的绩效取得突破性提高。

---

① 叶柏阳、杨园园：《对赌协议在 PE 中的应用研究》，《财经与管理》2010 年第 15 期。

最后，财务支持就是对所选定的风险企业的财务制度体系、会计核算体系进行整合，便于统一管理和监控。我们知道，企业并购的目标是通过核心能力的提升和竞争优势的强化创造更多的新增价值。财务整合是企业并购的一个重要方面，运用财务整合理论，建立一套健全、高效的财务制度体系，是有效实施并购企业管理整合的重要保证之一。

（三）价值链增值

所谓价值链管理，就是探讨如何将企业的生产、营销、财务、人力资源等各方面有机地整合起来，做好计划、协调、监督和控制等各个环节的工作，使它们形成相互关联的整体，真正按照"链"的特征实施企业的业务流程，使各个环节既相互关联，又具有处理资金流、物流和信息流的自组织和自适应能力，使企业的供、产、销形成一条密切联系的"链"——价值链。对于企业的经营来说，价值链增值是关键的一部分，那么如何才能使价值链的各个部分增值呢？

价值链管理要求企业重新审视自己所参与的价值过程，从功能与成本的比较中，研究在哪些环节上自己具有比较优势，或有可能建立起竞争优势，集中力量培育并发展这种优势；从维护企业品牌角度研究哪些是重要的核心环节，保留并增强这些环节上的能力，把不具有优势的或非核心的环节分离出来，利用市场寻求合作伙伴，共同完成整个价值链的全过程。

（四）退出，收回投资

风险投资的核心环节就是退出，恰当的退出方式能为风险资本提供持续的流动性和发展性，能准确评价创业资产和风险投资活动的价值，能吸引社会资本加入风险投资行列，促进风险资本的有效循环。所以建立完善的风险投资退出途径是非常关键的。下文就我国常见的四种退出方式：IPO上市、出售、企业回购及清算进行分析比较，分析各种退出方式的优劣。

对于风险投资来说，IPO上市通常是最佳的退出方式，它可以保持风险企业的独立性，可以使风险企业获得在证券市场上持续融资的渠道，也可以使投资者获得相当好的回报，通常它的回报率高于并购退出的80%—400%。但这种退出方式只能在中小板、"创业板市场"实现。

出售也是企业产权交易的一种主要形式，对于那些不愿意受到种种上市条件约束或达不到上市标准的风险企业的投资家来说，以私募的方式出售所投资的企业是一条重要的退出渠道。近年来，随着美国和欧洲第五次兼并浪潮的发展，兼并收购在退出方式中的比重越来越大，作用也越来越重要。它有利于实现产权的合理流动，同时也减少了同业之间的竞争。但与IPO相比，企业管理层并不欢迎，因为企业一旦被收购后就不能保持其独立性，企业管理层将会受到影响。[①]

企业回购即被投资企业出资购买私募股权基金所持有的股权。风险企业发展到一定阶段时，资金规模、产品销路和资信状况都已很好，风险企业家就希望能由自己控制企业，而不是听命于风险投资家，风险投资家也希望能见好就收。于是双方可就股份转让达成协议，由风险投资家卖给风险企业家，只是卖价款可能会比IPO少些，但费用也少，时间短，易于操作，企业管理层或其他合伙人可以以个人资信做担保，或以即将收购的公司资产做担保，向银行或其他机构融资，将股份买回，而风险投资家获得收益，成功退资。

一旦公司经营状况不好且难以扭转时，解散或破产并进行清算可能是最好的减少损失的办法。这种方式是风险资本通过破产清算程序退出风险企业。据统计，清算方式退出的投资大概占风险投资基金的32%，这种方法一般仅能收回原投资总额的64%，在很多时候采用破产清算的方法虽是无奈之举，却可以避免深陷泥潭。

我们知道，每一种退出方式都各有其利弊，分别适用于不同的企业和不同的退出阶段，很难说哪一种退出方式是最优的。通常说IPO是最高效的退出方式，但未必就适用所有的退出企业，比如对于要在短时间实现退出的企业来讲它就不是最好的选择。所以说，选择退出方式关键是看私募股权基金在选择退出时所投资企业当时的具体情况，根据自身条件选择最合适的退出方式。总之，只有安全地退出所投资的企业，风险投资才可能实现高额的投资报酬（或最小的损失）和进入下一轮投资计划。所以，一般认为，有效的退出机制是风险投资成功的关键。

第二节　风险企业培育实证研究

一　新桥资本——农夫型的培育深发展

新桥资本是亚洲最大的私人股权投资机构之一，它是1994年由德克

---

① 熊国平：《关于我国发展私募股权基金的思考》，《金融与经济》2010年第3期。

萨斯太平洋集团和 Blum Capital Partners 发起设立的，其管理的资金达 17 亿美元，主要从事战略性金融投资。2004 年 6 月新桥资本以 12.35 亿元人民币从深圳市政府手中收购深圳发展银行 17.89% 的控股股权，每股收购价为 3.55 元，成为深发展的第一大股东。新桥资本在收购深发展后，对其管理的参与度很深，尤其在公司治理结构、财务框架的搭建方面都给予企业很专业的指导，相当于"种植"一个企业，其收益也相当丰厚。到 2007 年全流通改造后，新桥投资每股获得了 10.35 元的超额收益，以收购的 3.481 亿股计，新桥投资共获得了 36 亿元收益，相当于投资额的近 3 倍。同时，这项收购也使深发展走上良性循环的发展道路。

二　弘毅资本——恋爱式的培育先声药业

弘毅投资成立于 2003 年，是联想控股有限公司旗下从事股权投资及管理业务的专业公司，它的业务涵盖并购投资与成长型投资。2005 年 9 月，弘毅出资 2.1 亿元，购买先声药业 31% 的股份。当时双方并没有按照私募股权投资公认的做法——签订"对赌协议"。弘毅只做了几件关键的事：一是让核心经理层持股；二是改变原有管理体制，建立新的决策、激励机制；三是帮助企业融资，改变债务结构，把短债改为长债、把高息债改为低息债，或上市融资；四是帮助企业走向国际市场。这对被投资企业来说是一场彻底的制度革命，不仅优化了企业的财务结构、提高了机制效率、扩大了企业市场和利润外延，更关键的是让核心经理层持股，激发了这些人的活力，使其管理潜能得到释放。弘毅培育先声药业，从投资到香港 H 股上市仅仅一年半时间，获得了 6 倍的收益。

三　国内外 PE 风险企业培育比较

（一）二者的不同点比较

首先，目标市场的选择不同。国外 PE 如新桥投资大多选择上市公司，注重并购投资，重视控股权，而国内 PE 如鼎晖、弘毅主要选择的是 Pre-IPO 的非上市公司。

其次，操作方式的不同。中国 PE 的操作方式，主要是把一个未上市的公司做成上市公司，然后迅速退出从而获得资金的回收。但是在国外，特别是西方发达国家，PE 的操作中在很多时候会把上市公司做成私有公司。这显然突破了中国PE人脑海中的传统观点。

最后，收购方式的不同。国内PE主要采用非杠杆收购，而国外PE绝大多数采用的是杠杆收购。

（二）二者的共同点比较

1. 都有明确的退出导向目标。风险投资都会根据其退出导向目标的不同而采取不同的培育方式。大多数情况下，若采用IPO的方式退出，多采用猎人型或收割式的培育方式；而若采用回购或并购的方式退出，多采用农夫型的培育方式。目前，由于中国本土PE投资起步晚，发展不成熟，注重短期利益，大多数企业会选择IPO方式退出，所以多采用猎人型的培育方式；而美国风险投资的退出渠道多元化，而出售和回购作为风险资本通过产权市场退出的方式发挥着越来越重要的作用，所以对风险企业多采用农夫型的培育方式；欧洲PE也是如此，IPO退出金额只占全部退出金额的20%左右。

2. 都有严格的风险约束机制和激励机制。在风险企业的培育过程中，风险约束机制和激励机制的成功运用至关重要。比如对赌协议的应用，可以很好地保障投资方的利益。另外，完整健全的员工激励机制和管理层激励机制，可以提高二者的积极性。

3. 都有一个管理高效、运作科学的管理团队。综观任何成功的PE投资企业，它们都有一个管理高效、运作科学的投资团队，这是保证PE投资成功的根本条件。

第 十 章

PE 投资风险评价及其控制研究

私募股权基金投资是一种高收益、高风险的投资，其运作过程复杂、牵扯到多个当事人的利益平衡，其中存在着许多不确定性和风险。本章通过对私募股权基金投资过程中各种风险的识别和分析，结合我国实际情况提出了私募股权基金投资风险评价指标体系，并就摩根士坦利私募股权亚洲投资基金投资鑫达集团的案例进行了实证研究。

私募股权投资基金是以私募形式筹集资金并选择非上市企业进行权益性投资，而后通过上市、并购、回购等退出方式出售其所持股权以获取初始资本的回报利润。它是金融创新和产业创新的结果，具有高风险、高收益和多阶段投资的特性，是近年来全球金融市场的重要主体，在金融体系中扮演着十分重要的角色，对国民经济和企业发展都具有举足轻重的影响。

第一节 PE 投资风险评价指标体系设计研究

一 PE 投资风险的识别和分析

在 PE 投资的过程中，要对风险进行有效的控制，首先必须对各种可能存在的风险做深入的识别和分析，这是进行风险控制的前提和基础。PE 投资中的风险大体上可以分为系统风险和非系统风险两大类。所谓系统风险是指由外部不确定因素所引发的风险，主要包括：政策、法规风险，经济波动风险，金融与资本市场风险，社会风险，自然风险等。

这些风险具有普遍性，任何企业都会面临，只是程度、范围、时间不同而已。由于此类风险无法有效地进行评价和控制，主要是通过规避的方法来化解，因此这里主要是对非系统性风险进行评价和控制。所谓非系统风险，是指由每个企业的内部因素引发造成的风险，即与PE投资者和目标企业相关的不确定性因素引发的风险。非系统风险主要包括以下四个方面，可以通过风险控制的方式得到控制或消除。

（一）技术风险

目前，我国PE作为一种风险投资，主要是投资于成熟期的企业，其在技术上的风险表现在以下三方面。

1. 产品售后服务的不确定性。产品生产出来以后，如若无法进行完整的服务体系，则仍不能完成投资的全过程。

2. 技术寿命的不确定性。由于现代知识更新的加速和科技发展的日新月异，新技术的生命周期缩短，一项技术或产品被另一项更新的技术或产品所替代的时间是难以确定的。如果换代时间提前出现，原有的技术或产品将会被淘汰，那么企业和投资人将遭受重大损失，投资失败的风险也就越大。

3. 企业持续创新能力的不确定性。技术创新能力的持续性是当今知识经济时代赢得技术优势乃至市场优势的关键，也是风险投资博取高收益的最大本钱，技术不连贯，往往是导致项目失败的头号"杀手"。

（二）管理风险

管理风险是指由于目标企业因管理不当而对投资者造成损失的风险。管理风险主要包括以下几方面。

1. 管理者的素质风险。企业家作为目标企业的领导者，应具有敏锐的洞察力、高超的组织能力和果断的魄力，而目前中国的中小企业家，一般具备技术专长，但很少能同时兼具上述素质。

2. 组织结构风险。目标企业内如果没有一个合理的组织结构，没有一个有效的激励和约束机制，就无法使员工队伍的潜力和创造力充分发挥出来，最终会影响企业的发展。

3. 伴随着知识经济时代的到来，人才因素在风险企业中的作用变得越来越重要。高素质的管理层通常是投资者考虑的最重要的因素。如果人事制度不合理，高级管理人才容易流失，就会给企业带来致命的危险；同时，公司技术骨干的流动，也会使整个企业的技术开发受阻，造成巨大的经济损失。

4. 财务风险。在企业逐渐发展的过程中，所需的资金也不断增加。据专家估计，一项新产品的研发、调试、生产所需的资金比例约为1:10:

100。如果由于各种因素的影响，企业发展的后续资金缺乏，就会使企业发展受阻，面临不进则退的危险。

（三）市场风险

PE 在投资成熟期企业时面临的市场风险主要是指产品市场竞争能力的不确定性引发的风险，诸如市场后续需求程度、产品的可替代性、产品的性价比、产品的营销网络、产品的生命周期等方面出现的不利因素，均可能导致市场风险。

（四）投资决策风险

投资决策风险是指由于投资工具的选择、投资规模的大小、阶段化动态组合投资的策略、投资项目评价与筛选、企业的资本结构等方面的不确定性因素而引发的风险。由于我国企业一般在创业前期缺乏有效管理，导致其历史的统计数据缺乏，因而对其进行上述方面的投资分析时只能借用经验与技巧的方法考察与处理，自然其精确度难免要打折扣，为投资埋下了隐患。

虽然 PE 投资面临的风险客观存在于多个方面，但在其运行的各个阶段可以选择相应的手段来控制和化解各类风险。因此，PE 投资要想运作成功，必须建立起一套良好的风险控制体系。

二　PE 投资风险评价指标体系设计

（一）设计原则

由于 PE 投资决策中的评价对象，即 PE 企业，具有特殊性，不同国家和地区、不同行业、不同的 PE 投资机构乃至不同的 PE 投资家使用的评价指标体系都不尽相同。但总的来说，指标体系的设计还是有规律可循的，所涉及的评估指标体系具体的内容可以有差别，但所遵循的原则应该是一致的。具体来说，PE 投资评价指标体系的设计是本着以下原则进行的。

1. 系统性。指标体系的设计要综合、全面、系统，尽量避免指标体系的复杂，指标过多及指标之间的交叉重复。

2. 科学性。指标体系的设计既要科学、合理，又要客观、务实。

3. 客观性。不同的风险企业其所处的行业、发展阶段、地域和内部情况不同，采用的标准自然也应不同。制定的评价标准要切实符合全过程的实际情况，不能与现实脱节。

4. 全面性。针对国内 PE 发展的状况，评价标准要包含该领域从最高水平到最低水平的整个情况，反映各个不同发展阶段的情况。

5. 可比性。不同行业的企业在同一评价指标体系上的定义区间、数量化标准等应相同，相互间应可加、可比或经换算后可加可比。

6. 可操作性。指标体系的设计不仅要在理论上行得通，在实际操作上也要简单易行。

7. 风险与收益统一原则。在完全有效资本市场上，高收益通常伴随着高风险。一方面，PE 投资为了获取高收益，必须要有承担高风险的心理准备；另一方面，PE 投资项目的高风险，必然导致 PE 投资家期望高的收益。指标体系应该体现风险与收益的统一，其中一个途径就是在指标体系中，既包括风险指标，又包括效益指标。

8. 定性分析与定量分析相结合原则。PE 投资风险评价是各方面因素综合作用的结果，评价指标既有项目本身的因素，又包括风险企业和管理团队，但是这些指标全部量化是不可能的。不精确、客观的量化无法准确评价 PE 投资项目的实际情况，而对那些无法定量描述的因素，必须用定性分析的方法加以描述和评价，以便能够全面、准确地反映实际情况。

9. 前瞻性。评价指标的设计既要立足现在，能为目前的 PE 投资行业服务，也要保持一定的超前性，能为未来发展的风险投资业服务。

10. 国际性。指标的内容既要适合中国国情，又要与国际标准接轨，以便中国的风险投资业变强变大，走向国际市场。

（二）PE 投资风险评价指标体系设计

根据上述风险因素的分析和评价指标体系设定的原则，结合国内外相关文献，综合考虑综合评价模型应用上的配套兼容性，筛选出最具有代表性、信息量最大的指标，构建了 PE 投资风险评价的指标体系，如图 10 - 1所示。指标体系分为目标层、要素层、子要素三个层次；其中共有 6 个一级指标和 28 个二级指标。

（三）PE 投资风险评价指标描述

1. 投资环境风险

投资环境风险包括政治法律风险、宏观经济风险、社会风险和自然风险等。

（1）政治、政策、法律风险

政治风险是指政局不稳定给风险投资预期目标带来的影响，有国际和

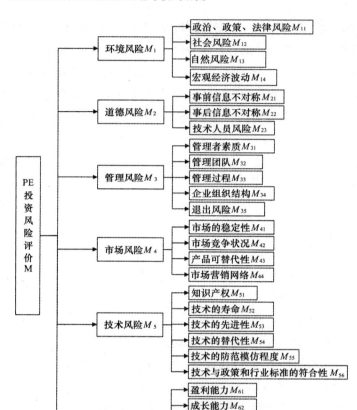

图 10 – 1　PE 投资风险评价指标体系

国内两个方面，即国家政权的稳定性和国家对外友好程度。政局的动荡必然会带来经济的不稳定，给 PE 投资带来影响。如在一个发生战乱的国家进行 PE 投资，风险会极高。

政策风险是指由于政策的变化或不连续而带来的影响，包括政策的宽松程度、产业及区域倾向、易变程度，也分国际和国内两个方面。国内产业政策、财政税收、货币金融政策等的变化必然对投资带来影响；国际方面，企业涉外经营可能受到有关国家政策变动的影响，如进口国的进口政策、资本管制等。

法律风险是指由于法律的变更或法律的不健全带来的影响，包括法律法规的健全程度、执行效果、居民的法律意识。PE 投资的法律法规和管理条例是否健全直接影响到项目投资的成败。

（2）社会风险

社会风险是指由于社会风俗习惯、价值观念、投资理念以及劳动者素质、劳动力的供应等方面的变化带来的影响。如果风险企业生产的产品不能与当地风俗习惯相容，消费者不接受该产品，必然给 PE 投资带来巨大损失。

（3）自然风险

自然风险是指因自然的不规则变化所导致的危害经济活动、物质生产或生命安全的风险。如地震、水灾、火灾、冻灾、旱灾、虫灾以及各种瘟疫等自然现象，在现实生活中是大量发生的。自然风险对 PE 投资活动的影响可多可少，具有局部性和选择性。

（4）宏观经济波动

宏观经济波动风险是指由于宏观经济的变化对 PE 投资造成的影响，诸如经济危机、通货膨胀、通货紧缩等导致的风险，包括经济发展速度及周期、该产业在本区域的聚焦度和成熟度。宏观经济发展较快并能保持快速增长，必然对 PE 投资带来积极影响，相反，宏观经济不景气甚至衰退，必然对 PE 投资带来消极影响。

2. 道德风险

通常情况下，道德风险放在管理风险中加以考虑，但由于中国社会信用体系残缺不全，缺乏个人信用考察和评价机制，人们普遍不注重信用的建立和维护，因此无论管理者、技术人员，还是普通职员，都存在道德风险，且道德风险发生的可能性比发达国家大。因此，这里特别将道德风险从管理风险中溢出，单独进行分析。

（1）事前信息不对称

事前信息不对称是指在风险企业和 PE 投资机构合作前，风险企业家为了自身的利益，对 PE 投资家隐瞒企业的某些情况，从而对 PE 投资机构产生不利影响的可能性。为防止此类风险，必须加强对风险企业的调查，从多方面获取企业的资料和信息，并注重对风险企业家道德信用的考察。

（2）事后信息不对称

事后信息不对称是指在双方合作后，由于企业的大部分信息掌握在企业经营者手中，而 PE 投资机构很难了解到企业的真实情况，企业经营者为满足自身利益而采取的不利于 PE 投资机构的行为及影响。为防止此类风险，要加强对风险企业的管理和控制，尽量多掌握企业的信息并保持对重大决策的决定权。

（3）技术人员风险

技术人员风险是指企业的技术人员出于自身利益考虑而做出的有损于企业利益的行为及影响。在风险企业中，由于关键技术只掌握在少数关键人物手中，技术人员隐藏信息的道德风险比管理人员更难监督，而且造成的损失可能更大。技术人员可能发生的道德风险有三种：技术人员隐藏技术开发的难度和关键障碍，故意夸大成功的概率，诱使 PE 投资注入资金，作为自己技术试验的经费；技术人员在技术开发成功后把成果留给风险企业，但是自己凭借已经熟悉的技术流程或内部资料，自己独立或与别人合作另开公司，仿制同类产品或者略加修改后，以新产品、新公司名义生产，这种情况多发生在软件开发行业；PE 投资投入大笔资金后，技术人员隐藏开发进展，或者技术开发成功后，技术人员向合作方报告称开发失败，而自己却把成果隐藏起来，事后拿已经取得的进展或隐藏起来的成果自己独立或与别人合作另开公司。这些情况多发生在配方研制、基因工程开发等项目中。

3. 管理风险

（1）管理者素质

创业者素质风险是指由于创业者自身能力的限制，不能对企业进行有效的管理，或其能力不能适应企业的发展要求，从而给风险企业发展带来的影响。由于在风险企业的成长过程中，风险企业家起着至关重要的作用，因此创业者的素质被认为是风险投资成功的最关键因素。管理者素质风险可能源于创业者的领导素质、价值理念、人格魅力、创新能力、学识才能、社会交往能力乃至身体素质等多方面。本节基于 PE 投资机构的角度，建立风险评价指标体系，因此主要是评价风险企业的管理者素质。

（2）管理团队

管理团队风险是指由于管理队伍的变动或由于团队的管理理念、学习能力、沟通能力、激励和约束机制等不能适应企业发展而带来的影响。一个管理团队是由管理、财务、技术、生产、营销等各方面人才组成的，是企业发展的基本保证。任何一个关键人员的流失或才能的缺陷，都会给风险企业带来影响。

（3）管理过程

管理过程风险是指风险企业在整个管理过程中面临的风险，主要目的是降低成本、提高服务质量、提高工作效率、提高对市场的反应速度，最终提高顾客满意度和市场竞争能力，并达到利润最大化和提高经营效益。管理过程是否流畅、协调，直接关系到管理的效率和质量。

（4）企业组织结构

组织机构风险是指企业的组织机构因各种原因不能适应企业发展所带来的影响。如风险企业的发展是由小到大、由简单到复杂迅速增长的，组织机构如果不能适应这种变化或改变组织机构的代价较高，那么必然给风险企业的正常发展带来不利影响。

（5）退出风险

退出风险，即 PE 投资机构在退出过程中，因退出渠道、时间、方式的不确定性造成的风险。退出渠道是否畅通直接关系到风险资本能否收回及回报率的高低，目前我国 PE 投资退出渠道有限，能取得最高收益的 IPO 退出方式在我国还很不畅通。退出渠道畅通性越高，投资风险相对就越低，在同等收益水平下，退出渠道畅通性高的风险企业容易吸引更多的投资。投资者对资金拥有时间的长短及回收后的获利情况必须进行仔细的推算和正确的衡量。因为流动速度较快的资金才能带来更多的投资机会，从而为 PE 投资机构带来更多的利益回报。一般比较理想的 PE 投资回报期是 4—5 年，过短，收益不高；过长，机会成本过高。风险投资的退出方式对风险企业和风险投资方都有重要影响，而且双方对退出方式的期望并不完全相同。一般来讲，PE 投资家是以利润回报的高低对退出方式进行取舍的，因此，对 PE 投资家来说，风险企业退出方式的首选是公开上市，因为在公开上市、出售或兼并、管理层收购三种方式中，一般来说，公开上市的回报最高，当然，这也是需要一定条件的。因此，PE 投资机构资本退出时间、方式的选取，直接决定了收益的高低，但 PE 投资的高风险、高收益，也预示着其退出风险不会太小。

4. 市场风险

（1）市场的稳定性

PE 投资在选择项目时，行业、市场是首要考虑因素。风险企业所面对的市场环境的稳定性，对其能否快速发展、吸引 PE 投资有一定的影响，市场环境的稳定性越高，风险企业获得成功的可能性就越高。一般来说，风险企业家为了使其企业或项目获得成功，通常会改进产品，加强技术创新，但技术与市场往往具有高度的不确定性。PE 投资家希望风险企业能很好地适应市场变化，项目投资成功，并获得最高收益，然而，风险企业固有的产品市场会使预期很难实现。因此，如果风险企业所面对的市场是稳定的或是相对稳定的，那么风险企业获得成功的可能性就高，显然，PE 投资的市场风险就相对较小。

（2）市场的竞争状况

市场竞争风险是指由于风险企业面临的市场竞争的变化不符合预期所带来的影响，可能过于激烈，也可能竞争适宜，主要来源于现有竞争者、潜在竞争者和替代品。现有竞争者造成的风险，可能使竞争进一步恶化，企业间产生对立和敌意情绪，导致不良后果。潜在竞争者风险，指由于新的竞争对手的加入，导致产品的供应量增加，而且一般情况下新企业提供的产品的价格会更低、更具竞争力，对自身产品构成威胁。替代品的出现会使风险企业产品的差异性和独特性变得模糊，削弱其竞争优势，加剧产品间的竞争并加大市场风险。风险企业在市场中应保持一定的竞争。但单从市场风险和 PE 投资方的角度来说，则是希望产品的竞争者越少越好。这里的竞争者状况包含两方面的意思，一方面是指竞争者人数的多少，另一方面是指竞争者质量的高低。数量的多少表明了竞争的激烈程度，而质量的高低则表明了其对本企业的威胁的大小。

（3）产品的可替代性

产品的可替代性是指两种产品之间能够相互替代以满足消费者的某一种欲望，一种产品销售量的增加会减少另一种产品的潜在销售量，反之亦然（如牛肉和猪肉）。很显然，产品在市场的可替代性越高，面临的市场风险就越大。因此，企业要努力提高产品的功能、质量，降低成本，以增强产品的竞争力，降低可替代性。

（4）市场营销网络

市场营销风险是指因风险企业的营销能力不足而引起的风险，主要包括：市场战略风险、市场价格风险、市场定位风险、服务承诺风险。企业的管理能力、财务状况、新技术的发明和利用只解决了企业的管理运营问题，而企业产品能否在市场中占据优势地位，则依赖成功的营销。因此，风险企业的市场营销能力对企业的成功和发展具有重要意义。风险企业对市场需求的预测能力、对目标市场的熟悉程度、对产品定价、分销渠道和促销方式的运用能力等都是 PE 投资家非常关心的，只有形成自己的市场营销网络，企业产品得到广大消费者的认可，才能促进 PE 投资良性循环，为企业做强做大奠定基础。

5. 技术风险

（1）知识产权

知识产权风险，是指开发技术由于各种原因而不能为风险企业拥有或不能得到有效的保护而被侵权所带来的影响。风险企业知识产权的保护措施越完善，被侵权的可能性就越低，技术的维护就相对越容易，因而技术风险就越低，更容易吸引 PE 投资的注意。

（2）技术的寿命

技术寿命风险，是指由于技术寿命长短的不确定性带来的影响。高新技术产品的特点是更新换代快、寿命周期短，若技术的寿命高于预期，将会带来积极效果；反之，则带来不利影响。当今世界科技飞速发展，技术不断进步，科研设施不断完善，不同领域的技术相互渗透，使产品的生命周期大大缩短，这在一定程度上提高了生产效率，但也面临更高的技术成本。因此技术的寿命、使用周期对 PE 投资家的投资判断也有一定的影响。

（3）技术的先进性

技术的先进性是技术具有投资价值的前提，独创、先进的技术可以为企业和产品带来独特的优势。其判断标准一般通过查新、检索国内外同类技术达到的参数来确定该项技术处于何种水平。独创、先进的技术可以为企业和产品带来竞争的优势，网络等行业技术的先进性还表现为用户服务的独特性。[①] 对于 PE 投资企业来说，技术越先进，技术领先的时间越长，企业成功的可能性就越高，投资的风险也就越小。

（4）技术的替代性

替代技术的出现会对风险企业的市场领先地位构成威胁，给风险企业的发展带来巨大的风险，尤其是在风险企业的新产品上市之际或上市后不久，风险企业投资失败的风险就更大了。技术的先进性决定了技术是否容易被替代，这就需要风险企业拥有先进、独特的技术，尽量降低技术的替

---

① 张军：《我国风险投资项目的风险评价体系研究》，硕士学位论文，重庆大学，2005 年。

代性。

（5）技术的防范模仿程度

技术一旦被成功模仿，就会丧失原有的领先地位，从而威胁该技术产品在市场竞争中的优势。如果一项技术对企业的规模、技术人员素质、资金、设备能力、原料等要求非常高，投资这项技术的风险就会加大。一旦市场情况发生变化，专门设备就没有其他用途，只能报废。这种情况对企业来说，进入障碍和退出障碍都很高，技术潜在的风险也很大。风险企业的产品越不易被模仿，其产品越难被仿制，其面临的市场风险就相对越小，其产品的市场潜力就越大。

（6）技术与政策和行业标准的符合性

技术与政策和行业标准的符合程度影响着企业的发展前景，技术与政策的标准越一致，风险企业的发展前景越好，潜力越大，PE 投资的风险也就越小，同时也为企业迅速进入市场、打开局面创造了有利条件。

6. 财务风险

（1）盈利能力

盈利能力是指企业的获利能力，又可定义为企业资金或资本的增值潜力，是企业受益量和收益水平的体现，盈利能力随着利润率的增高而增大。从盈利能力的分析中可以挖掘出经营管理中的问题。盈利能力通常包括营业利润率、成本费用利润率、盈余现金保障倍数、总资产报酬率、净资产收益率和资本收益率六项指标。财务风险随着盈利能力的增加而降低，风险企业盈利能力越高，投资成功的可能性就越高，投资风险越小。

（2）成长能力

成长能力，顾名思义，是指企业未来的发展趋势和发展速度，例如企业规模的增长、利润及所有权的增加。企业成长能力受到市场环境的影响，从资产规模、盈利能力、市场占有率持续增长的能力可以预测出企业的发展趋势。成长能力的评价指标有：主营业务收入增长率、净利润增长率、总资产增长率。

（3）营运能力

营运能力是指企业的经营运行能力，即企业运用各项资产以赚取利润的能力，包括企业在供、产、销各个环节的不确定性因素所导致的企业资本运动的迟滞和企业价值的变动。企业营运能力的财务分析指标有：存货周转率、总资产周转率、流动资产周转率。

（4）现金流量

现金流量是指企业在特定会计期间按照现金收付实现制，在一定经济活动（包括经营活动、投资活动、筹资活动和非经常性项目）中产生的现金流入、现金流出及其总量的变化情况。即企业一定时期的现金和现金等价物的流入和流出的数量。现金流量中的现金，不是我们通常所理解的手持现金，而是指企业的库存现金和银行存款，还包括现金等价物、现金、可以随时用于支付的银行存款和其他货币资金。现金流量的评价指标主要有：经营现金流量对销售收入比率和经营现金净流量与净利润的比率。

（5）偿债能力

企业的偿债能力是指企业用其资产偿还长期债务与短期债务的能力。指企业偿还到期债务的承受能力或保证程度，包括偿还短期债务和长期债务的能力。静态地讲，企业偿债能力就是用企业资产清偿企业债务的能力；动态地讲，就是用企业资产和经营过程创造的收益偿还债务的能力。因此，企业的现金支付能力和偿债能力是企业能否健康发展的关键。企业偿债能力评价指标主要包括：流动比率、速动比率、资产负债率。

（6）估值风险

估值风险是 PE 投资中稍微可以控制的风险，即 PE 投资可以选择信誉、能力等各方面良好的中介结构进行风险评估。估值风险包括价值评估风险和市场估值风险。

a. 价值评估风险。由于对行业和被投资企业未来发展潜力估计不充分，或者使用估值模型时对假设、条件等参数的设定错误等，导致 PE 投资低估被投资企业价值的风险。

b. 市场估值风险。由于受市场环境的影响，错误地评判市场环境，导致对被投资企业估值偏低，使 PE 投资的回报低于正常的风险回报。

三　PE 投资风险评价指标的评价标准

在运用评价指标进行评价打分时，必须按照一定的标准来进行。本节在进行评价时，根据各个细化指标的特点，把评价标准分为低风险、较低风险、中等风险、较高风险、高风险五个等级，表 10 - 1 即本节评价指标体系的评价标准。

表 10 - 1　　　　　　　　　PE 投资风险评价指标的评价标准

评价指标		评价标准				
		低风险	较低风险	中等风险	较高风险	高风险
环境风险 M_1	政治、政策、法律风险 M_{11}	国家政权、政策非常稳定，与其他国家非常友好；法律非常健全，居民法律意识非常高	国家政权、政策比较稳定，与其他国家友好；法律比较健全，居民法律意识比较高	国家各项政策、法律一般，与其他国家关系一般	国家政权较不稳定，与其他国家不太友好	国家政权不稳定，与其他国家不友好
	社会风险 M_{12}	社会习俗非常好，各行业发展非常好	社会习俗比较好，各行业发展较好	社会各行业发展一般	社会习俗比较差，各行业发展较差	社会习俗差，各行业发展参差不齐
	自然风险 M_{13}	自然灾害损失非常少	自然灾害损失较少	自然天气、地壳运动正常	自然灾害损失较多	自然灾害损失多
	宏观经济波动 M_{14}	经济发展状况非常好，通货膨胀、紧缩几乎没有	经济发展状况较好	经济发展状况一般	经济发展状况较差	经济发展状况差，通货膨胀、紧缩严重
道德风险 M_2	事前信息不对称 M_{21}	事前信息非常对称、公开	事前信息比较对称	事前信息对称	事前信息较不对称	事前信息不对称
	事后信息不对称 M_{22}	事后信息非常对称、公开	事后信息比较对称	事后信息对称	事后信息较不对称	事后信息不对称
	技术人员风险 M_{23}	技术人员道德高，风险非常小	技术人员道德高，风险小	技术人员风险中等	技术人员道德低，风险较小	技术人员道德低，风险大

评价指标		评价标准				
		低风险	较低风险	中等风险	较高风险	高风险
管理风险 M_3	管理者素质 M_{31}	管理者各项能力、素质非常高，具有非常高的人格魅力	管理者各项能力、素质比较高，具有良好的人格魅力	管理者各项能力、素质一般	管理者各项能力、素质较差，具有较低的人格魅力	管理者各项能力、素质差，没有人格魅力
	管理团队 M_{32}	管理团队非常好，具有非常丰富的管理经验	管理团队较好，具有较丰富的管理经验	管理团队管理能力一般	管理团队较差，缺乏一定的管理经验	管理团队差，缺乏管理经验
	管理过程 M_{33}	管理过程非常流畅，各个部门之间协调非常好	管理过程比较流畅，各个部门之间协调较好	管理过程一般	管理过程不太流畅，各个部门之间协调一般	管理过程不流畅，各个部门之间协调差，容易出现漏洞
	企业组织结构 M_{34}	企业组织结构非常科学，管理非常好	企业组织结构比较科学，管理好	企业组织结构一般	企业组织结构不太科学，管理较差	企业组织结构不科学，管理差
	退出风险 M_{35}	退出状况非常好，能够按理想的退出方式退出，并获得最大收益	退出状况好，能够按理想的退出方式退出	退出状况好，并获得中等收益	退出状况较差，能够退出，但收益不大	退出状况差，不能按理想的退出方式退出
	市场的稳定性 M_{41}	在未来可以预见的 3—5 年内，预计市场非常稳定	在未来可以预见的 3—5 年内，预计市场变化不大	在未来可以预见的 3—5 年内，预计市场有变化	在未来可预见的 3—5 年内，预计市场变化比较大	在未来可以预见的 3—5 年内，预计市场变化很大
	市场竞争状况 M_{42}	市场上几乎没有竞争者，属于垄断类型	市场上有少量竞争者	市场上有一定程度竞争者，属于寡头垄断类型	市场上竞争较激烈	市场竞争非常激烈，属于垄断竞争类型

续表

评价指标		评价标准				
		低风险	较低风险	中等风险	较高风险	高风险
市场风险 M_4	产品的可替代性 M_{43}	产品有自己的市场，非常难被替代、模仿	产品有自己的部分市场，较难被替代、模仿	产品的可替代程度一般	产品有自己较小的市场，比较容易被替代、模仿	产品几乎没有自己的市场，非常容易被替代、模仿
	市场营销网络 M_{44}	企业的营销网络非常健全，营销战略、模式、能力非常优秀	企业的营销网络比较健全，营销战略、模式、能力优秀	企业的营销网络一般	企业的营销网络不太健全，营销战略、模式、能力较差	企业的营销网络不健全，营销战略、模式、能力差
技术风险 M_5	知识产权 M_{51}	具有自主的知识产权	具有大部分的知识产权	具有一般知识产权	具有较少的知识产权	只有一小部分或没有
	技术的寿命 M_{52}	很长	较长	一般	较短	短
	技术的先进性 M_{53}	在未来可以预见的3—5年内，技术处于领先地位	在未来可以预见的3—5年内，技术处于较领先地位	在未来可以预见的1—3年内，技术处于领先地位	在未来可以预见的1年内，技术处于领先地位	在可以预见的短时间内，将很快失去领先地位
	技术的替代性 M_{54}	在未来可以预见的3—5年内，不会出现替代技术	在未来可以预见的3—5年内，会出现替代技术	在未来可以预见的1—3年内，不会出现替代技术	在未来可以预见的1—3年内，会出现替代技术	在可以预见的短时间内，将很快出现替代技术
	技术的防范模仿程度 M_{55}	技术开发难度很大，产品很难被模仿	技术开发难度比较大，产品不易被模仿	技术开发难度一般，产品有可能被模仿	技术开发难度一般，产品容易被模仿	技术开发难度比较小，产品很容易被模仿
	技术与政策和行业标准的符合性 M_{56}	技术与政策和行业标准相符合，对企业发展有利	技术与政策和行业标准比较一致，对企业发展有利	技术与政策和行业标准比较一致，对企业影响不大	技术与政策和行业标准存在冲突，对企业影响不大	技术与政策和行业标准存在冲突，有可能出现问题

评价指标		评价标准				
		低风险	较低风险	中等风险	较高风险	高风险
财务风险 M_6	盈利能力 M_{61}	企业盈利能力非常高	企业盈利能力较高	企业盈利能力一般	企业盈利能力较低	企业盈利能力低
	成长能力 M_{62}	企业成长能力非常高	企业成长能力较高	企业成长能力一般	企业成长能力较低	企业成长能力低
	营运能力 M_{63}	企业营运能力非常高	企业营运能力较高	企业营运能力一般	企业营运能力较低	企业营运能力低
	现金流量 M_{64}	企业现金流量、现金周转非常灵活	企业现金流量、现金周转较灵活	企业现金流量、现金周转一般	企业现金流量、现金周转较差	企业现金流量、现金周转差
	偿债能力 M_{65}	企业偿债能力非常好	企业偿债能力较好	企业偿债能力中等	企业偿债能力较差	企业偿债能力差
	估值风险 M_{66}	对目标企业、市场估值几乎没有偏差，非常准确	对目标企业估值没有偏差，较准确	对目标企业估值有偏差	对目标企业估值有偏差，不准确	对目标企业估值有较大偏差，不准确

第二节 PE投资风险评价——模糊综合评价模型

一 确定评价指标

本节根据前人的研究成果，结合德尔菲法和头脑风暴法，形成了PE投资风险评价指标体系。该指标体系分为目标层、要素层和子要素层三个层次；评价指标共有1个一级指标、6个二级指标、28个三级指标，如表10-2所示。

表 10－2 　　　　　　　　　PE 投资风险评价指标体系

一级指标（目标层）	二级指标（要素层）	三级指标（子要素层）
P E 投 资 风 险 M	环境风险 M_1	政治、政策、法律风险 M_{11}
		社会风险 M_{12}
		自然风险 M_{13}
		宏观经济波动 M_{14}
	道德风险 M_2	事前信息不对称 M_{21}
		事后信息不对称 M_{22}
		技术人员风险 M_{23}
	管理风险 M_3	管理者素质 M_{31}
		管理团队 M_{32}
		管理过程 M_{33}
		企业组织结构 M_{34}
		退出风险 M_{35}
	市场风险 M_4	市场的稳定性 M_{41}
		市场竞争状况 M_{42}
		产品的可替代性 M_{43}
		市场营销网络 M_{44}
	技术风险 M_5	知识产权 M_{51}
		技术的寿命 M_{52}
		技术的先进性 M_{53}
		技术的替代性 M_{54}
		技术的防范模仿程度 M_{55}
		技术与政策和行业标准的符合性 M_{56}
	财务风险 M_6	盈利能力 M_{61}
		成长能力 M_{62}
		营运能力 M_{63}
		现金流量 M_{64}
		偿债能力 M_{65}
		估值风险 M_{66}

按照 AHP 建立的各个指标的权重，二级风险因素层指标集为 $M = (M_1, M_2, \cdots, M_6)$；相应权重集为 $A = (a_1, a_2, \cdots, a_6)$。其中 a_i 表示

指标 M_i 在 M 中的比重，且 $0 < a_i \leqslant 1$。

三级风险因素层指标集为 $M_i = (M_{i1}, M_{i2}, \cdots, M_{ij})$；相应权重集为 $a_i = (a_{i1}, a_{i2}, \cdots, a_{ij})$。其中 a_{ij} 表示指标 M_{ij} 在 M_i 中的比重，且有 $0 \leqslant a_{ij} \leqslant 1$，$a_{i1} + a_{i2} + \cdots + a_{ij} = 1$。

二　确定评价等级和标准

将风险程度分为五个等级：低风险、较低风险、中等风险、较高风险、高风险。上述五个评价等级构成评价等级元素的集合：$V = (V_1, V_2, V_3, V_4, V_5)$。

三　评价指标的权重分配

评价等级确定后，如何分配各指标体系的权重就成为主要问题。

指标体系中各层次指标对上层指标的权重，既表明了各指标间的相对重要性，也是进行综合评价的前提。指标权重是否合理、是否能反映实际情况，对最终的评价结果影响重大。结合 PE 投资风险评价的实际情况，本节在计算指标的权重时采用德尔菲法与层次分析法相结合的定性定量方法。

德尔菲法是兰德公司提出并使用的一种专家经验意见综合分析法，用于解决难以通过数学模型进行分析的问题，是全球 120 多种预测方法中使用比例最高的一种。其核心是"利用一系列简明扼要的征询表和对征询意见的有控制的反馈，从而取得一组专家的最可靠的统一意见"。德尔菲法的最大优点是：在缺乏足够的统计数据和原始的、规范的资料的情况下，做出定量评估和文献上还未反映的信息。它是一种软科学的调查方法，具有匿名性、反复性、统计性的特征。较数学方法预测更适合指标众多、相互关系复杂、动态性强的经济、社会、生态系统研究。

层次分析法（Analytic Hierarchy Process，AHP 法）是 20 世纪 70 年代，美国匹兹堡大学教授沙旦（T. L. Saaty）提出的多目标决策分析方法，广泛应用于复杂系统研究分析与决策。这种方法可以将决策者的经验判断进行量化，在解决目标（因素）结构复杂且缺乏必要数据的问题时更为实用。通过分析复杂问题包含的因素及其相互关系，将问题先分解为不同的因素、层次，形成一个多层次的系统结构图。如表 10 – 3 所示。在每一层次，按照一定的准则由专家对该层元素进行配对比较。利用线性矩阵的最大特征向量层层递进，对每个项目的风险程度进行量化衡量，为所有备选项目方案的风险排序提供依据。

表 10－3　　层次分析法和模糊综合评价法相结合的步骤与主要内容

步骤	层次结构图	层次分析法确定指标权重		模糊综合评价法计算综合评价值		
		判断矩阵	层次排序	模糊评价矩阵	单因素矩阵	综合评价结果
内容	1. 目标层	1. 标度方法	1. 特征向量	1. 指标评分标准	模糊矩阵符合运算	1. 指标层各因素评价、目标层综合评价
	2. 准则层	2. 请专家打分	2. 最大特征根一致性检验，即 CI 检验、CR 检验	2. 指标评分方法		2. 投资项目综合评价分值
	3. 指标层	3. 产生判断矩阵的判断数	3. 表格汇总	3. 评价矩阵（专家评级结果）		
	4. 分指标层	4. 形成判断矩阵				

资料来源：杨敏：《风险投资的风险分析与控制》，《思想战线》2002 年第 6 期。

本书采用 AHP 方法求各指标的权重，具体步骤如下。

第一步，建立递阶层次结构，见图 10－1。

第二步，建立判断矩阵，采用通用的 1—9 比例标度来构造判断矩阵 R，$R = (V_k)$ $(i, j = 1, 2, \cdots, n)$，其中 a_{ij} 表示元素 i 对元素 j 的相对重要程度，$a_{ij} = 1$，$a_{ij} = 1/a_{ij}$ $(i, j = 1, 2, \cdots, n)$。

针对上一层次某元素，对每一层次各个元素的相对重要性进行两两比较，并给出判断。这些判断用数值表示出来，写成矩阵形式，即所谓的判断矩阵。假定 M 层次中元素 M_i 与下一层次元素有联系，则构造的判断矩阵如下：

M_{k1}	M_1	M_2	$\cdots$	M_n
M_1	a_{11}	a_{12}	$\cdots$	a_{1n}
M_2	a_{21}	a_{22}	$\cdots$	a_{2n}
$\cdots$	$\cdots$	$\cdots$	$\cdots$	$\cdots$
M_n	a_{n1}	a_{n2}	$\cdots$	a_{nn}

其中，a_{ij} 表示对于 V_k 而言，M_i 对 M_j 的相对重要性，通常取 1，2，$\cdots$，9 及它们的倒数，其含义如表 10-4 所示。

表 10-4　　　　　　　　　1—9 标度方法

重要性程度	定义	说明
1	同等重要	表示 M_i 与 M_j 同等重要
3	稍微重要	表示 M_i 与 M_j 稍微重要
5	明显重要	表示 M_i 与 M_j 明显重要
7	强烈重要	表示 M_i 与 M_j 强烈重要
9	极端重要	表示 M_i 与 M_j 极端重要
2、4、6、8	两相邻判断的中间值	
1/2，1/3，$\cdots$，1/9	上述非负值的倒数，表示 M_i 与 M_j 的比较	

显然对判断矩阵有，$a_{ii}=1$，$a_{ij}=1/a_{ji}$（i，$j=1$，2，$\cdots$，n）。因此对 n 阶判断矩阵，仅需对 $n(n+1)/2$ 个元素给出数值。本书中各个指标之前标度值均采用上述的专家打分法确定。

第三步，请专家打分。德尔菲法要求对每一对指标的组合，某名专家就其相对重要程度依据评价标准进行打分。

第四步，综合专家的意见，进行统计，并将统计后的结果反馈给专家，要求其进行修正或给出不修正而继续坚持的理由。

第五步，求各指标的权重。对评价上级因素的下一级因素权重，可通过计算相应判断矩阵的最大特征值及其对应的特征向量来获得并进行一致性检验。权重是由判断矩阵的特征向量 Y 经归一化处理后得出的，特征向量 Y 的分量 y_i 由下列公式计算：

$$y_i = (\prod_{j=1}^{n} a_{ij})^{1/n}，\text{其中 } i=1，2，3，\cdots，n \qquad \cdots\cdots（1）$$

式中 n 为判断矩阵的阶数，y_i 为判断矩阵特征向量 Y 的分量，a_{ij} 为判断矩阵中的元素。判断矩阵的特征向量为 $Y = (y_1, y_2, \ldots, y_n)$。

对特征向量 Y 进行归一化处理，即可获得 M_i 的权重 B_i 为

$$B_i = \frac{y_i}{\sum\limits_{i=1}^{n} y_i} \qquad \cdots\cdots (2)$$

第六步，一致性检验。一般来说，判断矩阵中的元素不一定具有一致性，如果有一致性，则该矩阵是完全一致的。但事实上由于人们判断的多样性，不可能准确地判断出 a_{ij} 的值，只能对其进行估计，估计的偏差使特征向量也出现偏差。因此，不要求判断矩阵完全一致，允许存在一定的偏差，但要求判断矩阵要有一致性，不能出现 M_1 比 M_2 重要，M_2 比 M_3 重要，而 M_3 又比 M_1 重要的逻辑错误。为了防止偏差过大而影响评价结果，当 $n > 2$ 时必须进行一致性检验。

一致性指标 CI 可由下式求得

$$M \cdot Y = \lambda \cdot Y \qquad \cdots\cdots (3)$$

$$CI = \frac{\lambda_{max} - n}{n - 1} \qquad \cdots\cdots (4)$$

(3) 式、(4) 式中 M 为判断矩阵，Y 为判断矩阵的特征向量，λ 为判断矩阵的特征值，λ_{max} 为判断矩阵的最大特征值。

当 $\lambda \approx n$，即 $CI \approx 0$ 时，判断矩阵满足一致性条件；当 $\lambda > n$，即 $CI > 0$ 时，不满足一致性条件，需进行相对一致性指标的计算。

相对一致性指标 CR 可由下式求得

$$CR = \frac{RI}{CI} \qquad \cdots\cdots (5)$$

其中 RI 为平均随机一致性指标，可由表 10 - 5 查得。

表 10 - 5　　　　　　　　　　平均随机一致性指标

阶数	1	2	3	4	5	6	7	8	9
RI	0.00	0.00	0.58	0.90	1.12	1.24	1.32	1.41	1.45

一般认为，当 $CR < 0.1$ 时，矩阵具有良好的一致性，可以接受；否则不能接受，需要对矩阵进行调整。

四　评价矩阵 R_i 的确定

若共有 n 位评审专家，对第 M_{ij} 项指标合计共有 M_{ijk} 个人在等级 V_k 上画"√"，那么可以认为整个评审委员会对该企业在 M_{ijk} 项指标方面的评价为画"√"的概率 $r_{ijk} = m_{ijk}/n$（$k = 1$，2，3，4，5），这是单项指标的评价结果。

根据评审委员在该项指标五个等级画"√"的频率统计数据，可以写成一个单项指标评价的行矩阵，即

$$R_{ij} = (r_{ij1}, r_{ij2}, r_{ij3}, r_{ij4}, r_{ij5}) =$$
$$(m_{ij1}/n, m_{ij2}/n, m_{ij3}/n, m_{ij4}/n, m_{ij5}/n) \quad\quad \cdots\cdots (6)$$

若在某一等级处评审委员没人画"√"，则得到 r_{ijk} 的值为零，说明该企业在此项指标方面完全不属于 V_k 这个等级。

由此可得到评价矩阵：

$$R_i = \begin{pmatrix} R_{i1} \\ R_{i2} \\ R_{i3} \\ R_{i4} \\ R_{i5} \end{pmatrix} = \begin{pmatrix} r_{i11} & r_{i12} & \cdots & r_{i15} \\ r_{i21} & r_{i22} & \cdots & r_{i25} \\ \cdots & \cdots & \cdots & \cdots \\ r_{ij1} & r_{ij2} & \cdots & r_{ij5} \end{pmatrix} (i = 1, 2, 3, 4, 5, 6)$$

$$\cdots\cdots (7)$$

（6）式中，下标 j 为各评价指标子集中含有指标的数目；k 为风险的等级数。

五　综合评价

应用模糊综合评价模型：

$$(a_{i1}, a_{i2}, \cdots, a_{ij}) \begin{pmatrix} r_{i11} & r_{i21} & \cdots & r_{i15} \\ r_{i21} & r_{i22} & \cdots & r_{i25} \\ \cdots & \cdots & \cdots & \cdots \\ r_{ij1} & r_{ij2} & \cdots & r_{ij5} \end{pmatrix} = (b_{i1}, b_{i2}, b_{i3}, b_{i4}, b_{i5})$$

模糊子集 $B_i = (b_{i1}, b_{i2}, b_{i3}, b_{i4}, b_{i5})$（$i = 1, 2, 3, 4, 5, 6$）是二级指标的综合评价结果，表示在 $M_i = (1, 2, 3, 4, 5, 6)$ 范围内，某PE投资项目中的各项风险指标分别以百分之多少的比例处于"低风险"、"较低风险"、"中等风险"、"较高风险"、"高风险"五个等级，0

$\leqslant b_{ik} \leqslant 1$。

通过对二级指标的综合评价运算，得到对评价指标子集的综合评价结果 B_1、B_2、B_3、B_4、B_5、B_6，可构成一个总的评价矩阵 R，即

$$R = \begin{pmatrix} B_1 \\ B_2 \\ \cdots \\ B_6 \end{pmatrix} = \begin{pmatrix} b_{11} & b_{12} & \cdots & b_{15} \\ b_{21} & b_{22} & \cdots & b_{25} \\ \cdots & \cdots & \cdots & \cdots \\ b_{61} & b_{62} & \cdots & b_{65} \end{pmatrix}$$

权向量 $A = (a_1, a_2, a_3, \cdots, a_6)$

按照模糊综合评价模型公式，进行一级指标的综合运算：$A \times R = B$，即

$$(a_1, a_2, \cdots a_6) \begin{pmatrix} b_{11} & b_{12} & \cdots & b_{15} \\ b_{21} & b_{22} & \cdots & b_{25} \\ \cdots & \cdots & \cdots & \cdots \\ b_{61} & b_{62} & \cdots & b_{65} \end{pmatrix} = (b_1, b_2, b_3, b_4, b_5)$$

按照最大隶属度原则，在 $(b_1, b_2, b_3, b_4, b_5)$ 中数值最大者所对应的等级即为该项目的风险等级。同时要考虑风险分布是比较平均，还是集中度较高，最终确定该投资项目的风险等级，判定其处于五级风险评价中的第几级。

第三节 PE 投资风险评价实证研究

一 项目简介

（一）案例一①

2011 年 11 月 1 日，鑫达集团宣布来自摩根士坦利私募股权亚洲投资（Morgan Stanley Private Equity Asia）的 1 亿美元股权投资已顺利完成。根据协议，鑫达集团向摩根士坦利发行 1600 万股 D 系列优先股，摩根士坦利将购买总计价值为 1 亿美元的可赎回可转换优先股（D 系列），可以以 6.25 美元/每股的初始转换价格转换为普通股，在惯常防稀释条款下做相应调整。相对于 10 月 31 日鑫达集团 4.36 美元/股的收

---

① 股权中国网，http://www.vcpe.com.cn/financedetail.aspx。

盘价格，明显存在大幅溢价。在全面摊薄基础上，摩根士坦利将持有公司23.8%的股权，成为继鑫达集团董事长兼首席执行官韩杰之后的第二大股东。因此，摩根士坦利有权委派两名董事加入公司董事会，使公司董事会成员达到9名。据经济观察网报道，摩根士坦利之所以敢于大幅溢价收购鑫达集团的股份，是因为有对赌协议保障。如果鑫达集团2011年的净利润达不到3.6亿元人民币，2012年达不到5.2亿元人民币，2013年达不到8亿元人民币的话，公司董事长将向摩根士坦利赔付股份。

鑫达集团（CXDC）是大中华地区首家在NASDAQ上市的塑料新材料企业，通过其全资子公司哈尔滨鑫达高分子材料有限责任公司从事改性塑料的研发、生产和销售，主要用于汽车行业。公司的汽车专用塑料产品被广泛应用于奥迪、红旗、大众、马自达等30余种车型的外饰件、内饰件及功能件，公司产品还广泛应用于船舶、高速列车、航空航天等高端领域。目前，鑫达大约生产145种汽车专用改性塑料产品，其中117项通过一家或多家中国汽车生产商认证。公司于2009年1月在美国场外柜台交易市场挂牌交易，当日股价为1.24美元。

摩根士坦利（Morgan Stanley，NYSE：MS），财经界俗称"大摩"，是一家成立于美国纽约的国际金融服务公司，提供包括证券、资产管理、企业合并重组和信用卡等多种金融服务。摩根士坦利是一家全球领先的国际性金融服务公司，业务范围涵盖投资银行、证券、投资管理以及财富管理。公司在全球37个国家设有超过1200家办事处，为各地企业、政府机关、事业机构和个人投资者提供服务。摩根士坦利是最早进入中国发展的国际投资银行之一，多年来业绩卓越。

（二）案例二

2007年1月7日，太子奶集团正式对外宣布，英联、高盛以及摩根士坦利三家世界著名投资银行完成对太子奶的私募。高盛参与投资的是旗下的对冲基金，摩根士坦利旗下的投资者为特殊账款基金，而英联使用的则是自有资金。三家投资银行决定共同出资7300万美元，其中英联出资4000万美元，摩根士坦利为1800万美元，高盛则为1500万美元。这三家投行联手在合资公司里约占30%股份，而太子奶集团董事长李途纯本人将持有该公司70%的普通股。太子奶将通过太子奶开曼公司对其国内所有乳饮料企业实行收购，然后整体包装海外上市。至于估值方式，则是参照太子奶的市值溢价 10 倍计算。这是三大国际投行在中国首次联手投资一家企业，并与太子奶集团签订了对赌协议。协议条款规定：太子奶集团在收到 7300 万美元注资后的前三年，如果业绩增长超过 50%，就可以调整（降低）对方股权；如果完不成 30% 的业绩增长，李途纯将会失去控股权。2008 年，三聚氰胺危机发生后以及金融危机愈演愈烈时，太子奶因大规模扩张导致资金链断裂，不得不大规模裁员，关闭位于北京、株洲等地的连锁店；其在西南地区的生产基地也已经停产，甚至有各地经销商集体逼讨债务。2008 年 11 月 21 日，太子奶股东达成协议，高盛、摩根士坦利、英联等受让李途纯此前所持太子奶全部股权，李途纯将仅保留名誉董事长一职。但众 PE 根本无法接管和管理公司，只好再把李途纯请回来。然而太子奶最终破产倒闭。

二　实证分析

（一）案例一

就该项目的风险评价，有公司的 7 位项目经理和 13 位专家学者参与，先对他们就本评价体系的使用方法进行培训。在评价之前，让 20 位专家通过一些文字资料，如商业计划书、管理制度等熟悉该公司管理的基本情况。然后，与项目主持人、管理团队进行面谈，当面询问一些具体情况，并考察主持人和管理团队成员的个人素质。最后，到该公司项目研发地实地考察，观察其日常工作情况。在评价过程中，各位项目评价者相互之间回避，各自独立地在评价指标等级标准表上根据个人的观点画勾。评价完成之后，根据项目评价者的评价结果，综合给出的分数，运用本评价体系进行分析，并得出最后的评价结果，确定鑫达集团投资风险的大小。专家打分情况如下：

$$\text{环境风险的判断矩阵 } M_1 = \begin{pmatrix} 1 & 5 & 1 & 3 \\ 1/5 & 1 & 1 & 1 \\ 1 & 1 & 1 & 2 \\ 1/3 & 1 & 1/2 & 1 \end{pmatrix}$$

$$\text{道德风险的判断矩阵 } M_2 = \begin{pmatrix} 1 & 1 & 3 \\ 1 & 1 & 2 \\ 1/3 & 1/2 & 1 \end{pmatrix}$$

管理风险的判断矩阵 $M_3 = \begin{pmatrix} 1 & 2 & 2 & 1 & 2 \\ 1/2 & 1 & 5 & 1 & 3 \\ 1/2 & 1/5 & 1 & 1/3 & 1 \\ 1 & 1 & 3 & 1 & 1 \\ 1/2 & 1/3 & 1 & 1 & 1 \end{pmatrix}$

市场风险的判断矩阵 $M_4 = \begin{pmatrix} 1 & 1/5 & 1/3 & 2 \\ 5 & 1 & 3 & 3 \\ 3 & 1/3 & 1 & 2 \\ 1/2 & 1/3 & 1/2 & 1 \end{pmatrix}$

技术风险的判断矩阵 $M_5 = \begin{pmatrix} 1 & 2 & 1/3 & 1/2 & 1/2 & 1 \\ 1/2 & 1 & 1/5 & 1/3 & 1/4 & 1/2 \\ 3 & 5 & 1 & 2 & 2 & 4 \\ 2 & 3 & 1/2 & 1 & 1 & 2 \\ 2 & 4 & 1/2 & 1 & 1 & 3 \\ 1 & 2 & 1/4 & 1/2 & 1/3 & 1 \end{pmatrix}$

财务风险的判断矩阵 $M_6 = \begin{pmatrix} 1 & 2 & 3 & 2 & 3 & 4 \\ 1/2 & 1 & 4 & 2 & 3 & 4 \\ 1/3 & 1/4 & 1 & 1/2 & 1/2 & 2 \\ 1/2 & 1/2 & 2 & 1 & 1 & 2 \\ 1/3 & 1/3 & 2 & 1 & 1 & 2 \\ 1/4 & 1/4 & 1/2 & 1/2 & 1/2 & 1 \end{pmatrix}$

非系统风险的判断矩阵 $M_7 = \begin{pmatrix} 1 & 1 & 1/4 & 1/3 & 1/2 & 1/2 \\ 1 & 1 & 1/4 & 1/3 & 1/2 & 1/2 \\ 4 & 4 & 1 & 2 & 3 & 2 \\ 3 & 3 & 1/2 & 1 & 2 & 2 \\ 2 & 2 & 1/3 & 1/2 & 1 & 1 \\ 2 & 2 & 1/2 & 1/2 & 1 & 1 \end{pmatrix}$

首先根据层次分析法和权重计算公式，计算出各判断矩阵的权重向量。然后通过 Matlab 软件，计算出判断矩阵的最大特征值 λ_{max}，然后根据公式 $CI = \dfrac{\lambda_{max} - n}{n-1}$，计算出 CI 的值，最后依据公式 $CR = \dfrac{RI}{CI}$，计算出判断

矩阵 M_i 的一致性。具体计算结果及一致性检验结果，如图 10 - 2 和表 10 - 2所示。

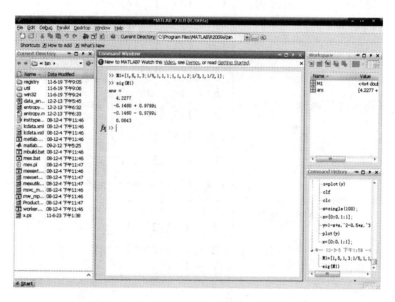

图 10 - 2　Matlab 软件计算矩阵最大特征值

表 10 - 6　　　　　　各层次指标的权重及其一致性检验结果

指标		权重向量	CI	RI	CR	一致性
A		(0.075, 0.075, 0.343, 0.231, 0.133, 0.143)	0.0096	1.24	0.008	一致
	A_1	(0.441, 0.150, 0.266, 0.143)	0.076	0.90	0.084	一致
	A_2	(0.443, 0.388, 0.169)	0.009	0.58	0.016	一致
	A_3	(0.277, 0.274, 0.093, 0.228, 0.128)	0.081	1.12	0.072	一致
	A_4	(0.123, 0.526, 0.242, 0.109)	0.074	0.90	0.082	一致
	A_5	(0.104, 0.056, 0.348, 0.188, 0.212, 0.092)	0.009	1.24	0.007	一致
	A_6	(0.322, 0.268, 0.083, 0.141, 0.123, 0.063)	0.099	1.24	0.080	一致

对指标的隶属度进行打分，取 $V=5$，即将风险程度分为五个等级：低风险、较低风险、一般风险、较高风险、高风险。上述五个评价等级构成评价等级元素的集合：$V=(V_1, V_2, V_3, V_4, V_5)$。根据专家对各层次评价指标隶属度的打分情况，汇总后如表 10-7 所示。

表 10-7　　　　　PE 投资风险评价指标的打分汇总

评价指标体系		评价标准				
		低风险	较低风险	一般风险	较高风险	高风险
环境风险	政治、政策、法律风险	0.5	0.3	0.1	0.1	0.0
	社会风险	0.6	0.2	0.1	0.1	0.0
	自然风险	0.4	0.2	0.2	0.1	0.1
	宏观、微观经济波动	0.5	0.2	0.1	0.2	0.0
道德风险	事前信息不对称	0.0	0.2	0.1	0.3	0.4
	事后信息不对称	0.2	0.3	0.3	0.2	0.0
	技术人员风险	0.3	0.1	0.2	0.3	0.1
管理风险	管理者素质	0.5	0.3	0.2	0.0	0.0
	管理团队	0.4	0.3	0.2	0.1	0.0
	管理过程	0.4	0.3	0.2	0.1	0.0
	企业组织结构	0.5	0.2	0.2	0.1	0.0
	退出风险	0.6	0.3	0.1	0.0	0.0
市场风险	市场的稳定性	0.5	0.3	0.1	0.1	0.0
	市场竞争状况	0.5	0.3	0.1	0.1	0.0
	产品的可替代性	0.2	0.3	0.4	0.1	0.0
	市场营销网络	0.5	0.3	0.2	0.0	0.0
技术风险	知识产权	0.6	0.3	0.1	0.0	0.0
	技术的寿命	0.5	0.2	0.2	0.0	0.0
	技术的先进性	0.3	0.3	0.2	0.1	0.1
	技术的替代性	0.3	0.2	0.2	0.2	0.1
	技术的防范模仿程度	0.4	0.2	0.1	0.2	0.1
	技术与政策和行业标准的符合性	0.6	0.2	0.2	0.0	0.0

续表

评价指标体系		评价标准				
		低风险	较低风险	一般风险	较高风险	高风险
财务风险	盈利能力	0.4	0.2	0.2	0.2	0.0
	成长能力	0.5	0.2	0.2	0.1	0.0
	营运能力	0.5	0.2	0.2	0.1	0.0
	现金流量	0.4	0.2	0.2	0.1	0.1
	偿债能力	0.7	0.2	0.1	0.0	0.0
	估值风险	0.4	0.2	0.2	0.1	0.1

$$则 R_1 = \begin{pmatrix} 0.5 & 0.3 & 0.1 & 0.1 & 0.0 \\ 0.6 & 0.2 & 0.1 & 0.1 & 0.0 \\ 0.4 & 0.2 & 0.2 & 0.1 & 0.1 \\ 0.5 & 0.2 & 0.1 & 0.2 & 0.0 \end{pmatrix}$$

根据模糊综合评价公式 $A \times R = B$，即可求得模糊评价结果：

$$B_1 = A_1 \times R_1 = (0.441, 0.150, 0.266, 0.143) \times$$

$$\begin{pmatrix} 0.5 & 0.3 & 0.1 & 0.1 & 0 \\ 0.6 & 0.2 & 0.1 & 0.1 & 0 \\ 0.4 & 0.2 & 0.2 & 0.1 & 0.1 \\ 0.5 & 0.2 & 0.1 & 0.2 & 0 \end{pmatrix} = (0.488, 0.244, 0.127, 0.114, 0.027)$$

在案例一中，鑫达集团主要从事改性塑料的研发、生产和销售，属于制造业，且近几年国家对制造业越来越重视，其宏观环境也相对比较稳定。通过本书建立的 PE 投资风险评价指标体系，按照最大隶属度原则，其中数值最大者 0.488 所对应的等级为该项目的风险等级，即"低风险"，且"较低风险"等级对应的数值是 0.244，低风险和较低风险数值之和为 0.732。因此，该投资项目环境风险较低，可以进行投资。同理，可计算出 $B_2 = (0.128, 0.222, 0.195, 0.261, 0.194)$。

由于信息不对称的缘故，PE 投资双方都有可能隐藏对自己有利的信息，因此，该项目的道德风险处于中等水平，分布较均匀。

$$B_3 = (0.476, 0.277, 0.187, 0.060, 0)$$

鑫达集团是大中华地区首家在 NASDAQ 上市的塑料新材料企业，多年来一直秉承"人本管理、人企共进"的管理理念，且属于制造业的先锋和成熟企业，因此其管理风险比较低，对应值为 0.476，且较低风险为 0.277，二者之和为 0.753，总体管理风险较低，可以选择投资。

$$B_4 = (0.427, 0.3, 0.196, 0.077, 0)$$

鑫达集团的汽车专用塑料产品主要用于汽车行业，广泛应用于奥迪、红旗、大众、马自达等 30 余种车型的外饰件、内饰件及功能件，同时还广泛应用于船舶、高速列车、航空航天等高端领域。相对于其他生产汽车专用塑料产品公司，在市场上占有优势地位，一些高端领域的竞争也较低，而且有自己良好的营销网络。因而市场风险较低，总体位于 0.727（低风险与较低风险值之和）。

$$B_5 = (0.391, 0.245, 0.169, 0.120, 0.075)$$

鑫达集团作为中国最早在 NASDAQ 上市的塑料新材料企业，技术已经非常成熟、先进，其可替代性较低，且与国家的政策和行业标准比较符合。因而技术风险较低，处于 0.805（低风险、较低风险、中等风险值之和）。

$$B_6 = (0.472, 0.2, 0.188, 0.12, 0.02)$$

对赌协议中，鑫达集团向摩根士坦利发行 1600 万股 D 系列优先股，摩根士坦利将购买总计价值为 1 亿美元的可赎回可转换优先股（D 系列），可以以 6.25 美元/股的初始转换价格转换为普通股，在惯常防稀释条款下做相应调整。相对于之前 4.36 美元/股的收盘价格，明显存在大幅溢价。可见，摩根士坦利在投资前期，已经对鑫达集团的财务有详细的了解，因此其财务风险较低，处于 0.86（低风险、较低风险、中等风险值之和）。

$$V = (0.428, 0.260, 0.183, 0.1, 0.029)$$

对于整个 PE 投资项目的风险，对应值为 0.871（低风险、较低风险、中等风险值之和），处于较低风险。所以，摩根士坦利可以选择投资鑫达集团。

（二）案例二

英联、高盛以及摩根士坦利三家世界著名投资银行对太子奶集团的私募，失败原因主要在于以下几个方面。

1. 环境风险分析

2008 年，三聚氰胺危机的发生，以及金融危机愈演愈烈，太子奶因大规模扩张导致资金链断裂，进而累积越来越多的债务，不得不实施对赌协议，受让李途纯此前所持太子奶全部股权，仅保留其名誉董事长一职，但最终投资失败，宣布破产。可见，环境风险是此次 PE 投资失败的重要导火线。

2. 管理风险分析

英联、高盛以及摩根士坦利三家投资机构虽然投资太子奶集团，签订了对赌协议，但是就其管理决策能力、管理战略来讲，存在较多问题。首先，投资之前，三家 PE 投资机构对太子奶的总体评价、投资战略存在较大偏差。其次，投资金额过高，此次投资主要用于太子奶成功上市，但直到 2008 年，太子奶上市也未见任何动静，最终导致资金链断裂。最后，达成协议时，由于管理层能力较差，众 PE 根本无法接管和管理公司。经上述分析，其管理风险比较大，是导致此次投资失败的主要原因。

3. 市场风险分析

2008 年，三聚氰胺事件对整个奶制品行业的负面影响颇深，导致市场波动较大，竞争激烈。奶源是乳制品行业的核心竞争力，而在这一点上，太子奶的优势显然没有同类企业大。因此，此次投资的市场风险较大，行业选择中存在缺陷。

4. 财务风险分析

首先三家 PE 投资机构对太子奶的估值，是参照太子奶的市值溢价 10 倍，存在一定的偏差。据业内有关人士表示，太子奶集团 2005 年所谓上亿元净利润存在造假嫌疑，其真实数据有可能连 3000 万元都不到，可见其盈利能力、成长能力都存在较大风险。而且由于资金流的断裂，导致其债务越来越多，最终投资失败。总体而言，此次投资的财务风险较大。

三　实证结论

按照最大隶属度原则，在案例一中，风险数值最大者 0.428 所对应的等级为该项目的风险等级，即"低风险"。但"较低风险"等级对应的数值是 0.260，"中等风险"等级对应的数值为 0.183，三者数值之和为 0.871。综上，此项目投资风险较低，可以进行投资。由 A = （0.075，0.075，0.343，0.231，0.133，0.143）可知，管理风险、市场风险、财务风险在整个 PE 投资风险评价指标体系中所占比重较大。在实际 PE 投资过程中，PE 投资机构最为关注的是企业的管理、行业和财务风险，这也与上述指标体系的研究分析相吻合。而且 B_3 = （0.476，0.277，

0.187，0.060，0），B_4 ＝（0.427，0.3，0.196，0.077，0），B_6 ＝
（0.472，0.2，0.188，0.12，0.02），三者对应的低风险值分别为 0.476、
0.427、0.472，都比较小，高风险很小。综上所述，摩根士坦利可以选择
投资鑫达集团。而道德风险 B_2 ＝（0.128，0.222，0.195，0.261，
0.194），由于事前信息、事后信息不对称，以及技术人员风险都不可预
测，存在很大的不确定性，因此只能进行规避，增加企业自身的信息量，
对市场做更细致的深入调研，以便修正参数，进一步降低道德风险，使其
达到可控的最佳程度。

在案例二中，对环境、管理、市场、财务风险方面做了详细的分析，
找出投资失败的原因，分析出风险评价在 PE 项目投资中的关键意义。

以上两个案例，从正反两方面对比研究 PE 投资风险评价，更加强调
风险评价在 PE 投资中的重要作用。PE 投资能否成功，关键在于能否建
立完善的风险评价指标体系、能否有效地预测风险、能否成功地控制风
险，更清晰地体现出风险管控的作用和实际价值。

第四节　PE 投资风险控制策略研究

PE 投资在我国尚属一个新兴的金融研究领域，PE 投资所具有的高不
确定性、高动态性、高收益性和高复杂性，决定了其投资过程存在较大的
风险。本节结合国内外 PE 投资运作流程，根据第一节风险识别过程中面
临的主要风险，结合案例一和案例二，以及我国 PE 发展的现状，分阶段
给予 PE 投资风险控制对策，更有效地控制风险。本节从项目选择阶段、
管理阶段和退出阶段三个阶段分别给予不同控制对策。

一　项目选择阶段的风险控制策略

PE 投资公司根据商业计划书，从众多的投资方案中筛选、评估并选
出最优的投资方案。这一时期的风险主要来自事前信息不对称，相应地，
风险防范措施的形成建立在如何获得来自风险企业的完整准确的信息基础
上，采取的主要手段有以下几种。

（1）分析商业计划书。PE 投资公司可以通过商业计划书获得目标企
业的多种信息，包括存在的问题。PE 投资公司通过对商业计划书直观深
入地了解，以及通过与有关人员的交流来证实商业计划书的真实性、可靠

性，并通过与目标企业的企业家进一步频繁接触，加深对企业的认知。

（2）借助中介机构推介。鉴于 PE 投资公司在选择目标企业的过程中可能无法获得对方更多的准确信息，可以通过一些中介机构和关联机构的推介来筛选打算投资的风险企业。这样在一定程度上会降低 PE 投资公司信息不对称的风险。在 PE 投资比较发达的美国，约 90% 的风险投资项目是经过中介机构或业内人士推介的。在我国，这种专业的中介机构市场还有待发展，对其提供的信息，PE 投资公司也需要谨慎求证、选择。

（3）完善的市场风险识别、计量、监测和控制程序。项目选择阶段面临的市场风险具有很大程度的不确定性，因此对市场中行业、产品、营销等方面都需要做系统的调研，了解市场的动态变化，并建立自己的市场风险识别、计量、检测和控制程序。

（4）依靠专业队伍评估。在 PE 投资公司内部建立起一个由多领域专家组成的技术评审委员会，或者建立企业智囊顾问团，依靠专家团队的智慧，深入分析投资项目，从多角度展开分析论证，预估风险，采取措施，降低投资失败的可能。

（5）建立优秀的企业管理团队。人是生产力诸要素中最重要、最活跃的因素，人才是风险企业最宝贵的财富。优秀的企业管理团队可以更好地管理风险资本，为企业获得更多收益。要从管理者素质、管理团队、管理过程、企业组织结构等方面建立优秀的企业管理团队。

由于 PE 投资公司大多投资于成熟期的企业，因此在公司的数据收集和整理上，往往比投资创业前期的企业要有一定的优势。那么，在进行项目选择的时候，可以适当采用必要的数学模型进行项目风险的分析，对于 PE 投资的风险决策通常采用的方法有决策矩阵法、决策树法、效用函数法、贝叶斯法、Fuzzy-Grey 的多目标综合评价决策模型、以网络理论为基本方法的 VERT 方法等。[①]

在项目选择好之后，就要开始准备协议签署。一般处于这个阶段的风险控制方法：一是签订对赌协议、反稀释机制和保护性条款等法律文件予以保护；二是通过享有特殊表决权的优先股形式、"棘轮"条例和重新注资权利等来锁定风险。

（1）对赌协议。所谓对赌协议，是指投资方与目标企业对于未来不

---

① 杨敏：《风险投资的风险分析与控制》，《思想战线》2002 年第 6 期。

确定情况的一种约定，其本质是一种期权机制，即如果目标企业达不到事先约定的利润或某种市场效益的条件，目标企业将面临向投资方转让股份，提交现金本息，甚至是出让控制权的惩罚；反之，投资方将会向目标企业支付股份或进行现金激励。我国的私募案例通常以财务绩效作为对赌协议的主要考察指标，以此确定估值双方权利义务。该类对赌协议通常存在三种情况设定，一是设立单一的财务指标，通常为净利润或息税前利润，一旦企业实现这一目标，就会对其股权或现金流进行相应的激励，否则就维持现状；二是设立一系列渐进的指标，一旦达到相应的阶段目标时，股权会进行相应的调整；三是设定一个上下限，只要企业期末约定的财务指标在这一上下限之内，就算完成了它们之间的权利约定。①

对赌协议对于投融资双方的选择和效用是双向的，融资方看中的是投资方雄厚的资金实力，先进的管理技巧或优秀的平台资源，这些不仅可以为目标企业的战略发展提供有力的资本支持，而且也有利于企业的长期成长；而私募股权投资者则主要看中了目标企业强势的企业文化、有效的经营管理平台和良好的品牌形象或发展前景。通过设立这样一种激励惩罚协议，私募股权投资者可以在控制投资风险和道德风险的前提下，确保获得较高的资本回报，所以如果利用得当的话，可以出现双赢的局面，这也是对赌协议得以存在的立足点。

（2）反稀释机制。反稀释机制主要通过反稀释条款实现。反稀释条款是指目标企业在进行后续融资或股权增发过程中，投资者为了避免股份贬值及份额稀释而采取的措施，通常通过可转换债权、优先购股权、"棘轮"条例、重新注资权利等条款来实现。

反稀释机制是战略投资者常用的风险对策。战略投资者往往具有更长的投资期限和更远的战略意图，其进行的股权投资必须符合自身的整体发展战略，所以这类投资者更注重于对目标企业的控制。因此，战略投资者要求对目标企业具有更多的控制权，也会较多地介入管理。而反稀释机制恰好可以保证投资者对目标企业拥有足够的控制权，掌握合适的控股比例，并将投资风险压缩到可以接受的范围内。在私募股权的投资案例中，通常利用反稀释条款来解决两种状况的稀释，一种是比例稀释，即投资者

---

① 叶柏阳、杨园园：《对赌协议在 PE 中的应用研究》，《中国新技术新产品》2010 年第15 期。

对投资主体持股比例的减少，通常发生在投资主体新增发行股票或可转换证券之时，主要针对纯粹比例的稀释问题。[①] 第二种情况的稀释，是经济稀释，指投资者持有的投资额本身经济价值的减少，基于此反稀释条款设立的目的，一方面是用来保证投资方对目标企业的控制权，另一方面则是为了控制投资风险，确保将投资可能发生的损失控制在一定程度内，防止出现投资价值稀释的现象。

（3）保护性条款。除了上述的对赌协议和反稀释机制等主要针对投资风险的应对策略之外，也应该对私募股权投资所面临的道德风险和信息不对称风险进行关注和控制。私募股权的投资方主要通过与目标企业签订投资协议来控制道德风险，该协议是一份具有法律约束力的合同，主要包括陈述和保证、承诺及违约补救等条款。

具体来说，陈述和保证条款是使企业对其过去的行为进行保证，该条款明确规定目标企业提供给投资方的涉及其公司股本、股东权益、资产及负债的所有财务和经营信息是真实准确的，如果投资方由于目标企业提供的错误信息做出了投资决策，目标企业必须承担相应的法律责任，这主要是针对信息不对称的风险对投资方提供一定的法律保护。

承诺条款是对目标企业在融资后的经营模式、经营目标做出肯定性条款和否定性条款。其中，肯定性条款规定目标企业应定时给投资方提供经过审计的财务报表、现金流量表，规定目标企业应达到的最低盈利目标等；而否定性条款则主要起到限制目标企业某种行为的作用[②]，例如，目标企业未经投资方同意不得做出更改企业经营性质和资本结构的交易。这类条款则主要起到控制道德风险的作用，与投资方在董事会拥有的权利相互配合，加强对企业的控制和约束违约。

补救条款，主要起到将风险造成的损失最小化的作用。当出现上述风险或目标企业管理层不能有效经营企业的状况时，投资方有权对管理层施加压力，防止其出现经营状况进一步恶化的情况。该条款规定，如果目标企业违反协议，投资方可以对其采取惩罚或补救措施，包括调整优先股转换比例、提高投资方股份、减少目标企业或创业者个人的股份以及投票权等。通过惩罚机制，达到控制风险的目的，这类保护性条款在私募股权投

① 冯进路：《私募股权投资基金（PE）国内外研究评述》，《经济师》2008 年第 5 期。

② 李子成：《我国私募股权投资（PE）行业发展讨论》，《经营战略》2009 年第 8 期。

资中大量存在。①

（4）优先股形式。风险资本一般通过优先股的形式进行投资。以优先股入股可使基金在企业破产后对企业资产和技术享有优先索取权，这样便可将损失减为最小。但PE投资的股份一般对企业的重大事务如企业出售资产、生产安排等享有与其所占股份不成比例的表决权，对经理层的决策甚至享有冻结权。

（5）"棘轮"条例。即当企业用低价发行新股筹资时，PE基金有权获得一定量的股票以保证它的持股比例不因新股的发行而改变。这样，当企业因经营不善被迫以较低价格发行新股票筹资时，风险投资不会因股份稀释而影响其表决权。

（6）重新注资权利。当企业经营较好，股票有升值潜力时，风险投资可用预先确定的价格向企业追加投资。这样，风险投资便可以以低于市场的价格，增加其在成功的把握性较大的企业进行投资，从中获利。

二　管理阶段的风险控制策略

参与投资对象的管理是PE投资的最主要特色之一，也是PE投资与"商人投资"等投机类型投资的主要区别。通过PE投资公司对风险企业的创业辅导，有助于提高创业成功率，一方面减少了风险投资公司投资风险；另一方面也降低了风险创业家的创业失败风险，有利于激发科技人员创业热情。参与投资对象的管理还有助于解决风险投资中存在的信息不对称问题。风险投资公司参与被投资企业的管理，一是通过定期获得的企业财务报表和亲自参与管理直接得到的企业经营状况，来降低信息的不对称程度；二是积极参与管理有利于对风险企业家进行有效的监督，减少由于企业家某些不道德行为给投资者造成的损失。②

首先，建立适合公司发展的监督机制。资金管理者必须对目标公司进行全程的监督，寻求通过一些具有信号传递或信号甄别功能的外部信息来对公司的经营状况进行客观评价。主要做好三方面的工作。

第一，建全监督机构。要有两个机构对目标企业的决策及其管理活动进行监督和评估，一是公司制组织中的董事会，二是咨询委员会。后者通

---

① 梁伟超、方芳：《私募股权投资的风险应对策略》，《金融管理》2011年第6期。

② 黄海、王晓峰：《风险投资公司的经营策略》，《中国投资与建设》1999年第4期。

常是由技术、经济、财务、金融等各方面的专家组成，对目标企业进行动态的实时监督，及时发现问题，提出对策，将风险控制在一定范围内。

第二，完善信息披露制度。在协议中一般都明确规定企业所有者应定期向基金管理者提供有关企业运行的财务状况以及企业的发展情况、前景、关键人员的变动等信息。

第三，定期进行评估制度。一般由咨询委员会定期对目标企业的价值进行估价，及时掌握企业的运行情况，评价公司的业绩及发展前景，对公司运行实施动态控制。

其次，规范约束机制。第一，通过分段投入建立预算约束机制。由于PE 投资是资金和管理的结合体，基金管理者和企业家获得有关企业的信息不尽相同，而且即使有些信息是一样的，人们也会有不同意见和决策。分段投资是克服基金管理者和企业家之间的信息不对称的主要手段之一。其作用包括：稀释管理者的股权、基金管理者能够保留放弃投资的选择权力、分段投资使信息资源和资金有机结合起来。① 第二，限制行为机制。一般在协议中明确规定企业所有者不能从事的一些可能损害投资者利益的活动，如不能购买与目标企业有竞争关系的企业股票，不能以低于基金购买价购买基金受资企业的股份。在协议中，还应对基金管理者与企业所有者之间有利益冲突的地方做出明确规定，而且如果企业的业绩表现太差，可以对企业经营者的严重违约提出诉讼。

三　退出阶段的风险控制策略

根据专家统计，在退出的四种方式中，公开上市（IPO）的平均收益率为 610%，股权回购的平均收益率为 110%，被其他企业兼并收购的平均收益率为 70%，投资失败、被迫清算的收益率为 -12%。② 显然，IPO是最佳退出方式，但实现这一退出方式必须符合一定的条件。在实际运作中，PE 投资家应根据目标企业的发展状况、行业的竞争程度、证券市场的发展状况来决定采取何种合适的退出方式。鉴于我国目前资本市场结构单一、尚不成熟，主板市场低迷，上市门槛较高的情况，PE 投资家不宜

① 方春子、张球：《略谈风险投资中的分段投资问题》，《技术经济与管理研究》2001 年第5 期。

② 董浩岩：《中国风险投资实务》，中国社会出版社 2002 年版，第 254 页。

坐等时机，期盼目标企业能够全部通过上市退出，而应积极探索其他途径，减少资本迟迟不能退出带来的风险。从目前来看，通过兼并收购和股权回购退出也是可行的、风险较小的运作方式。同时，要健全我国私募股权市场退出的相关法律政策，使退出渠道通畅，能够在最佳时间顺利退出，获得最大收益。

总之，私募股权投资由于其高额的投资回报率一直受到金融投资者和广大战略投资者的追捧，经过近半个多世纪的发展正在逐步走向成熟和完善，但是也正由于其高回报、低流动性、长投资期限的特点，私募股权投资也面临较大的投资风险和道德风险，因此通过何种机制和条款来最大限度地控制风险，实现投资价值最大化，将会越来越引起人们的重视和关注，而且我们有理由相信随着私募股权的发展和完善，必将出现一些更新、更有效的风险应对策略。

第十一章

研究结论与对策建议

　　本书通过对我国和重庆市引进与发展 PE 环境条件的分析，重庆市 PE 发展战略，国内外 PE 运作模式，我国 PE 运作模式、机制创新，PE 投资中的决策方法、风险企业培育、风险测度及其控制，重庆市 PE 投资人才培养模式等问题的深入研究，可以得出如下结论及对策建议。

第一节　研究结论

一　PE 的发展要具备一定的环境条件

　　PE 的发展要有相当完备的制度环境，成熟的资本市场，诸多能够参与和推动私募股权投资业发展的主体，鼓励创新创业的社会氛围，有大量满足风险投资需要的人才等。重庆市的社会生产力发展现状和特殊的天时、地利、人和优势已经为应用 PE 这一新的生产关系提供了社会资本、投资项目和退出通道等各方面的准备。因此，重庆应尽快统一思想，配套政策，积极应用 PE 这一新事物来进一步解放生产力，发展生产力，通过科学发展，实现重庆市的振兴、崛起。

二　重庆市发展 PE 要有周密的战略计划

　　重庆市在制定 PE 发展规划时，要结合重庆产业的特点和实际，站在重庆经济全局性和长远利益上，进行顶层设计，制定具有前瞻性和可持续性的战略目标、战略重点、战略步骤和战略保障等，增加成功率，减少盲目性。尽量使重庆 PE 发展战略高瞻远瞩，发展模式科学规范，发展路径简明清晰，保障措施切实可靠。

三　PE 的发展模式要注重借鉴国内外 PE 的发展模式和成功经验

私募股权基金在运作流程上大体经过五个阶段：一是组建 PE 投资公司募集资金；二是通过项目筛选确定目标公司；三是进行投资方案设计，购买公司股权；四是风险企业培育增值；五是选择合适的渠道实现股份退出获利。国内外 PE 在上述五个阶段都是相同的。但由于各国的政治、经济、人文环境、发展阶段不同，在具体的运作模式（如目标市场选择、操作、收购方式、管理制度文化和投资理念等方面）仍存在着很大的差异。因此，重庆市 PE 的发展模式既要注重借鉴国内外 PE 的发展模式和成功经验，更要注重金融创新，尤其是在发展模式、运作模式和运作机制上更要不断创新，使重庆市 PE 当地化，最大限度地发挥其实用性和可操作性。

四　传统投资决策方法尤其是 NPV 法，不适用于 VC/PE 投资决策

传统投资决策方法适用于投资项目收益率比较稳定、投资者不能干预项目发展、没有沉没成本、风险较低的债权类投资项目。实物期权投资决策方法兼顾到了项目的不确定性、阶段性和多样性，更加符合灵活决策的实际。投资科技型中小企业过程中存在扩张期权、收缩期权、延迟期权、放弃期权、复合期权等多类实物期权，实物期权的存在是投资者发挥柔性管理价值的前提。复合实物期权与单个实物期权之间不存在简单的线性关系，不能简单计算单个实物期权价值之后简单地相加减得出复合实物期权价值。

利用实物期权方法做投资决策，不是对传统投资决策方法的否定，而是继承和发展。科技型中小企业发展过程中，投资中除了暂时不能预见的不确定性外，还有部分资产价值收益是确定的。管理不确定性的价值需要利用实物期权方法来计算，对项目发展中能产生稳定收益的部分需要用传统方法计算，两者共同构成投资项目的价值。因此，更准确地说，实物期权方法和传统决策方法是对投资项目中不同收益特征的资产价值的两种不同的处理方式，两者共存于风险投资决策之中。

五　PE投资风险管理要有一套良好的风险控制体系和风险管理机制

PE投资是一种高风险、高难度、高技巧的投资，面临多种因素的制约，错综复杂，必须建立起一套良好的风险控制体系和风险管理机制。PE投资风险评价指标的选取要科学、全面、客观，从多方面、多角度进行调研，从环境、管理、市场、技术、财务等方面进行具体的分析，并尽量获得较全面的信息，降低各种风险，保证指标的实用性和价值所在。在进行风险评价时，采用定性与定量相结合的方法，进行风险评价，尽量规避、减少非系统性风险。从目前PE投资发展的趋势来看，其项目投资选择越来越谨慎，更多关注的是企业的管理、市场和财务风险，而且风险控制手段也随着实践不断创新而得到发展和完善。从实际操作经验来看，PE投资能否获得成功，其关键在于能否成功实施有效的风险控制，即风险控制策略是否完善。虽然PE投资面临的风险客观存在于多个方面，但可在其运行的各个阶段选择相应的策略和手段来控制和化解各类风险，将风险最小化或控制在可控范围内。

六　PE的引进与发展对产业升级改造有较好的促进作用

产业结构的调整，是中国也是重庆市目前面临的最大问题，PE的建立对于加速产业升级及提高社会资金的配置效率可以起到助推作用。国内各省市根据实际情况设立和引进PE投资基金，反映了当前市场的一种内在需求，也弥补了市场的空白。PE基金投资主要投资于成长型的拟上市的高科技规模企业，按照企业生命周期原理来说，有助于成长型企业的成功上市，实现企业的股份转让、方向的定位以及企业风险和收益的合理匹配。除了资本，PE还会为标的企业提供企业管理、生产技术、产品品牌、市场渠道等资本等价物，推动企业价值增值和升级转型。

第二节　重庆市私募股权基金发展对策建议

一　外部环境建设

（一）完善法规政策支持体系

首先，界定投资主体范围。我国的PE一般由机构投资者出资，过窄的范围不利于广泛吸引社会闲散资金。在风险可控的条件下，重庆市可考虑将个人投资者纳入投资范围，以增加百姓投资渠道，这样可分散银行和股市的风险。同时，规范私募股权基金的投资方向，避免以股权投资名义设立的基金过多地投资于证券市场。

其次，尽量出台完善鼓励、扶持的优惠政策。对私募股权投资基金实行一定的税收优惠政策，放宽并简化人民币私募股权投资基金的注册和审批，研制扩大税收优惠的适用范围，要增加对高新技术之外较薄弱的新兴行业的企业实施税收优惠，进而带动行业的积极性，而且适当调整有限合伙制私募股权投资基金中有限合伙人的纳税率，对于纳税项目、方式、地点等具体问题应该做出明确的规定，逐步解决设立有限合伙制私募股权投资基金的各种制度障碍。同时建议将私募股权投资基金定位于"直接融资机构"，比照或者高于传统金融机构入驻重庆的标准给予支持，尤其是要比照国内其他地区，明确出台针对性强的包括一次性资金补助、税收减免、注册审批、办公场所、人才引进等综合型扶持政策。

再次，加强部门协调，实现联合监管。PE 涉及领域比较广，既可能有个人之间私下的委托关系，也有公司型的产业基金，因此，在监管过程中可能涉及跨部门的现象，将来重庆市可通过统一的协调机构加强多部门联合监管。从另外的角度来看，在加强部门联合监管的前提下，放宽政策监管是 PE 发展的必要条件。政策监管应考虑两个方面的问题：一是该行业是否足以产生系统风险；二是信息不对称可能会对其中信息弱势群体造成损害，从而可能影响社会公平。换言之，放宽对 PE 的监管并不是完全任其发展，而是应该根据资本市场的特点建立多层次的监管体系。

最后，加快推进社会诚信体系建设。私募股权投资基金可以在美国取得长足发展的重要原因是其社会信用度高，投资人选择基金管理人的重要标志之一就是管理人的品牌和信誉，可以说完善的社会诚信体系是私募股权投资基金规范健康发展的重要保障。重庆需要加强社会诚信体系的宣传和教育力度，认真积极进行社会诚信教育和宣传，让社会群体和个人逐步将诚信观念培养成自身的自觉意识和素质，营造出良好的诚信氛围，让守信者更能体会到诚信的价值和因此获得的好处，同时加大对失信者的处罚力度。通过引进发达国家的发展经验，并以此为基础建立起适合市情的信用管理制度和运作制度。加快培育社会信用服务市场，加大社会信用信息披露力度，推进社会诚信体系建设，制定诚信信息披露的相关法律法规。

（二）建设多层次资本市场体系，完善项目与资金对接机制

资本市场的体系共有四个层次：第一层次是主板市场，主要是成熟的大型企业的证券交易市场；第二层次是创业板市场，主要是新兴产业、中型企业的证券交易市场；第三层次是场外柜台交易市场，主要是区域的、中小型企业的证券交易市场；第四层次是市场主体自由自助交易的无形市场。我国目前的 PE 投资方向主要是在第三和第四层次寻找目标投资企业；然后以第一、第二层次退出为主，第三、四层次为辅的方式。如果 PE 不能够顺利实现资本退出，这必将会影响其继续投资，也会降低其投资热情。同时让每一个合法股权都有合法的交易平台是股份制企业成长的必要环境。重庆在 2009 年就已经挂牌重庆股份转让中心（OTC），要继续做大做全，不仅要进一步完善场外交易市场的规范和交易制度，充分实现私募资本的有效进入以及产权市场能够为私募资本提供退出渠道两大功能外，还必须要成为一个平台，立志于建立发展型企业及重大项目与投资基金之间的对接机制。让资本与企业能完成快速约会，从而降低投融资双方的信息成本、时间成本，促使投资需求和融资需求信息的及时、有效对接。

（三）做好股权投资的引导和宣传工作，营造良好影响力

由于地处西南，思想意识不够开放，重庆的很多企业家对私募股权基金等资本工具的了解不透彻，导致投资积极性不高。政府部门应该做好私募股权基金的引导与宣传工作，只有在思想上正确认识私募股权基金，才能培育一个良好的发展 PE 的基础氛围。首先，企业家应开放思想，放眼世界，不拘泥于眼前的利益；其次，政府应建立私募股权基金的交流学习平台，使各企业能够从这一平台中获取更多信息和丰富经验，促进对私募基金的正确认识；最后，政府的引导对企业的认识起着至关重要的作用，政府应当组织各类企业学习私募知识，邀请专业人士对企业管理层进行授课教育，提升企业家的认识水平，推动私募股权基金的健康发展，培养重庆市中小企业股权融资意识，提高中小企业管理者市场化融资水平。

（四）政府要做到"官助民办"

根据英、美和日本等发达国家私募股权投资基金发展经验，在 PE 发展早期，政府多采用"官助民办"的模式来支撑 PE 的快速起步。重庆市私募股权投资基金行业的发展正处于初步阶段，政府部门可以作为先锋部队，通过设立母基金的形式，成立重庆市政府性质的 PE 资本，从而达到

对私人部门 PE 的引导和示范作用。政府应该根据私募股权投资发展的不同阶段来决定直接投资的必要性，在起步阶段政府出资，设立政府性质 PE，以达到促进产业调整和培育新的经济增长点。而在私募股权投资达到成长阶段时，政府资金应该逐步退出，从而扩大民营资本在行业中的规模和比重，而且在这过程中，政府性质的 PE 应该更多地把注意力投向企业创业期的种子阶段，做好企业引导、孵化作用。当整个行业处于成熟阶段时，政府不宜以直接设立或者控股私募股权投资基金的机构来参与 PE，应采取引导基金的方式，避免政府过度干预，政府应当遵守介入不包办、管理不干预的原则来指导私募股权投资行业的发展。

二 打造重庆市私募股权投资核心竞争力

（一）打造高素质私募股权投资基金管理团队

我国私募股权投资行业由于开展时间较短，能够真正熟悉市场以及市场规则的投资人和基金管理人实在过少，但这些年私募股权投资市场发展速度迅猛，无论是投资金额还是投资发生数或者投资规模都逐年增加，导致国内外私募股权投资机构对于高度专业化、高素质、高水平的投资管理团队的需求越来越大，人才供给呈现严重不足的场景，重庆要想在如此激烈的人才竞争中拔得头筹，就必须要加强本土人才资本的培养和建设力度，不然专业管理人才的不足必将长期制约重庆私募股权投资的发展。

1. 鼓励各类科研机构和一些高校对私募股权投资进行研究，加大私募股权投资理论研究和实践案例研究的力度。可以先在本科和研究生教学中，直接引入私募股权投资基金内容，借鉴国外高校类似课程教学方法和经验，通过大量案例的深入分析和场景模拟教学，让学生掌握一系列私募股权投资的理论知识，同时高校和企业或者专业的实践机构进行联合培养，让学生走进企业、走进私募股权投资的第一线，进行理论的实践化教学，企业人才也可以进入高校进行理论学习的再强化指导，从而在重庆形成理论和实践相互结合的双重教学模式，重点培养本土私募股权投资基础性人才。

2. 鼓励和促进国内私募股权投资与国外成熟私募股权投资的交流合作，在积极引进海外私募股权投资管理的精英力量为重庆市私募股权投资发展服务的同时，企业应有计划地派出本土人才到国际成熟股权投资市场进行实践学习，形成派出和引进结合的学习交流机制。

3. 每个私募股权投资基金都有着不同的优势和劣势，除了内部学习方式外，基金管理人之间的交流与合作也是提高 PE 管理人的投资管理能力和经营管理经验的另一重要途径。重庆市在 2012 年就已经建立重庆私募股权投资基金协会，在重庆私募股权投资基金发展过程中，协会构建交流学习平台，这样就可以起到很好的引导作用，比如基金管理人论坛、交流会等，共同探讨资本市场现状等各类经济形势，交流投资过程中遇到的问题和投资管理经验，分享优质的不侵害到自身基金利益的投资研究报告和研究数据等，以达到取长补短、共同进步。

4. 促进私募股权投资基金职业经理人市场的形成，完善重庆市本土专业基金管理人市场的管理。只有实现职业经理人市场化才能真正实现有效的资源配置，自发地完成 GP 的优胜劣汰，推动私募股权投资行业更快更好地高速健康发展，让真正的人才得到市场的肯定，实现高素质私募股权投资基金管理团队的原始积累。

（二）打造本土品牌，实现本土化优势

1. 立足本土，坚持本土化经营。从美国发展的经验来看，私募股权投资具有投资本地化的特征，可以说私募股权投资基金很大程度上是同企业人打交道，很多判定和根据都是建立于诸如文化、诚信环境、沟通效率等无形事物基础上的，所以本土化、懂国情就变得非常重要。当然这里的本土化经营是在借鉴国外发展经验的基础上，然后切合实际情景而形成的，而且本土企业有着其他外资不可比拟的社会关系和政府资源，也最明白本土私有公司最需要的是什么。

2. 注重长期投资策略。私募股权基金提升企业价值的过程是长期的，不能目光短浅，只看重短期利益从而实现快速收益，或某一只基金的高额回报，应该在建立之初就立足于长期稳定发展，从而为公司规划做出完善详细的发展战略。从第一个项目或者某一只基金开始时，就认真负责运作，自始至终建立并维持优良的公司形象和信誉，同时保持良好的同业或相关行业的交流与合作关系，良好的沟通与合作正当的竞争，加强企业内部核心竞争力的建设，等等。目前中国的私募股权资本大多是投资上市前阶段，过于急功近利。可以说中国不缺乏资金，但缺乏长期耐性资本。正因为依凭的是短期借贷而不是长期资本，德隆、华源等产业整合的先驱最后都以失败告终。所以说做好长期投资，不仅事关私募股权投资行业的健康发展，也关系到产业结构转型的成功与否。当前中国缺乏针对中国国情的、解决中国特有问题的长期资本，重庆作为高速发展的直辖城市，应该在这方面做出自己的努力，实现城市发展价值，为全国各城市发展做好引导、带头作用。

3. 注重向海外 PE 学习，积累成功经验，学习其运作模式和操作规程。应以重庆的市场和股权为条件，尽可能多地跟海外 PE 合资，培养重庆市人才、积累经验。并注意引导重庆市 PE 由猎人型向农夫型转变，优化 PE 投资结构。猎人型投资频繁地搜寻目标企业，无疑加剧了市场竞争，提高了 PE 投资成本，在 PE 少、目标企业多，经济环境向好的初级投资阶段是可行的，但随着经济环境的发展，PE 投资种类的增多和成熟，该种投资模式必不具有可持续性。因此，要因势利导，早做准备，促使重庆市 PE 由猎人型向农夫型转变，推动重庆 PE 健康有序地发展。

（三）加强中介服务机构体系建设

1. 借鉴国外成熟经验，建立健全有关中介服务机构的法律法规，保证其遵守市场化运作，加强专业私募股权投资中介服务人才的培养，提高专业服务水准，逐步完善诚信的中介服务市场体系，切实降低私募股权投资市场的运行成本。

2. 建立起完善的中介服务机构体系，力争实现全流程的中介服务机构建设，根据整个股权投资行为各个环节，完善系统性配套服务机构，比如在融、投、管全过程中需要律师事务所、会计事务所、投资银行等机构的优质服务；投资前筛选项目时，就需要能帮助投资机构鉴别企业的高新技术，或者帮助投资机构进一步评估和认定目标企业未来发展潜力的技术认定机构和标准评级机构；在投资管理过程中，需要能帮助企业进行知识产权估值的机构等；而且还需要建立私募股权投资行业的一些特殊中介机构。

3. 建立相关的平台加强私募股权投资产业链各环节的无缝链接，使整个私募股权投资从创业资本到成长资本到之后的一系列股权投资基金存在多样化链接形式，以实现相互之间信息、物质和价值方面的交换，把所有私募股权投资基金类型串联到一起，更好地实现私募股权投资基金发展，也更好地促进被投资企业高速发展。

第三节　引进与发展 PE，促进重庆市
产业结构调整升级

　　经济结构调整是一个国家的经济常态，结构升级是发展中国家经济增长中的重要内容，这是近些年 VC/PE 并购繁荣的原因。基于我国的社会性质，强制性制度变迁是我国产业发展的特征，为了在短期内完成产业优化任务，实施产业政策是必然的选择。然而，产业发展所需的巨大资金和风险规避机制，都需要具有市场化特征的 PE 来分担，PE 为体制转换和结构优化提供了资金和人才支持。

一　PE 可以为重庆市的产业升级改造提供资金和技术支持

　　（1）PE 是高新技术产业发展的推动器。重庆市从"十五"开始就把高新技术产业的发展放在十分重要的位置，重庆高新技术产业开发区是 1991 年 3 月经国务院批准成立的国家级高新技术产业开发区，也是全国五个综合改革试点开发区之一。作为重庆发展高新技术产业的基地，目前高新区内已注册科技企业 4000 余家，其中经认定的高新技术企业 200 家，日本、美国、德国、法国、意大利、新加坡等国家以及我国香港、台湾地区的"三资"企业 300 余家，已孵化培育一大批具有自主知识产权的高科技产品，建成了重庆生物生化制药技术开发园、软件园、出国留学人员创业园等专业园区，初步形成了电子信息、生物工程和新医药、新材料、机电一体化四大主导产业。引进与发展 PE 将更好地为这些高新技术企业的投融资服务，从国际经验来看，风险投资越发达的地方，高新技术产业也越发达。

　　（2）PE 不仅为中小企业提供资金支持，而且为其引进先进管理运营理念。重庆市的传统中小型企业特别是一些颇具市场潜力的民营企业，一方面缺乏资金，另一方面更缺乏系统的管理运营经验。而私募股权投资机制恰恰能解决这些企业的两大难题。特别是 2008 年中国的 4 万亿元刺激内需计划及随后陆续推出的多个行业振兴计划，使抗风险性较强的基建、医疗、餐饮等传统行业，在 2010 年获得了 PE 的更多青睐。例如重庆的餐饮业，自 2007 年小天鹅引入美国红杉资本和海纳亚洲创投基金，启动 3—5 年上市计划后，重庆餐饮圈吹起了融资上市的劲风；乡村、菜根香

目前均已正式开始与资本合作；而陶然居、德庄、奇火锅等，均有风投资本找上门来。

二　国企的改制和重组是 PE 可以深度挖掘的好题材

从私募基金的角度来看，重庆国有企业改制和重组是一个可以深度挖掘的好题材。而上海等地的国企重组工作已经比较深入，投资介入的机会不是太多，介入的成本也会较高。与之相比，这也是重庆引进与发展 PE 的优势。

重庆国有资产运营改革成效明显，国有资产资本化、证券化提升空间较大。近年来，针对重庆单个国有企业规模较小、分布散、链条长、运行成本高、机构臃肿等突出问题，按照资本向优势行业，资源向优秀企业，政策、资金、精力向优秀品牌集中的原则，重庆市政府对国有企业实施了大规模的战略重组，尤其在改革国有投融资体制、构建国有资本营运平台等方面，成效明显。截至 2009 年 4 月底，重庆本地国有企业持有重庆上市公司股份对应市值约为 396 亿元，重庆国有资产证券化率仅为 5.32%。因此，重庆国有资产的资本化、证券化仍有很大提升空间，重庆资本市场发展潜力较大。

重庆市将继续拓宽融资渠道，加大对 PE 的引进与发展，有了 PE 基金参与国企的改革，对改善国企的公司治理结构、引入国外先进的经营管理理念、提升国企国际化进程都会做出很大的贡献。

三　以实体经济为基础，用虚拟经济促实体经济发展

实体经济与虚拟经济的关系是：实体经济是虚拟经济的前提和基础；虚拟经济是实体经济的反映，是放大了的实体经济。前者决定后者，后者对前者具有反作用。

重庆市实体经济表现在：产业基础雄厚，门类齐全，在汽车、装备制造、冶金产业上一直有很强的实力，轻工纺织产业也有坚实基础。近年来，重庆正着力培育电子信息、石油天然气化工等产业。未来，重庆将成为中国重要的现代制造业基地，中国汽车名城、摩托车之都、中国铝加工之都、西部最大的石油化工基地、西部软件外包第一城、西部鞋都、西部最大的纸业生产基地。不足之处：工业总量小，排名依然靠后；产业层次

不高，支柱产业不够大；自主创新能力不强，经济增长粗放的方式有待从根本上改变。

重庆市虚拟经济表现在上市公司近几年面临融资能力下降和壳资源流失的双重不利局面，对证券市场的利用能力远远滞后于经济的发展，在虚拟经济的发展上与国内先进省市存在较大落差。现在重庆市政府相当重视这方面的问题，已经着力从规划、政策等方面着手开展工作。在发展的质量方面，将大力推进资产重组，在保住重庆市上市公司资源的同时，加紧恢复现有上市公司的融资能力，将前景较好的资产和项目转向上市公司，以进一步增强上市公司的实力。此次重庆市借引进与发展 PE 之力，抓紧构筑多层次的资本市场体系，打造西部的金融中心，提升金融市场的融资能力，使其能真正为实体经济做出贡献。

总之，PE 作为一种金融创新，既是一项新的投融资工具，又是一种金融资本与智力资本、产业资本相结合的新生产方式，引领着一国一市产业的未来和发展方向，谁能学好、用好、发展好 PE，谁就能掌握未来产业发展的战略制高点。因此，重庆市要高瞻远瞩，预早谋划，立足本土，外引内联，多方配合，促其发展。

参考文献

［1］ Schwartz D. , Raphael B. E. , "Venture Investments in Israel – a Regional Perspective", *European Planning Studies*, 2007, 15 (5) .

［2］ Christensen J. L. , "The Development of Geographical Specialization of Venture Capital", *European Planning Studies*, 2007, 15 (6) .

［3］ J Naqi S A and Hethhewa S. , "Venture Capital or Private Equity? The Asian Experience", *Business Horizons*, 2007, 50 (4) .

［4］ J Kuntara P. and Thomas W. , "Venture Capital in China: A Culture Shock for Western Investors", *Management Decision*, 2007, 45 (4) .

［5］ Ahlstrom D. , Garry B and Kuang Y. , "Venture Capital in China: Past, Present, and Future", *Asia Pacific Journal of Management*, 2007, 24 (3) .

［6］ Wright M. , "Venture Capital in China: A View from Europe", *Asia Pacific Journal of Management*, 2007, 24 (3) .

［7］ Sheu D. F. and Lin H. S. , "Impact of Venture Capital on Board Composition an d Ownership Structure of Companies: An Empirical Study", *International Journal of Management*, 2007, 24 (3) .

［8］ Jain B. A and Tabak F. , "Factors Influencing the Choice Between Founder Versus Non-founder CEOs for IPO Firms", *Journal of Business Venturing*, 2007, 23 (1) .

［9］ William B. , "When Should You Fire the Founder?", *Journal of Commercial Biotechnology*, 2007, 13 (3) .

［10］ Stubner S. , Wulf T, Hungenberg H. , "Management Support and the Performance of Entrepreneurial Start-ups-an Empirical Analysis of Newly Founded Companies in Germany", *Schmalenbach Business Review*,

2007, 59 (4) .

[11] Chahine S. , Filatotchev I. , "The Effects of Venture Capitalist Afiliation to Underwriters on Short-and Long-term Performance in French IPOs ", *Global Finance Journal*, 2008, 18 (3) .

[12] Klonowski D. , "The Venture Capital Investment Process in Emerging Markets; Evidence from Central and Eastern Europe", *International Journal of Emerging Markets*, 2007, 2 (4) .

[13] Stuart P. , Geoff W. , Janetye W. , "Towards a Model of the Business Angel Investment Process", *Venture Capital*, 2007, 9 (2) .

[14] Cleyn S D. , Braet J. , "The Due Diligence Process-Guiding Principles for Early Stage Innovative Products an d Venture Capital Investments", *The Journal of Private Equity*, 2007, 10 (3) .

[15] Ramon P T, Pi-Rez D G, Howard V A. , "Venture Capital in Spain by Stage of Development", *Journal of Small Business Management*, 2007, 45 (1) .

[16] Colombo M G, Grill I L, Verga C. , "High-tech Start-up Access to Public Funds and Venture Capital: Evidence from Italy", *International Review of Applied Economics*, 2007, 21 (3) .

[17] Kaplan S N, Martel F, Stromberg P. , "How Do Legal Differences and Experience Affect Financial Contracts?", *Journal of Financial Intermediation*, 2007, 16 (3) .

[18] J Daniela C, Ribeiro B. , "Financial Contracting Choices in Brazil: Does the Brazilian Legal Environment Allow Private Equity Groups to Enter into Complex Contractual Arrangements with Brazilian Companies?", *Law and Business Review of the Americas*, 2007, 13 (2) .

[19] Hagen K P, Sannarnes J G. , "Taxation of Uncertain Business Profits, Private Risk Markets and Optimal Allocation of Risk", *Journal of Public Economics*, 2007, 91 (7 - 8) .

[20] Jahskelaine M, Maula M, Murray G. , "Profit Distribution and Compensation Structures in Publicly and Privately, Vol. 5 (2) .

[21] J Zacharakis A L, Mcmullen J S, Shepherd D A. , "Venture Capitalists Decision Policies Across Three Countries: An Institutional Theory Per-

spective", *Journal of International Business Studies*, 2007, 38 (5).

[22] J Gompers P, Kovner A, Lerne J, et al. , "Venture Capital Investment Cycles: The Impact of Public Markets", *Journal of Financial Economics*, 2008, 87 (1).

[23] Andrea S. , "Knowledge Capital and Venture Capital Investments: New Evidence from European Panel Data", *German Economic Review*, 2007, 8 (1).

[24] Zhang J F. , "Access to Venture Capital and the Performance of Venture-Backed Start-Ups in Silicon Valley", *Economic Development Quarterly*, 2007, 21 (2).

[25] Ove L. , "Financing Innovation: The Role of Norwegian Venture Capitalists in Financing Knowledge-intensive Enterprises", *European Planning Studies*, 2007, 15 (9).

[26] Svensson R. , "Commercialization of Patents and External Financing During the R&D Phase", *Research Policy*, 2007, 36 (6).

[27] Cumming D. , "Government Policy Towards Entrepreneurial Finance: Innovation Investment Funds", *Journal of Business Venturing*, 2007, 22 (2).

[28] Wonglimpiyarat J. , "Venture Capital Financing in the Thai Economy Innovation", *Management, Policy & Practice*, 2007, 9 (1).

[29] Ho Y P, Wong P K. , "Financing, Regulatory Costs and Entrepreneurial Propensity", *Small Business Economics*, 2007, 28 (2/3).

[30] Liu T M, Chen P B. , "Business Angel Investment in the China Market", *Singapore Management Review*, 2007, 29 (2).

[31] Morrissetye S G. , "A Profile of Angel Investors", *Journal of Private Equity*, 2007, 10 (3).

[32] Subhash K B. , "Geography of Venture Capital Financing: A Global Perspective", *Journal of Wealth Management*, 2007, 9 (4).

[33] Bruce K, Pietro U, Gordon W. , "Emergent Properties of a New Financial Market: American Venture Capital Syndication, 1960 – 2005 ", *Management Science*, 2007, 53 (7).

[34] 廖琦:《私募股权基金开辟融资新渠道》,《商场现代化》2008 年第

537 期。

［35］邓志雄：《PE 浪潮席卷全球》，《中国证券报》2008 年 8 月 4 日。

［36］黄嵩：《产权市场是私募资本进出的有效渠道》，《产权导刊》2008
年第 2 期。

［37］重庆市经济信息中心：《2008 重庆经济展望》2007 年 12 月。

［38］何国杰：《美国风险投资基金管理人的评选方式》，《科技管理研
究》2004 年第 3 期。

［39］杨志晨：《风险投资高级管理人才的分类开发与资源整合》，《行政
论坛》2003 年第 5 期。

［40］于化龙：《PE 时代的产权市场》，《产权导刊》2008 年第 1 期。

［41］方春子：《略谈风险投资中的分段投资问题》，《技术经济与管理研
究》2001 年第 5 期。

［42］董浩岩：《中国风险投资实务》，中国社会出版社 2002 年版。

［43］刘燕：《国际私募大鳄齐聚重庆》，http：//www.zero2ipo.com.cn/。

［44］樊相如：《风险投资项目综合评价决策方法研究》，《湖南科技大学
学报》2004 年第 3 期。

［45］靳景玉：《基于 AHP 的风险投资环境各层次因素权重确定》，《技术
经济与管理研究》2005 第 2 期。

［46］杜晓玲：《层次分析法在风险投资项目评价体系中的改进作用》，
《南昌大学学报》2005 年第 4 期。

［47］杨青：《风险投资项目评估》，《科技创业月刊》2003 年第 2 期。

［48］周乃敏：《风险投资公司运营状况的评价体系研究》，《数量经济技
术经济研究》1999 第 2 期。

［49］邱亿如：《风险投资组合评价的一种新方法》，《科技进步与对策》
2004 年第 5 期。

［50］薛虹：《高科技初创企业管理风险评价体系研究》，《西安工业学院
学报》2004 年第 6 期。

［51］刘兵国：《项目风险投资的指标评价体系构建》，《江汉石油学院学
报》2003 年第 12 期。

［52］孙秋鹏：《高科技风险投资项目风险评价体系》，《软科学》2001 年
第 1 期。

［53］罗光扬：《风险投资的政府支撑体系研究》，《北方经济》2007 年第

1 期。

[54] 贾春梅：《风险投资主体规范中政府的角色转换》，《今日科技》
2004 年第 11 期。

[55] 孟祥林：《美、德风险投资比较研究》，博士学位论文，中国社会科
学院研究院，2000 年。

[56] 徐西胜、刘静：《浅谈政府在推进风险投资发展中的作用》，《山东
经济战略研究》2010 年第 14 期。

[57] 陈凌虎：《政府在风险投资中的职能分析》，《电子科技大学学报》
（社会科学版）2003 年第 3 期。

[58] 陈义安：《重庆市风险投资业发展的环境支撑体系研究》，《渝州大
学学报》（社会科学版·双月刊）2002 年第 6 期。

[59] Tyebjee T T, Bruno A V., "A model of venture capital investment ac-
tivity", *Management Science*, 1984, 30 (9).

[60] Macmillan et al., "Criteria used by venture capitalists to evaluate new
venture proposals", *Journal of Business Venturing*, 1985 (1).

[61] Ray D M., "Venture capital and entrepreneurial development in Singa-
pore", *International Small Business Journal*, 1991 (1).

[62] Ray D M, Turpin D V., "Venture capital in Japan", *International
Small Business Journal*, 1993 (4).

[63] Edward B Roberts., "High stakes for high-tech entrepreneurs: under-
standing venture capital decision making", *Sloan Management
Review*, 1991.

[64] Hall J, Hofer C W., "Venture capitalist's decision criteria in new ven-
ture evaluation", *Journal of Business Venturing*, 1993 (1).

[65] 宋毅：《中国私募基金的发展与风险监管研究》，硕士学位论文，对
外贸易经济大学，2007 年。

[66] Rah J, Jung K, Lee J., "Validation of the venture evaluation model in
Korea", *Journal of Business Venturing*, 1994 (6).

[67] Fried V H, Hisrich R D. T, "owards a model of venture capital invest-
ment decision making", *Financial Management*, 1994 (3).

[68] Manigart S, Wright M., "Venture capitalists' appraisal of investment
projects: An empirical European study", *Entrepreneurship: Theory and*

practice, 1997, 21 （4）.

[69] Chotigeat T, Pandey I, Kim D J., "Comparison of Venture Capital and Private Equity", *Multinational Business Review*, 1997, 5 （2）.

[70] Shepherd D, Douglas E J., "Attracting Equity Investors: Positioning, Preparing and Presenting the Business Plan", Sage, *Thousand Oaks*: *CA.* 1999.

[71] 戴清:《私募基金的风险分析与评价》,《系统工程》2003 年第 5 期。

[72] 胡树植:《私募市场的风险分析和思考》,《特区经济》2005 年第 6 期。

[73] 宋永辉、尤丽屏:《中国私募基金的道德风险分析》,《全国商情》2006 年第 4 期。

[74] 邓康桥:《私募股权投资的风险及控制策略》,《经济论坛》2006 年第 18 期。

[75] 赵振宇、周海:《我国私募基金的风险防范》,《中国金融》2008 年第 23 期。

[76] 李甚坊:《私募股权投资基金经营风险防范与控制》, 硕士学位论文, 华北电力大学, 2008 年。

[77] 黄莺:《国外私募基金运作机制对我国私募基金风险监控的启示》,《现代经济信息》2009 年第 16 期。

[78] 邹阳峰:《论私募股权投融资中的法律风险及控制》,《法制与社会》2009 年第 9 期。

[78] 胡晟姣、杨静、易碧蓉:《我国私募基金发展中存在的风险及对策研究》,《中国集体经济》2009 年第 18 期。

[79] 俞程杰、刘丹妮:《我国私募基金面临的风险分析》,《大众商务（下半月）》2010 年第 16 期。

[80] 王世斌:《我国私募基金的风险及后危机时代的对策研究》,《中国商情》2010 年第 7 期。

[81] 周炜:《解读私募股权基金》, 机械工业出版社 2008 年版。

[82] 王凤荣、邓向荣:《国际投融资理论与实务》, 首都经济贸易大学出版社 2010 年版。

[83] 丘吉、王瑛:《浅谈私募基金的法律性质》,《法制与社会》2010 年

第 8 期。

［84］余希：《我国私募股权投资发展对策研究》，《特区经济》2012 年第
12 期。

［85］宁金成：《论我国私募基金规则的几个问题》，《中国商法年刊》
2008 年第 10 期。

［86］王宝琼：《私募股权基金的组织形式及收益分配机制》，《第五届西
部律师发展论坛论文集》，2012 年 7 月。

［87］李晓峰：《中国私募股权投资案例教程》，清华大学出版社 2010
年版。

［88］寇丹、郭云霞：《我国私募股权基金的运作机制浅析》，《现代经济
信息》2009 年第 20 期。

后　记

　　2010 年由王开良主持，黄友兰、向敏等参加的课题组，承担了重庆市社科规划办的社科基金项目《重庆市 PE 发展战略与模式研究》。在研究的过程中，课题组成员及其指导的研究生通过实地调研、文献收集整理和撰写论文，先后在《改革与战略》、《商业时代》、《中国商贸》、《全国商情》、《时代经贸》等杂志上发表了《私募股权基金投资风险评价及实证研究》、《PE 投资中的风险企业培育研究》、《重庆市私募股权基金发展战略研究》、《国内外 PE 运作模式、特点比较研究》、《私募股权投资与高利贷对接可行性及模式研究》、《引进与发展 PE，促进重庆市产业结构调整升级》、《风险投资决策研究综述》等 9 篇科研论文和 6 万多字的《研究报告》，以优良的成绩顺利完成了该科研项目的结项工作。在此研究的基础上，课题组进一步扩展、丰富、提炼和完善，形成了这本专著。

　　全书主要内容共有十一章：第一、二、三、四、五、六、七、十一章由王开良撰写；第八、九、十章由郝乐、王文秀、秦慧撰写。全书由王开良负责统稿、修改和定稿，刘阳负责校对和制表制图。该书是以上作者多年教学实践和科学研究的结晶，在写作过程中，参考了国内外大量的专著、论文、资料，汲取了其中一些优秀成果，在此谨致谢意。

王开良

2015 年 1 月